精益教育与可见的学习

如何用更精简的教学实现更好的学习成果

[英] 阿伦·汉密尔顿 Arran Hamilton
[新西兰] 约翰·哈蒂 John Hattie
著

THE LEAN EDUCATION MANIFESTO

A Synthesis of 900+ Systematic Reviews for Visible Learning in Developing Countries

中国青年出版社
CHINA YOUTH PRESS

图书在版编目（CIP）数据

精益教育与可见的学习：如何用更精简的教学实现更好的学习成果 /（英）阿伦·汉密尔顿，（新西兰）约翰·哈蒂著；张庆彬译. —北京：中国青年出版社，2023.3

书名原文：The Lean Education Manifesto: A Synthesis of 900+ Systematic Reviews for Visible Learning in Developing Countries

ISBN 978-7-5153-6867-2

Ⅰ. ①精… Ⅱ. ①阿… ②约… ③张… Ⅲ. ①教学研究 Ⅳ. ①G420

中国版本图书馆CIP数据核字（2022）第251459号

The Lean Education Manifesto: A Synthesis of 900+ Systematic Reviews for Visible Learning in Developing Countries
1st edition/ by Arran Hamilton, John Hattie
ISBN: 9787515368672

精益教育与可见的学习：如何用更精简的教学实现更好的学习成果

作　　者：［英］阿伦·汉密尔顿　［新西兰］约翰·哈蒂
译　　者：张庆彬
责任编辑：肖　佳
文字编辑：星　晨
美术编辑：张　艳
出　　版：中国青年出版社
发　　行：北京中青文文化传媒有限公司
电　　话：010-65511272/65516873
公司网址：www.cyb.com.cn
购书网址：zqwts.tmall.com
印　　刷：大厂回族自治县益利印刷有限公司
版　　次：2023年3月第1版
印　　次：2023年3月第1次印刷
开　　本：787 × 1092　　1/16
字　　数：268千字
印　　张：20
京权图字：01-2022-3990
书　　号：ISBN 978-7-5153-6867-2
定　　价：59.00元

多方赞誉

《精益教育与可见的学习》提出了一套具体、富有革命性的创新理念，旨在改进发展中国家（地区）的教育。这本书极具价值，因为它出自经验丰富的研究人员，他们非常了解现状，敢于质疑当前所有的基本假设，并颠覆我们的认知。最重要的是，他们的新理念具体而且全面。新冠肺炎疫情使本就低效甚至无效的教育体系变得混乱不堪。我喜欢这些大胆又不失水准的想法。这本书值得仔细品读，它可以帮助我们寻找全新的解决方案。

迈克尔·富兰

加拿大多伦多大学安大略教育研究院荣誉退休教授

汉密尔顿和哈蒂的这部作品是一部众望所归的力作。本书涉及多个方面，其中每一方面都能够单独发展为一部具有实质性且独立的著作。显然，本书是基于世界教学成果最广泛教育数据库的前沿发展。书中论述了那些教育界常见但无效的举措，并就学校在经济方面的运营决策提出了一套清晰的新理念，讨论了如何将理论成果应用于学校的实际决策和运营。在我看来，解决教育问题的关键在于是否将重心回归到学校本身，提出更多基于科学研究而非历史惯性的决策。可以预见到，如果本书的创新理念得到普及，全球教育局面将会发生巨大的改变。

埃里克·哈努舍克教授

美国斯坦福大学胡佛研究所高级研究员

现在正处于特殊时期，孩子们虽然有机会上学，但居家网课效果并不理想，《精益教育与可见的学习》的出版恰逢其时。本书提出了谨慎且周到的建议：我们应该从根本上反思当前的教育，仅仅依靠投入经费去解决问题是鲁莽的做法。汉密尔顿和哈蒂利用他们广泛的研究为那些在教育上最需要帮助的人提供了另一种思路，让教育真正发挥功能。最重要的是，它与这样的理念不谋而合——我们应该回归本源，用依靠数据、开放且系统的方法去寻找能够影响教育的创新方案。

布拉杰什·潘斯博士

亚洲开发银行教育部门负责人

《精益教育与可见的学习》的关注重点是教育本身。具体而言，本书聚焦于那些在儿童入学工作方面取得了显著进步但在学生学习方面仍面临巨大挑战的发展中国家（地区）。这份基于近1000份系统报告的综合报告已经给出了一些答案，但我们仍需要更多的数据。我们还应加强数据系统的投资以及学校制度的创新。汉密尔顿和哈蒂向我们展示了应该如何利用好现有的知识和资源。对于发展中国家（地区）的教育决策者、研究者和资助者而言，这是一本必读之书。

哈里·帕特里诺斯博士

世界银行教育业务经理

精益教育与可见的学习

教育的全球普及是现代最伟大的成就之一。与历史任何时期相比，当前能够接受教育并取得更高的学习成就的儿童数量都是最多的。然而，在发展中国家（地区），仍有超过2.5亿儿童失学，6亿多儿童虽在校学习却收获甚微。

在教育经费停滞甚至下降的背景下，阿伦·汉密尔顿和约翰·哈蒂建议我们从精益角度重新审视当前教育，积极寻求低投入高产出的方法。他们研究了基于53 000多项研究的900多项系统报告的数据，从精益教育的角度出发，针对低收入和中等收入国家（地区）提出了一些颇具争议的建议：

- 或许可以大力精简甚至取消新入职教师的职前培训。
- 或许教师可以不具备教授相应科目的学位水平证书，甚至他们可能根本不需要取得相应的学位。
- 或许学生每周的学习时长和受教育年限可以大幅度缩短，或者至少不再增加。
- 或许可以通过混龄课堂让学生更高效地接受教育，这可以减少资源的密集投入，同伴之间还可以相互辅导。
- 或许与聘请额外教师、缩小班级规模或建造更多教室相比，因地制宜的课程安排、教学设计和课时设置是更具成本效益的提高学生成绩的方法。
- 或许校本管理、公私合作和绩效工资是一条成本高昂但收效甚微的死胡同，它们对教师在课堂上的实际工作影响有限。

这部发人深省的开创性著作提出了一系列极具价值的举措。它介绍了“GOLD精益教育模型”[1]，来帮助学校与教育领导者选择、实施、扩展那些可行性较高的举措，并中止那些价值甚微的举措。对于任何对教育感兴趣的读者而言，本书都是值得一读的佳作。

阿伦·汉密尔顿博士是认知教育集团的教育总监。此前，他曾在剑桥大学出版社和考评部（前剑桥大学考评部）、教育发展基金会、英国文化教育协会担任高级职务，并在英国华威大学担任过研究员。

约翰·哈蒂教授是墨尔本大学教育研究生院荣誉教授、墨尔本教育研究所主任、澳大利亚教学与学校领导力协会主席，也是澳大利亚研究理事会学习科学研究中心副主任。著有“可见的学习”系列图书。

[1] 这里的“GOLD”是“Goal hunting”“Opportunity searching”“Liftoff”“Double back”“Double up”这5个英语短语的首字母缩写，指的是GOLD理论的5个步骤：目标确定、机会搜索、实施落实、评估影响、规模推广。详细内容见第十一章。——译者注（本书注释若无特殊标注均为译者注）

目 录

作者简介

阿伦·汉密尔顿博士是认知教育集团的教育总监。此前，他曾在剑桥大学出版社和考评部（前剑桥大学考评部）、教育发展基金会、英国文化教育协会担任高级职务，并在英国华威大学担任过研究员。他的主要研究方向是将教育实证转化为大规模的教育影响，他还负责一些国际教育项目的设计、实施与评估，工作范围遍布太平洋地区、东亚、中东、英国、澳大利亚、新西兰。

约翰·哈蒂教授是墨尔本大学教育研究生院的荣誉教授、墨尔本教育研究所主任、澳大利亚教学与学校领导力协会主席，也是澳大利亚研究理事会学习科学研究中心的副主任。著有“可见的学习”系列图书。

致谢

本书论述了一个非常简单的理念，即如何在较低投入的情况下获取更高产出。其论述的对象也非常明确——发展中国家（地区）的教育系统。本书旨在让更多孩子能够有机会上学，并在每年的学习中都学有所获。要实现这一目标，就要实现教育精益化，最大限度地利用好现有资源。我们认为，高收入国家（地区）也将从这些理念中获益。

新冠肺炎疫情是我们提出精益教育的主要催化剂。这场疫情导致了大批学校关闭，社会经济大幅倒退。反映在教育领域，则是多数学生在学习上的损耗与中期教育经费锐减。换句话说，学校有着更为紧迫的教育需要，却也面临更为窘迫的经济困难。同时，封锁隔离也意味着我们有更多的时间（被困）在家中进行思考、写作，不断更新我们对这些重要问题的想法。

这本书一开始只是一篇评论文章，后来越写越长，逐渐发展为一篇综合报告，涵盖了基于53 219项研究的913篇系统报告。许多人为本书的撰写做出了贡献。我们特别感谢哈里·帕特里诺斯（Harry Patrinos）、埃里克·哈努舍克（Eric Hanushek）、布拉杰什·潘斯（Brajesh Panth）、约瑟夫·威尔士（Joseph Wales）、丽贝卡·斯普拉特（Rebecca Spratt）和菲尔·库根（Phil Coogan），他们对我们早期的想法提供了详细的反馈。

还有一些学者向我们提出了宝贵的建议，纠正我们的错误，并推动我们前进。感谢迈克尔·巴伯爵士（Sir Michael Barber）、迪伦·威廉（Dylan Wiliam）、拉塞尔·毕晓普（Russell Bishop）、苏珊·道格拉斯（Susan Douglas）、汉克 · 莱文（Hank Levin）、保罗 · 格雷维（Paul Glewwe）、迈克尔 · 富兰（Michael Fullan）、赵勇（Yong Zhao）、道格 · 里夫斯（Doug Reeves）、裘卡 · 图利沃里（Jukka Tulivuori）、梅尔 · 斯普罗斯顿（Mel Sproston）、布赖恩 · 欣奇科（Brian Hinchco）、肖恩 · 霍桑（Shaun Hawthorne）、哈利玛 · 贝古姆（Halima Begum）、卡特琳 · 唐纳利（Katelyn Donnelly）和德博拉 · 罗兹（Deborah Rhodes）。

我们还要感谢吉恩 · 格拉斯（Gene Glass），罗伯特 · 马扎诺（Robert Marzano），兰特 · 普里切特（Lant Pritchett），亚伯拉罕 · 沃德斯曼（Abraham Wandersman），保罗 · 勒马修（Paul LeMahieu），海伦 · 蒂姆佩里（Helen Timperley），薇薇安 · 罗宾逊（Viviane Robinson），苏加塔 · 米特拉（Sugata Mitra），雷切尔 · 格伦斯特（Rachel Glennerster），迪恩 · 菲莫（Deon Filmer），丽贝卡 · 温思罗普（Rebecca Winthrop），鲁克米尼 · 巴纳吉（Rukmini Banerji）和维姬 · 科尔伯特（Vicky Colbert）。这本书离不开他们的智力和学术支持，我们从他们身上获益良多。

感谢我们各自的妻子，莫哈娜（Mohana）和珍妮特（Janet）。感谢她们的包容。她们为这本书的可读性和实用性提供了坦率的反馈和建议。

我们还要感谢劳特利奇出版社的布鲁斯 · 罗伯茨（Bruce Roberts）。感谢他能看到这个项目的价值，鼓励我们继续坚持并适时地指引我们。感谢莫莉 · 塞尔比（Molly Selby）提供编辑支持，感谢海伦 · 斯特林（Helen Strain）监督本书的制作，感谢杰西 · 比思瑞（Jess Bithrey）对我们的文章进行提升和润色。

最重要的，我们想感谢读者朋友。感谢你能阅读这本书，希望你能结合自身情况，从书中获得对教育的启发，让孩子们能通过学习在将来构建一个更加美好的世界。

当然，我们将对书中所有错误负责，我们会将错误看作继续学习成长的机会。

阿伦·汉密尔顿 于吉隆坡

约翰·哈蒂 于墨尔本

序言

迈克尔·巴伯爵士（Sir Michael Barber）

教育一直是把握未来的关键，对于当今社会而言更是如此。

到21世纪中叶，全球人口将从20世纪中叶的25亿增加至90亿，如果每个人都受过良好的教育，那么人人都有创造财富和选择可持续生活方式的巨大机遇。所谓良好的教育，意味着每个人都有着较好的读写能力和数学能力，都能成为见多识广且终生学习的人，并且社会能形成一种多元而又包容的道德风尚——既具有视角多样性，又不会有任何社会成员因出身背景而被抛弃。这就是我们面临的道德任务和目标。

如果到21世纪中叶仍有大量民众没有接受过教育，这将导致可以预见的可怕后果。事实上，这些后果现在正渐渐逼近我们，并已经初见端倪——人们无法互相包容，心生怨恨，为争夺日益稀缺的资源而冲突不断，社会贫富差距也越来越大。

改善每个国家（地区）的教育状况都有重要意义，对大多数国家（地区）来说，教育始终是政治议程中的重中之重。但从全球范围来看，最大的挑战是改善发展中国家（地区）的教育现状，改善女童和男童的教育。之前的教育工作者已经在这方面取得了重大进展，入学儿童的数量高于历史的任何时期。但最大的问题是，他们中的很多人在校收获甚微，甚至一无所获。很多时候，教师们甚至都不会出现在课堂上。即使教师们来到教室上课，但因为他们缺乏提高学生学习水平的能力，教学效果也不佳。与此同时，学校的教学设施和学习材料也十分匮乏。

几十年来，大量援助资金和政府经费投入教育领域。在联合国、世界银行或七国集团等全球论坛上讨论有关教育的问题时，教育——尤其是女童教育——往往是下一轮融资的重点议题。这十分正确也极为有益。然而，这往往被视为是故事的结束，事实上，筹集资金只是一个开始。接下来的核心问题是如何利用这些资金，以及这些资金在改善学习成果方面起到何种帮助。

2009年至2018年期间，我在对巴基斯坦旁遮普省的50多次访问中一再发现这一点。的确，他们需要更多的资金，也确实有资金不断地涌入。但到目前为止，最大的问题是如何修复现有教育系统并确保它始终发挥作用，而这需要教育系统的领导者改变思维方式。当时的首席部长沙巴兹·谢里夫（Shahbaz Sharif）对教育发展的未来有着坚定的信念，并且愿意承担创新制度带来的必要风险。精益教育系统的引入十分及时，它促进了当地入学率的提高以及教师和学生出勤率的提高。最终，学生学业也得到了显著的提升。这很大程度上归功于更好、更有效地利用教育系统中的现有资源和优势。

要想取得这一进展，需要采取一些理论上简单但实际上具有挑战性的措施，这些举措对于拥有约3000万儿童的旁遮普省来说至关重要：

1.在任命教育官员和教师时，把师德与绩效作为主要标准，而不是赞助关系。

2.一旦关键岗位上的官员表现卓越，那就确保他们在其岗位至少工作三年或更久，避免频繁的人事调动。

3.从一线教师到首席部长，教育界之间要保持沟通，让所有人了解正在改革的内容和原因。

4.对不同水平的人员进行相关技能的培训。

5.定期收集关于出勤率和学习成果的数据。

6.在每所学校配备基础设施，并定期检查。

7.实时地了解哪些是有效的举措，哪些是无效的举措，并进行相应的调整。

8.最后，这些举措至少要在几年内坚持实施。

这些举措并不完美，但教育系统因此得到了显著改善，产生了下列可见的成效：更多的孩子得到了学习机会，涌现出了更多优秀的教师、学校以及有能力的官员。而且，这个过程带来了更多的教育灵感和更有效的影响。

本书的学术价值还在于，除了上述这些重要但基础的举措，阿伦·汉密尔顿和约翰·哈蒂还提供了一系列详细证据，揭示了什么是对学生、学校和教育系统最有效的影响因素。这本书综合了900多篇系统报告的结果，为学校和教育系统的改善提供了一种全方位的一览图。这些系统报告提炼了超过53 000项研究的成果，其核心重点是影响学习因素的效应值。教育部门和项目设计者要找到并理解这些数据十分具有挑战性，这一点也是本书的重大贡献之一。

不仅如此，汉密尔顿和哈蒂还直面许多教育类著作和报告都会遗漏的一个重要问题——“我们究竟应该怎么做？”本书提供了详细的方法和流程，帮助教育改革者选择适当的目标，因地制宜地将理论转化为实际行动。这些都是建立在杰出的成就之上的。在其漫长而杰出的职业生涯中，约翰·哈蒂比任何其他学者都更多地综合了在教育中起作用的证据。阿伦·汉密尔顿一直都是教育措施的实施与改善方面的专家。这本关于教育影响因素的重要著作，正是二人共同的智慧结晶。

本书的出版可谓十分及时。在新冠肺炎疫情突袭而至前，全球教育的挑战就已经十分严峻，而现在，全球教育正面临一场前所未有的危机，我们不应该再重复那些本可以避免的错误。许多处于教育发展领域的工作者可能会发现本书的结论具有挑战性，甚至可能令人不安。我的建议是，认真阅读两位作者的论述，关注他们给出的证据，并结合你所在的教育环境，仔细思考其中蕴含的启示与机遇。

当前，我们已经向教育系统投入了大量资金与情感，但众所周知，现状并不能满足我们的需要。即使有些地方取得了进展，进展速度也较为缓慢。我们经常会发现，那些声称全球教育存在危机的人，往往会继续实施和以往相同的做法，甚至忽略明显的矛盾，这实在令人痛心。

我认识的一位顶尖科学家说，成功的关键是“每天以开放的心态进入实验室”。在关乎数以百万人的人生和地球的未来的情况下，我们的教育界能否效仿这种思想？

是时候深入学习了，是时候开展行动了。

迈克尔·巴伯爵士（Sir Michael Barber）

《成就：如何完成艰巨且富有挑战性的事情》《如何管理政府》作者

引言

根据大爆炸理论，我们的宇宙在138亿年前开始了其生命，它从一个无限小的奇点突然开始以比光速更快的速度膨胀。显然，正是那次爆炸促使了我们如今的存在，让大家能够阅读这些文字。但仅仅300年前，第二次（某种意义上的）局部大爆炸发生了——公共资助的教育在全球迅速扩张。教育发展的速度虽然比不上光速，却是现代最伟大的成功之一。

在不到300年的时间里，世界上许多国家（地区）已经从非常有限的学校教育发展到了包括12个年级的普及教育，其中大部分经费都来自税收。但是，就像真正的大爆炸一样，教育系统的宇宙也是由很多部分整合而成的。有些部分稳定而且坚固，而有些部分则像黑洞一样，不停地吸纳经费却几乎没有回报。

在发展中国家（地区），存在许多这样的"黑洞"。那里仍有超过2.58亿的儿童没有接受过任何学校教育，约有6.17亿儿童尽管接受了学校教育却收获甚微，最终成为功能性文盲[1]。这意味着，目前全球学龄人口中约有一半正以极差的学习能力进入成年的生活。而且，正如我们即将讨论的那样，最近的评估表明，目前的局面正极端恶化着。

这本书为日益增多的专著、政府报告、评估和项目指南补充说明了如何填补这些黑洞，即如何让更多孩子有机会上学、如何确保孩子们

[1] 功能性文盲是指具有阅读、书写或计算能力，却缺乏利用这些能力来处理某些日常生活事务的人。传统的文盲是指文化水平很低的人或没有读书的人。由于现代社会新事物不断涌现，有些人由于种种原因无法接受这些事物，无法适应这个社会，就成为所说的功能性文盲。

毕业时能真正学有所获。现有的各种方案提出的解决办法都是“做加法”——增加更多的经费、更多的教师培训、更多的学校、更多的问责制度、更多的公私合作伙伴关系、更多的教育技术。其深层逻辑是，更多投入就等于更多收益。

但你一定听说过“少即是多”（less is more）这句话，它出自极简主义建筑大师路德维希·密斯·凡德罗（Ludwig Mies van der Rohe）。本书正是从这一理念出发，建议教育系统“做减法”——我们或许可以依靠更少的教育资金与投入、依靠更简单的教育技术与教师培训等等。也许我们真正需要做的，是更好、更有效地利用我们的现有资源，即我们需要教育精益化，从低投入中获取高回报。

如果你是发展中国家（地区）教育部门的领导或职员，这本书就是为你而准备的。如果你是在国际组织工作的教育专家，或者是追求实效性、证据性的教育项目设计者，本书对你来说是非常有用的资料。如果你是发展研究相关专业的学生，这本书可能会帮助你通过考试。希望在你学成之后，能加入全球教育的变革潮流中来。如果你有幸生活在一个高收入国家（地区），我们也认为本书大部分的建议、数据和工具对你同样适用。

然而，如果你想寻找的只是提供简单解决方案的锦囊妙计，这本书可能会让你失望。不过在本书中，你会找到关于教育工具和流程的建议，帮助你理解从53 200多项研究中提炼出的913项系统报告所提供的数据，这样你就可以因地制宜地构建适应你所在地区的精益教育项目，以支持当地已确定的优先事项。如果在分析研究并（正确地）使用这些工具后，你得出的结论是你需要的是“做加法”而不是“做减法”，那么你顺其自然即可。但如果你得出的结论是你需要做减法，而且不会遇到太多反对的阻力，那么就大胆去做吧。目前，解决全球教育危机的方法无法快速发挥作用，所以是时候行动起来改变现状了。

当然，我们写下的这些比你们结合实际环境并将它们付诸实践要容易得多。但是在整个2020年至2021年的这段时间，只要你不是在闭关静修不问世事，那么你一定明白这段时期对整个人类而言是多么艰难。毫无疑问，你一定已经（而且将继续）受到下列事件的直接影响：

1. 新冠肺炎疫情。新冠肺炎疫情已经肆虐了整个地球，全球为遏制新冠肺炎疫情蔓延采取了包括关停学校在内的多种措施。2020年，195个国家（地区）实施了全国（地区）范围的停课，影响了全球99%的学生，即大约17.2亿儿童。

到2021年年中，这一情况有所好转，“只有”2亿原本应该入学的学生无法入学。毫无疑问，在本书出版期间，相关数据还会有更多的曲折变化。但是，截至2021年7月，受新冠肺炎疫情影响全球学生累计损失的学习时间令人担忧：印度60周、缅甸60周、阿根廷59周、墨西哥57周、孟加拉国54周。上面这些例子只是冰山一角。

许多高收入和中等收入国家（地区）正致力于通过补课、暑期学校、延长上学时间，甚至尝试学生留级等方式来保证学生能跟上学习的进度。而对于低收入国家（地区）来说，问题在于他们的孩子根本就无法重返校园。这些国家（地区）为了让更多孩子能跟上学习进度和重返校园，或者只是为了遏制新冠肺炎疫情的蔓延，就已经付出了巨大的代价。

2. 全球经济充满不确定性。由于新冠肺炎疫情而导致的封锁，使得全球经济大约损失了3.7万亿美元，相当于接近4亿个工作岗位消失。如此惊人的数据，我们不得不重复一下——3.7万亿美元，4亿个工作岗位！这还仅仅是2020年3月至12月的数据！

为了应对这次（至少是）大萧条以来最严重的经济危机，各国政府和中央银行承诺投入19.5万亿美元（目前还在增加）用于经济刺激计划。由于经济系统中损失了3.7万亿美元，各国政府还将面临税收收入下降的问题。人们还认识到，疫情过后的经济重建可能需要更多地依赖于先进技术，对高技能知识工人的需求也会增加，而对只具备基本技能的工人的需求会相应减少。这意味着一个矛盾：更高质量的教育需要更多投资，但作为经费来源的税收却更少了。因此，我们预计在未来五年甚至以后，教育部和财政部之间会出现一些“有趣”的紧张关系。

事实上，据估计，自新冠肺炎疫情突袭而至以来，各国政府已经平均削减了8%的教育预算，低收入国家（地区）受影响最严重。其他估计表明，低收入和中等收入国家（地区）的教育资金每年将持续短缺2000亿美元。

3. 官方发展援助（ODA）减少。在新冠肺炎疫情突袭而至前，捐助方对发展中国家（地区）的教育投资就已经趋于平缓。根据教育委员会和联合国教科文组织几年前的计算，低收入国家（地区）通过国内税收所能获得的资金与他们所需要的资金之间每年有390亿美元的缺口。更不用说与现在预测的每年2000亿美元的差额了！

同时，全球经济不确定性的后果之一是ODA（又称国际援助）可能会进一步停滞不前，因为高收入国家（地区）可能会将更多的公共资金转用于刺激国内经济，而用于ODA资金则会相应减少。英国是第一个提出要削减ODA资金的国家，因而备受瞩目。从2021年起，英国将援助预算从国民总收入的0.7%减少到0.5%，从而每年减少45亿英镑的国际援助。这（连同其他资助者的潜在削减）将在多大程度上影响未来教育援助的规模，目前尚不清楚。然而，联合国教科文组织预测，到2022年，受新冠肺炎疫情的直接影响，ODA总额可能会下降12%，甚至需要数年时间才能恢复到2018年的水平。

2021年年中，在撰写本文时，新冠肺炎疫情对全球经济和儿童学习的长期影响仍存在很大的不确定性。这种影响可能会持续几年甚至几十年，人力资本发展的减退将给经济活动带来超过10万亿美元的长期损失。当然，这一切也有可能很快反弹，然而在未来的五年里，各国政府很可能会在资助谁以及如何资助等问题上面临艰难的选择。因此，发展中国家（地区）的教育部、国际发展组织以及技术援助和能力建设的提供者可能越来越需要用更少的资源做成更多的事情。换句话说，他们可能需要的是精益化改变，从他们所能得到的任何现有资源中得到更高的收益。

追求精益

精益思想是一种在生产过程中提高效率，为最终用户创造更大价值的特定方法。它的起源可以（至少）追溯到16世纪的威尼斯。在那时，威尼斯造船厂完善了制造流程，使工人们能够在一天内组装一艘完整的桨帆船，整个过程使用更少的材料、更少的步骤，却有着更高的生产力。相比之下，他们的欧洲竞争对手需要几个月的时间才能生产出一艘尺寸和质量都相似的船，而且花费更多的木头和相关的材料。

然后，精益思想被引入汽车行业，不断推动减少汽车制造中的步骤与浪费。首先应用这种思想的是亨利·福特[1]，接着是丰田公司的开创性工作，再后来被麻省理工学院的研究人员进行推广和西方化。然而，据我们所知，无论是在发达国家（地区）还是在发展中国家（地区），都很少有人将精益理论引入教育领域。

这本书是我们对精益教育的初步尝试，是一项处于探索阶段的工作。它通过教育价值流动进行反向映射，以确定每种教育因素的贡献或回报——看看我们应该在哪里增加投资，在哪里削减经费，减少对最终的教育“产品”几乎没有贡献或根本无用的过度加工的“投入”。在本书的第一部分和第二部分，我们希望你们把精益思想看作一种隐喻，即用同样或更少的资源实现更多回报。我们将在第一部分的第二章介绍精益思想的历史。在第三部分，我们将会提出建议的实施流程。

如果你是一个乐观主义者，现在你可能会想：“新冠肺炎疫情只是

---

[1] 亨利·福特（Henry Ford，1863—1947），福特汽车公司的建立者，美国汽车工程师与企业家。他是世界上第一位使用流水线大批量生产汽车的人。他的生产方式使汽车成为一种大众产品，不但革命了工业生产方式，而且对现代社会和文化产生了巨大影响。

一个暂时现象，我们将会很快恢复过来，所以让我们忘掉这些关于精益效率的废话吧。”当然，你也可能会在2025年（或更晚的时候）读到这本书，然后思考：“是的，新冠肺炎疫情的影响比预期的要糟糕/好，但现在一切都结束了，所以我们还是忘掉这些有关精益的无稽之谈吧。”然而，无论未来会是哪种，我们都认为有强有力的道德理由开展精益教育。

公共教育的资金来源于税收，那么公民有没有权利期望以最有效的方式提供公共教育呢？答案是肯定的。我们还有权利期望每增加一笔额外的投入，都能相应地提高学生的成绩。当投入的增长不再促进结果的增长时，我们就应该停止增加投入，并认真审视我们正在用现有的所有资源做什么。

依靠数据实现精益化

从精益的角度来看，如果你能获得关于在其他发展中国家（地区）中最有效或无效的教育措施类型的优质数据，这将大有裨益。这样你就可以更好地了解那些能带来高投资回报的倡议类型，而不是那些吞噬资金的“黑洞”。好消息是，过去20年来，捐赠者已经投入了大量经费来优化项目监测、评估甚至随机对照试验（RCT）。但坏消息是，我们得到的研究成果比期望的要少。我们已经确定了基于3912项（删除重复研究后约2500项）发展中国家（地区）研究的57篇系统报告。公平地说，这些研究告诉了我们很多让孩子入校学习的方法（我们称之为“较容易的教育问题”）。但是，关于我们如何将学校教育转化为高质量的学习，57项研究对此给出的方案则令人感到犹豫和不知所措（我们称之为“教育难题”）。

因此，在本书中，除了建议将精益思想应用于有关改进教育的干预措施的设计之外，我们还借此机会引入了一个可能有助于精益决策的全新数据库——“可见的学习META^{X}数据库”。它是世界上最大的教育数据库，介绍了教育改革方面最有效的方法，由约翰·哈蒂（本书作者之一）在20世纪80年代初开始编写。META^{X}数据库综合了超过10万项研究的1700多项元分析[1]结果，涉及超过3亿名研究参与者。虽然这些数据主要来自高收入国家（地区），但我们认为，其中一些研究结果同样适用于（或者至少能启发）发展中国家（地区）。

精益的含义

《精益教育与可见的学习》的核心内容是从300多个META^{X}数据类别（或对学生成绩的影响因素）中选取的107个，针对如何发展教师的专业知识、配备学校设施、建立有效的管理制度，以及如何通过最有效的教学法提高学生的学习成绩，提出初步的精益化建议。我们知道，我们提出的某些（暂定的）精益建议可能具有争议性，但我们仍要坚持，因为当前的某些教育措施需要被质疑。例如，我们建议在某些情况下：

- 也许入职前的新教师培训可以由通常的1～3年大幅缩短，甚至可以取消。
- 也许教师们在他们所教的科目上不需要有学位级别的资格（他们可能根本不需要学位）。
- 也许借助心理测量、工作记忆测试和观察评估中心来筛选教师更具有成本效益，因为这些设计方式比较科学。
- 也许每个孩子每周上学的时间和受教育的年限可以大幅减少，也就是说，我们应该更注重质量而不是数量。
- 也许学习者在混合年龄的教室里，由同伴相互辅导，可以（更）有效地发展教育，而且资源也更集中。

---

[1] 元分析（meta-analysis)统计方法是对众多现有实证文献的再次统计，通过利用相关文献中的统计指标和统计公式，进行再一次的统计分析，从而可以根据获得的统计显著性等来分析两个变量间真实的相关关系。

- 也许采用不同的课程、教学方法和上课时间（至少在最初）比雇用额外的教师、减少班级规模或修建更多教室更具成本效益且更能提高学生的成绩。
- 也许教育技术投资是一条代价高昂又走不通的死胡同。
- 或许专注于校本管理、教育集中管理、公司化责任驱动、公私伙伴关系、凭证制度和绩效工资也都是死胡同，这些举措对教师在课堂上的实际工作影响有限，而且我们很难看到真实的课堂状况。

与此相反，我们认为真正的解决之道在于：释放教师的集体效能与在教学方面的影响领导力，实施因地制宜的本地化教育项目，贯彻基于认知心理学家提出的大脑认知理论而建立的教学方法。

在最近的一些国际发展研究中，有太多学者都将教育提升寄希望于再多一次拨款、再多一份政策文件、再多一些对教育结构和问责的关注，而不是教学策略的改善与强化上。而且，令人可悲的是，即使某些研究认识到了后者的重要性，它们也倾向于把学生和教师在课堂上的互动过程当作一个黑匣子，从来不涉及提高学校教育质量的实际举措。

值得庆幸的是，我们已经知道了很多关于如何将有关包括记忆力、注意力、遗忘、认知负荷、学习意志等研究的成果应用于构建学习经验系统，从而产生实际的学习。因此，如果我们想解决教育难题，这些就是我们应该关注的焦点（当然远远不只这些）。

还有一个好消息是，据我们所知，所有人的大脑都包含相同的信息处理认知模块。如果你来自金奈、开罗、开普敦、加拉加斯、考文垂或芝加哥，你可能会通过不同的语言系统、不同的文化概念和参照点来解释世界，并关注世界上不同的特征。但是，从广义上讲，你大脑中的信息存储、检索和处理系统是相同的。这意味着，有效的学习方法（例如认知任务分析、间隔练习、记忆法、交错练习、刻意练习等）将帮助所有儿童在学习中从无到有，由浅入深。因此，所有国家（地区）都可以、应该、必须进行教育交流，只是课程设置和文化覆盖面稍有不同而已。

精益像一场关于教育的叠叠乐积木游戏

选择和实施适当的精益计划的过程类似于玩叠叠乐积木游戏。正如玩过它的人所知，叠叠乐积木涉及用（相对）统一的矩形木块建造一座塔楼。玩家轮流从较低的楼层小心地抽出木块，确保塔楼不会倒塌，然后将木块放在顶部，使塔楼不断增高。这个游戏的核心是通过对（有限的）现有资源进行仔细的收集和再利用，以此来扩大规模。在图0.1中，我们展示了由相同数量的木块建造的两座塔楼。第一座又短又粗，设计过度；第二座虽然高度几乎是第一座的两倍，但根基不稳，一阵风或地板振动就能让其倒塌。

图0.1　两座积木塔楼

然而，我们绝不能让教育的“积木塔楼”倒塌，因此我们必须既保守又细致地选择要拆除的部分。这意味着，我们需要获取有关每个木块价值和贡献的高质量数据。但与叠叠乐积木游戏不同，在教育方面我们有更多的选择。我们可以“挖空”砌块并将其放回原处，或者用更便宜的“复合材料”来代替昂贵的木块，这种材料可能更坚固、更耐用。当然，有时确实有必要在塔楼上添加全新的木块。换句话说，我们可以使用精益思想来提升价值流动，去除冗余步骤，使其他流程更高效、更持久，并投资于那些经过仔细研究和测试的新措施或新“木块”。我们将在本书中一直使用叠叠乐积木的隐喻。

亲爱的读者，现在也许是你们停下来喝杯茶的好时机，思考一下我们到目前为止所讲述的内容与你们所在的当地情况之间有什么联系。对你们中的一些人来说，我们的论述无疑会让你血压升高，并受到你的质疑。对于其他人而言，我们可能会说出你们想过但不敢提出的想法。无论是哪种情况，你都应该花些时间读一读这本书。

定义术语，介绍当地真实情况，概述本书的结构

在引言的第二部分，我们将从一个重要的切入点开始：阐述教育发展的整体概念，并介绍几个真实的故事，说明发展中国家（地区）在教育现状和需求方面的巨大差异。接着我们会介绍本书结构。最后，我们将为读者提供一些精益教育相关的风险提示。

我们聚焦“发展中国家（地区）”

正如上文所提到的，精益教育的重点是那些人均寿命较短的国家（地区），它们普遍经济发展不足、人均收入较低、人均热量摄入较少、受教育机会较少，以及在校学习收获较少。这些国家（地区）通常被称为“发展中国家（地区）”，而与之相对的则被称为“发达国家（地区）”。这种说法也有局限性，因为这意味着“发达”国家（地区）已经达到了其目的论命运的顶峰，无法实现进一步发展。然而事实并非如此。每个国家（地区）（肯定）都在不断发展。

就个人而言，我们对“发展中”一词的意见比“发达”一词的意见要少一些（我们觉得“更发达”一词更为贴切）。因此，在本书中，你

会看到“发展中国家（地区）”被用来泛指那些较不发达的国家（地区），这也是被最广泛理解和使用的术语。甚至有一个专门的“发展研究”学科，专注于研究变得更加“发达”这一概念。所以这个词陷入一种不断被插入、删除，又重新被使用的循环。但更多时候，你会看到高收入、中等收入和低收入这样的术语被频繁使用。这反映了一个事实，即“发展中”世界并不是同质的。处于不同“发展”阶段的国家（地区）面临着极其不同类型的挑战和目标，需要不同的应对手段。下面两个真实的故事说明了这一点。第一个故事来自约翰·哈蒂，第二个来自阿伦·汉密尔顿。

约翰的故事：来自利比里亚的邀请

据约翰回忆，在20世纪80年代初，他应邀前往利比里亚，对当地高中升入大学的考试系统进行评估。

塞缪尔·多伊（Samuel Doe）总统在一场血腥政变中攻占了行政官邸，将前政府赶下台并掌权。出于恢复形象的目的，他设立了“塞缪尔·多伊奖学金”，奖励那些能在四项考试中获得85分以上的学生。然而，没有一个学生赢得过这个奖学金。他曾承诺会有学生得到这一奖学金，但遗憾的是，到目前都没有。所以他保证要改变现状，我被要求（作为一个资历不深的学者）评估他们的教育体系并做出改进的建议。作为其中的一部分，我审查了以下内容：

- **课程**：课程质量极高，令人印象深刻，甚至让我对当时我所在国家的教学大纲感到羞愧。
- **考试**：这些考试都是由位于尼日利亚的西非考试委员会进行管理，许多来自知名大学（包括我的母校，多伦多大学）的心理测量学家为此提供支持。
- **教科书**：这些教科书都是最新的，并且每年都会更新。

后来我要求去参观几所高中，尤其是位于首都蒙罗维亚郊外的一所高中。经过一番曲折，我们乘坐车队出发（随行的军队人员配备了机关枪）。但遗憾的是，我们找不到一所运行着的学校，因为虽然教师的工资（根据法律）在非洲是最高的，但他们很少能真正领到工资，所以他们全都外出兼职来养家糊口。

在城市里的学校，校长有关于考试、教科书和课程大纲的资料，但这些资料并没有与教师分享（知识就是力量）。（基于尼日利亚教育体系的）这些考试与课程几乎没有对应关系。当地有一种“良好的市场”，即需要从考务人员和教职人员那里来预购试题；而且教科书每年都要更换，学校不得不购买。一位高级官员的亲戚做着售卖教科书的生意，她非常高兴学校每年都必须购买她（标价极高）的书本。据称，这些书籍并没有分发给学生，它们需要被退回并转卖到另一个国家去。

更糟糕的是，85分并不是百分比值（我经常听说他们肯定能得到85%），而是T检验值[1]。这意味着，一个学生必须比50分的平均值高出3.5个标准差。如果四门学科中都按照这个标准，则意味着每一百年才有一名学生可能完成这一目标。我建议将其改为百分比值，并制定新的标准来划分成绩，教科书、课程和考试都应保持一致。然而，我随后被明确告知，改变意味着当前的赢家在贪污经济中会变成输家。唯一能挽救我天真建议的补救方法，是同意我在回家之前不会提交我的报告，否则后果可能会很严重（所以在离开利比里亚前后我都被多次警告）。

对我而言，这件事说明了在发展中国家（地区）的环境下常有不正当的教育动机。它还表明，有些国家（地区）的政府往往对学校和教室发生的事情几乎没有任何影响力。因此，他们倾向于关注那些能看到、触摸到和可以邀功的东西，比如政策文件、强制考勤、校舍数量、精品课程以及健全的评估系统。虽然这些可能是发展中国家（地区）的学生

[1] T检验是统计学术语，差异性统计分析方法之一，英文为T-test。T检验是用T分布理论来推论差异发生的概率，从而比较两个平均数的差异是否显著。

所必需的，但仅有这些远远不够。而且，过于关注这些框架和手段往往会削弱关于学校质量的讨论，因为这些讨论更多地聚焦学校教育相关的质量，而不是学习的充分性。这种“学习的充分性”才更与学校的教学管理质量息息相关，它涉及如何发展学习技能，如何坚持改革的信心并面对失败，如何更新学校员工的专业知识。

阿伦的故事：由一个亚洲国家引发的思考

我回顾了35年前参与的一个亚洲中等发展中国家的转型倡议。

在我到达后不久，便参观了城市与农村的各种学校。这些地方交通便利，有足够的电力、自来水供应，（大多数）甚至还配有宽带。很少有在教室里见不到教师或者教师不在上课的情况，他们甚至周六还会在校工作。即使有严重的不当行为，教师们也几乎不可能被解雇，这些都令人惊讶。

实际的教学过程大多是一些说教过程——教师们不停讲着，学生们整齐地成排坐着记着笔记，一场又一场的考试。教师们往往认为自己的任务是“讲完课本”，而且越快越好，以便能有更多时间带领学生们开始刷题准备考试。校长们都在办公室处理文书工作，除了每年两次强制性的课堂考察之外，他们很少进入教师的课堂。一些校长承认，他们从未给出教师反馈，因为他们不想“伤害任何人的感情”。诚然，教师和教育领导者都投入了工作中，他们工作时间似乎非常长——忙着在待办事项清单上打钩。只是这种“繁忙的工作”根本无益于孩子们的学习生活。

令该国教育部担忧的主要原因，是该国在经济合作与发展组织（OECD，简称“经合组织”）的国际学生评估计划（PISA）中的排名（较低）。国际学生评估计划被视为一种国家活力的象征，人们认为更高的排名能吸引更多的跨国合作与贸易。该国的自我诊断得出的结论是孩子们“死记硬背太多”，他们能通过国家考试，但他们“不会思考”。虽然这些学生的基础已经打好，几乎所有的孩子都能够定期上学，95%的学生都具备正常读写能力。

该国教育部将国家最优秀的人才聚集在一起，召开为期数周的全国改革设计会议，得到了由20个小组委员会提出的零散意见。我们并不完全清楚哪些倡议与哪些（预期）问题有关，也不清楚学校在收到备忘录后会如何（奇迹般地）理解、同意并忠实地执行那些方案。

公平地说，一些举措确实“奏效了”——如果衡量标准只是它们是否被落实的话。全国小学扫盲评估工作取得了圆满成功。但是，一旦学校的问责排名与学生表现挂钩的话，许多表现不佳的孩子就会发现自己被“意外地”锁在屋子里，或者在评估期间被要求待在家里。这真是一次“意外效应法则”的鲜活案例。

对于我来说，这说明学校建设管理、让教师和学生出勤与培养出卓越人才是非常不同的两件事。实施多管齐下的举措需要非常谨慎和不断重复才能产生影响。

对两个故事的总结

约翰和阿伦的这两段真实经历突出了两个截然不同的“发展中国家”的教育体系。约翰在利比里亚的经历反映了一种体制，即在文书报告上一切都很好，但（通常）学校甚至都没有开放，虽然“官方”的目的是教育，但更重要的“非官方”目的似乎是回扣、贪污和赞助。由于约翰无法进入教室，他对教学质量以及有多少孩子出现在教室里一无所知。

然而，35年过去了，利比里亚仍然是一个极具挑战性的环境。由于长期经受内战的摧残，过半的学校建筑被毁，教师纷纷辞职或从事其他职业。内战结束后（注意是多次内战），2014年，该国暴发了一场致命的埃博拉疫情，导致学校再一次关闭。然后全国又遭遇了新冠肺炎疫情。

按照国际衡量标准，在新冠肺炎疫情突袭而至前，利比里亚已经是世界上失学儿童比例最高的国家（地区）之一——只有54%的儿童完成了小学教育。而最新的识字率统计数据显示，成人识字率仅为48.3%。让我们换个时代背景对比此数据：在15世纪60年代的伦敦，识字率估计为40%，而且当时没有任何正规的教育制度。比起政府在教育上（可以说）完全无所作为的情况，在利比里亚的教育系统的影响下，全国识字率仅仅提升了8.3%！

因此，2016年，利比里亚教育部试图进行更彻底的改革，开办了合作学校，非政府运营者接管了185所学校的管理。虽然早期的结果看起来很有希望，但进展很快就停滞不前。事实证明，这项改革并不是人们所希望的灵丹妙药。事实上，运营者之间（以及内部）在方法和影响方面存在很大差异，神奇的灵丹妙药并不存在。

阿伦在他提到的亚洲中等收入国家的经历也基本类似。该国也有最佳的书面政策，也进行了合理的执行。学校是开放的，教师和孩子们都在上课，教学在正常进行，而且教学带来的学习成果也十分合理。在投入方面，有非常强劲的投资（可能过于强劲）。所有的教师在入职前都必须完成（侧重理论的）四年制学位课程。（过多的）小学教师中的学科专家坐在办公室里承担复杂（且似乎毫无意义）的管理任务，同时每周等待13个小时，才轮到他们“站上讲台”。所有这些都与许多高收入国家（地区）采用的通才型小学教师模式截然不同，在高收入国家（地区），同一位教师会整天陪着孩子。根据阿伦的计算，该国的小学教师至少比实际需要的多10万人，但绝对不会出现一位领导人来实施熊彼特[1]式的“创新性”大规模裁员。事实上，教师们本身就是一个选票库，

[1] 约瑟夫·熊彼特（Joseph Alois Schumpeter，1883—1950），是一位有深远影响的美籍奥地利政治经济学家。1912年，其发表《经济发展理论》一书，提出了“创新”及其在经济发展中的作用，被誉为“创新理论”的鼻祖。

执政者需要依赖他们的支持，从而继续占有领导地位。

该国教育部承认，他们拥有所需的所有资源。他们面临的最后一个障碍是如何“改变思维方式”，并发挥他们教学队伍的集体效能，这一集体效能实际上甚至比军队还要强大。然而，他们所使用的方法与他们成功用于建校、聘请教师和让孩子们上课的以投入为导向的方法是一样的，这些并不适合新的（而且更困难的）学习之战，因为这场战争的全部内容都是关于内在思想的改变。

发展中国家（地区）

上文两则故事说明，我们必须基于“最有效措施”的数据库，极其谨慎地开展和解释精益教育的应用。发展中国家（地区）的教育系统类似俄罗斯套娃，有许多形状和大小不一的嵌套娃娃。有些系统只存在于纸面上，有些虽在实际运作但效果不佳，每天都有大量的教师和学生缺席。还有一些系统已经掌握了让教师和学生到场并参与学习活动的巧妙技巧，但仍在努力将其转化为高质量的学习成果。正如我们在表0.1中说明的那样，在探寻和实施以精益化为导向的议程时，一个系统在这个过程中的起点影响着它可以向前（或向后）发展到的位置。同样，我们必须谨记，解决教育问题的灵丹妙药是不存在的。

表0.1 发展中国家（地区）

基础设施阶段	激励阶段	活动阶段	卓越阶段
建设学校、招聘教师、流程和政策设计、后勤管理、校本课程开发	鼓励学生和教师定期出勤，并监控/强制遵守规定	统一提供所需的阶段性课程、学生准备通过考试	教师不断评估自身影响、学生作为自己终身学习的教师

本书结构

我们两位都不喜欢忍受未知的神秘之旅，所以这一部分将会介绍本书其余部分的结构框架。第一部分是背景介绍，为全书奠定了基础。在第一章中，我们首先回顾了（20万年以来的）教育历史，尤其是过去300年来全球取得的惊人进步。然而，令人遗憾的是，事实证明，向全民高质量教育迈进的最后几步是最艰难的，新冠肺炎疫情进一步恶化了这种情况。第二章探讨了教育财政中的棘手问题。为什么教育系统（可能）需要实现低投入高收益，以及我们如何利用精益思想，以相同（或更少）的资源实现更好的产出。

为了更有信心地实施精益计划，我们需要关于学习的高成功率的优质方法，以及我们可以移除、挖空部分叠叠乐积木木块而不会使整个塔楼倒塌的高质量数据。在第三章中，我们深入研究了关于“有效教育措施”的57篇系统报告，它们分析了在发展中国家（地区）环境中的有效干预措施，具体内容涵盖了表0.2中列出的类别。

在意识到这个数据库尚未大到足以让我们有信心利用它后，我们在第四章介绍并解释了META^{X}数据库。它包括了大量我们主要从发达国家（地区）研究中得出的初步的（但仍然可以说是有用的）结论。

在本书第二部分，我们将深入探讨细节问题，整合META^{X}数据库和57篇与表0.3中概述的各章节主题相关的系统报告，得出了教育精益化的初步结论。

表0.2　教育干预措施一览表

<table>
<tr><th>学生</th><th>家庭</th><th>教育系统</th><th>学校</th><th>教师</th></tr>
<tr><td colspan="2">关于学校教育回报的信息（A）</td><td>公私合作关系（Q）</td><td>基础设施（A）</td><td>职前培训（Q）</td></tr>
<tr><td>体检（A&Q）</td><td>现金转账（A）</td><td>校本管理（Q）</td><td>技术（Q）</td><td>在岗培训（Q）</td></tr>
<tr><td colspan="2">奖学金计划（A&Q）</td><td>社区主导监测（Q）</td><td>强化课程材料（Q）</td><td>合同制教师（Q）</td></tr>
<tr><td>学校供餐（A&Q）</td><td></td><td>问责制系统（Q）</td><td>能力组别（Q）</td><td>绩效奖励（Q）</td></tr>
<tr><td></td><td></td><td></td><td>延长教学时间（Q）</td><td></td></tr>
<tr><td></td><td></td><td></td><td>缩小班级规模（Q）</td><td></td></tr>
</table>

符号说明	
A	增加教育机会驱动力
Q	提高教育质量驱动力

表0.3　第二部分章节主题

第五章：教师提升	第六章：结构提升	第七章：责任感与动机提升	第八章：教学与学习方法提升	第九章：教育技术提升
本章主题为：如何选拔和培训教师，如何始终支持教师工作	本章主题为：学校如何在规模、财政、建筑设计和课时等方面进行运营	本章主题为：学校领导与管理、学校问责制的驱动因素、家长选择、绩效工资、公私合作关系的利用如何影响学生的成绩	本章主题为：个人教学法如何促进学生的学习，这些方法如何结合到课程系统中，以有效地进行教学和学习	本章主题为：如何利用不同类型的技术来提高教学和学习的质量

在最后的第三部分中，我们认为，仅仅提供精益教育的建议是不够的。如果我们只是简单地说："你该行动了，之后没我们的事了。"那将是一种极大的伤害。人们需要的是帮助他们确定能够启动、停止或减缓教育计划的工具。最有效的方法可能是因地制宜的设计。

因此，在第十章中，我们总结了全球有关目标选择、方案设计、实施、评估、迭代、可持续性和推广的有效方法的文献。然后，在第十一章中，我们将构建一个明确用于教育系统“做加法”和“做减法”的理论模型（“做加法”指增加新投入、插入新“积木块”，“做减法”指精简现有措施、移除或挖空现有“积木块”），我们将此框架称为“GOLD精益教育模型”，见表0.4。

本书还包括一个附录，该附录总结了第三章探讨的关于发展中国家（地区）的57篇系统报告的关键发现，我们将在本书的第二部分继续解释这些发现。

表0.4　GOLD精益教育模型

GOLD理论				

1. 目标确定	2. 机会搜索	3. 实施落实	4. 回顾影响	5. 规模推广

精益理论				

E.商议未来方向	D.评估未来状态	C.试点未来状态	B.分析未来状态	A.分析当前状态

提示

人们会发现香烟包装上印着健康警告和精美的赔偿条款，关于精益教育，我们也有一些提示要说。

这本书既不是关于政治或意识形态的意图声明，也不是企图竞选公职的“宣言”！本书勾勒出了一些非常初步（和试验性）的想法，关于我们如何通过转移或重新分配现有资金来更系统地实现更强大的教育成果，而不必增加更多资金的投入，或者说我们如何才能成功地用更少的资源做更多的事情。

我们还想指出，一些早期审稿人强烈反对我们在第二部分进行数据解释与分析的方法。他们认为，我们提出的教育领域类别（即学生成就的影响因素）过于偏向于约翰在2015年发表的同名出版物中所说的“干扰措施的讨论”。这些审稿人认为，我们不应该过多谈论这些干扰因素（即成本高、影响小的干预措施），而应该只关注那些真正有效的、可以在低收入和中等收入国家（地区）以低成本扩大规模的事情。然而，我们的观点稍有不同。

在资金匮乏的发展中国家（地区），干扰因素必须被恰当地砍掉或挖空，这样我们才能重新获得资源，并将其重新集中在有更高概率能产生影响的事情上。因此，对我们来说，精益教育改进既是找到需要停止（或减少）的举措，也是找到能以较低成本启动并且具有较高影响力的举措。但需要注意的是，在我们收集评估数据以了解其影响之前，我们无法确定停止、减少或启动某些措施对当地的影响。在META^{X}和57篇关于发展中国家（地区）的系统报告中，没有能够保证在任何时间和地点都有效的“灵丹妙药”，只有概率估计。因此，我们要从小事做起，谨慎行事。

还有人批评说，我们的计算无法确定对每个学生而言，引入（或取消）我们推荐的各种改进措施会花费多少资金。我们承认这是一个（大的）问题，但我们无法报告在53 000多项研究的基础数据中没有记录的内容。相反，当你使用我们的“GOLD精益教育模型”来设计自己的计划时，我们建议你根据你所处的环境计算当地的（财务）成本效益，并将其纳入你在教育改革推进的决策中。换言之，我们负责给你提供选项，你负责自己进行计算。

还有一些重要的点包括，META^{X}的基础数据主要侧重于学生的学习成就（但是这一点对儿童健康也十分重要）、推迟婚孕、增加民主参与、减少犯罪等其他方面，这些都是狭隘的考试成绩所不能体现的。我们想重申：这个观点完全公平，但我们只能解释我们得到的数据，我们确实（试图）在更宽泛的数据中对更广泛的效益进行联系和论述。

无论如何，总有一些人讨厌精益概念，觉得它有将学校教育变成某种汽车工厂（或帆船厂）的倾向。那就请读者来决定吧。尽管存在争议，我们仍希望你能在本书中找到一些有价值的东西，最重要的是，你能认可我们的精益教育理念。

· 第一部分 ·

背景介绍

第一章　教育的全球普及

惊奇小说作家在写作时总会要一个巧妙的小把戏。首先他们会构建一个田园诗般的世界，接着便引出迫在眉睫的厄运。这种厄运通常是指逼近的流星撞击或致命病毒的传播。然后，话锋一转，一群勇敢但潦倒的英雄奇迹般地挽救了局面。我们非常喜欢这个故事，所以我们决定在本章借鉴这一情节。在第1小节，我们将用3000字或更少的篇幅回顾全球教育的历史，即短短300年间全球教育从零开始到现在的繁荣（尽管还有一些障碍有待处理）。在第2小节，我们构建并加剧了紧张的局势。我们认为接受教育（这是教育中最容易的问题）并没有转化为学生的学习成果（教育中更难解决的问题）。受新冠肺炎疫情影响，较容易和较难解决的问题都变得更难应对。如果你想知道谁是那勇敢但潦倒的英雄，不妨想想，答案可能就是你自己。我们希望这本书能为你提供所需的工具和灵感。

全球教育史

在本书的开篇中我们提到，根据大爆炸理论，宇宙在138亿年前从一个无限小的奇点开启了生命，然后以比光速还快的速度膨胀。我们认为这非常奇妙，值得在这里重提一下。因为正是这种剧烈的膨胀（以及达尔文的进化论）导致了如今我们的存在。

我们的祖先以各种形式存在了约600万年，约占宇宙存在时间的0.04%。然而，人类（智人）仅仅在稀树草原以及近来的小型购物中心里游荡了20万年。不同于我们的许多近亲和远亲，我们生来就具有惊人的认知能力。这让我们善于重设我们的认知操作系统（即学习），并使我们能够将知识代代相传。

然而，在人类存在的至少99%的时间里，几乎没有系统的或集中组织的教育方法。直到约1.2万年前，当时我们的祖先基本以游牧部落的形式活动，每个部落流动的成员有150～200人。他们在一片土地上打猎觅食，一旦这片土地的资源耗尽，他们便移居到别处。我们的祖先没有校舍或可以充当学校的洞穴、没有学时和学期、没有专业的教师，也没有标准化的评估，但这并不意味着他们没有教学活动。我们推断当时是以非正式的方式开展教学的。这也不意味着当时没有“毕业”这一流程。虽然对我们的祖先而言，最后的“评估”更有可能是通过考察狩猎或进行艰巨而又威胁生命的“毕业”仪式，而不是三个小时的笔试。

大约在公元前1万年，一些人开始倾向于在土地上种植并建立长期的农业定居点的想法，而不是游牧生活。尽管这种“创新”花了几千年的时间才得以在全世界范围内广泛传播。农业革命使人们能够定居、建造房屋、储存食物并收集和囤积更多的私人财产，而不是仅仅持有他们可以背负携带的家当。农业发展的飞跃使人们能够开展贸易，形成更复杂的经济，社会角色也进行了专业化划分，出现了包括顾问、药剂师和导师等职业。在5000多年前（约公元前3400年到公元前3100年之间），一些无名或未知的祖先发明了写作。

尽管取得了这些惊人的进步，但在那时仍然没有统一组织的、由国家控制的学校教育。苏格拉底（Socrates）指导柏拉图（Plato），柏拉图教育亚里士多德（Aristotle）；在古代中国，私塾先生传授儒家经典，使他们的学生能够通过科举考试，入朝为官；工匠大师训练学徒；父母教导他们的孩子。导致进一步变革的关键性催化剂可以说是公元1440年的古腾堡印刷革命[1]，以及随后的印刷商业化。这导致书籍和小册子的发行量激增。

人们需要掌握阅读的能力才能够体验到印刷术所带来的知识魅力。因此，大批人燃起了学习识字的热情。例如，在15世纪60年代的伦敦，虽然没有任何有组织的学校教育，但当时的识字率却已高达40%。到了17世纪60年代，英格兰出现了770多所私立中学。然后到了18世纪50年代，英格兰的男性识字率已经超过了50%（以能在婚姻登记册上签下自己的名字，而不是仅仅涂写一些符号作为衡量标准）。

在其他欧洲国家，非正式学校如雨后春笋般涌现，传授人们阅读的技能，以便人们能够持续消费日益增多的印刷品。法国农民组建了“社区班”，由社区中最有文化的人授课；俄罗斯的“郊野学校”面向农村儿童授课；爱尔兰的“树篱学校”没有教室，而是在田边的树篱旁上课；在普鲁士和奥地利，传教士和退伍军人建立了未经许可的“街角学校”，向城市里的贫民教授知识。

然而到了18世纪，第二次教育大爆炸发生了——国家资助的全民基础教育兴起。早在1717年，普鲁士人就率先变革，到了19世纪30年代，普鲁士全国性的免费小学教育体系逐步建立，接受过专业学院培训的受薪教师在公共资助的校舍中教授全国统一的非宗教课程，并通过外部督察确保教学质量。普鲁士首创的教育体系与当今的教育模式非常相似。虽然在一些圈子里流行称之为“工厂模式”，但其起源显然早于工业革命。

自从普鲁士发起教育变革后，邻国纷纷效仿其教育模式并试图普及基础教育，这些国家包括1723年的瑞典、1739年的丹麦、1771年的巴伐利亚和1783年的波兰第一共和国。法国大革命之后，雄心勃勃的全民教育计划在拿破仑时代的法国逐步实行。

---

[1] 约翰·古腾堡（Johannes Gutenberg，1398—1468），德国发明家，是西方活字印刷术的发明人，他的发明导致了一次媒体革命，迅速地推动了西方科学和社会的发展。

19世纪初，由于欧洲国家开始用统计的方法来衡量彼此之间的成就，人们对教育创新产生了极大的兴趣。越来越多的政策被效仿，教育宣言和跨国实地考察也越来越多。1843年，担任马萨诸塞州教育委员会秘书的霍瑞思·曼（Horace Mann）访问欧洲，并就普及基础教育的益处和机制撰写了一份被广为流传的报告，该报告深受他对普鲁士制度的观察的影响。

可以说，霍瑞思·曼的报告大大推动了美国基础教育的普及和教师培训学院的建立（即师范学校）。到了1870年，随着《基础教育法》的通过，英国也效仿了这些方法，建立了公共资助的学校委员会，逐步接管了3000多所独立学校的运营。英国的“督导”学校由安德鲁·贝尔（Andrew Bell）和约瑟夫·兰卡斯特（Joseph Lancaster）进行设计，该校的班级中设有教师和班长（有能力担任助教的年长学生），如今的学校仍在使用这些方法。受之前美国和英国的“女子学校”的影响，人们开始让女性在世界很多地方主导教师的角色。

各国建立国家资助及运营的基础教育（以及后来的中学教育）的确切情况各有不同，但我们认为，其背后是由以下三类驱动力混合而成——崇高驱动力、灰色驱动力、黑色驱动力。崇高驱动力是利他主义的，其目的（或道德目的）是教育公民。灰色驱动力主要将教育用于其他社会目的，例如民族、国家建设，这可能是积极的也可能是消极的，这取决于国家的建国制度。相比之下，黑色驱动力是指教育系统的建立者和经营者从预算、任命和晋升的管理工作中谋取个人利益。

几种相互关联的主要崇高驱动力包括：

- **价值观启蒙**。当政府开始支持普及和公共资助的基础教育时，伟大启蒙思想家的哲学思想已经传播了50～100年。伊曼努尔·康德（Immanuel Kant）、让-雅克·卢梭（Jean Jacques Rousseau）和大卫·休谟（David Hume）种下了这样的理想的种子——人类是有可塑性的，可以通过教育来提升自我；人们享有人权，而这些权利中包括接受教育。受教育权能帮助我们释放自己的全部潜力。这些价值观后来（很大程度上）被载入联合国人权宣言（1948年）和儿童权利宣言（1958年）中。

- **人力资本开发**。儿童需要拥有读写能力、算术技能，以及有助于他们成年和就业的品质和性格。在我们（以及大多数教育工作者）看来，这是教育的核心目的。但我们承认，这可能并不总是国家最初决定通过税收资助教育并由国家雇用庞大教师队伍的主要驱动力或动机！

因此，这些崇高的理想得到了大量灰色驱动力的支持，包括：

- **限制教会权力**。在许多欧洲国家，宗教组织（天主教和新教）早就建立了私立学校网。在学生最可塑的时期（即儿童时期），这些学校赋予它们各自所属的教会相当大的权力去塑造孩子们的思想。因此，在某些情况下，政府的一部分（可能的）动机是希望将学校教育的控制权从教会手中夺走，并牢牢掌握在国家手中。
- **国家建设**。最早建立公立学校的国家大多都相对比较年轻。普鲁士成立于1525年，英国成立于1707年，美国成立于1776年，法兰西第一共和国成立于1792年，巴伐利亚王国成立于1805年。年轻的国家需要一个有效的机制来传播民族历史、颂唱国歌、致敬国旗、规范方言、促进团结，建立对国家政府机构的尊重。学校拥有涵盖上述所有内容的统一课程，可以说是促进国家团结的相对有效途径。
- **国家官僚机构兴起**。从18世纪末开始，许多国家纷纷设立数量庞大且专业化的公务员岗位。这些机构已经能够非常熟练地管理和协调各项事务。19世纪30年代，随着电报的发明，公职系统覆盖的地理范围进一步扩大。这意味着，欧洲和北美各国政府越来越有能力接管独立学校的管理，如果他们愿意，国家还可以建立新的公立学校。
- **跟上邻国步伐**。民族国家日益注重将它们的成功与邻国进行比较。可以说，从20世纪中期开始，有一些国家认为他们应该具备一些条件，才能获得国际合法地位并增加投资者的信心。这包括拥有一支常备军、一家国有航空公司、广播/电视公共服务网络、公路或高速公路、铁路、公共卫生设施和**一套由国家资助的教育系统**。越来越多的国家（地区）用国际基准衡量各自的表现，例如最近的PISA，这（可以说）已经成为21世纪国家活力的象征。

当然，也存在一些黑色驱动力，使决策者的个人利益与崇高驱动力和灰色驱动力保持一致，包括：

- **政治赞助**。一旦建立学校系统，就需要大批教师和高级官员来监督和监控学校的各项事宜。对政治官僚精英来说，这是一个前所未有的机会。他们可以任命同阵营的盟友担任公职，并提拔他们担任高级职务，以换取长久的政治支持和服务。

- **回扣**。在许多国家和地区，教育系统（一旦建立）的开支在各部门机构中位列前四，拥有大量的税收预算。教育部还经常与私营部门达成一些项目合作，例如基础设施建设（如学校建筑）、购买商品和资助服务等等。这为政治家和高级官员提供了长期从私营部门组织谋取个人利益的机会，以签订合约的形式得到好处——贿赂、回扣、好处费、名义上的“捐款”。

显然，在公共话语中，政治领导人过去（和现在）更倾向于从机会平等、进步和人权这些崇高驱动力的角度来制定他们的决策，而不是出于试图粉碎教会、巩固国家权力、彰显国家气概和赚取（个人）快钱的目的。事实上，无论公共教育系统创始人的实际动机是什么（崇高的、灰色的或黑色的），全球相关证据表明，学校教育为公民带来了切实的终身利益，包括：

1. 更高的终身收入。普查罗普洛斯（Psacharopoulos）和帕特里诺斯（Patrinos）在2018年汇总了60多年来对139个国家（地区）的1120项研究，得出了教育对私人有着高（经济）回报率的结论。就全球范围而言，一年的额外教育带来的平均回报率约为每年年均额外收入的9%，而且这种提高在几十年内一直保持稳定状态。不过，经济学家们仍在争论，这种收入回报是教育直接提高了入学者的技能/人力资本的结果，还是更像是一种信号效应，向雇主提供有用的招聘信息，让他们了解学生入校前就已经具备了的某些优秀特质。这本质上是一个关于学生培养的问题——学校是“对钻石进行了加工润饰”，还是只是“称了称重然后颁发一张证书”。

2. 减少犯罪参与。一系列相关研究探讨了美国、英国、瑞典和意大利学校教育与参与犯罪之间的关系，研究发现加强学校教育和减少犯罪之间存在正相关的关系。这两者之间确切的因果机制尚不完全清楚。这可能是丧失行为能力的影响（即学生不能同时出现在两个地方，而由于上学，他们实际上已经丧失了参与犯罪的能力），也可能是由于提升人力资本的开发（即随着儿童入学，他们掌握了能够实现合法就业的技能）。一旦有了稳定的就业，他们在社会中的收益就更大，因此犯罪的可能性也就更小。

同时，还有研究探讨了教育对那些已经从事犯罪的人的益处。研究发现，对于进入对计算能力要求较高的非法企业（例如，放高利贷、赌博、敲诈勒索）的犯罪分子而言，如果他们在“入职”之前接受更久的学校教育，那他们更有可能取得“成功”。这似乎为他们在校期间的人力资本开发价值增加了可信度！

3. 健康增强与延长寿命。大量相关数据表明，教育水平的提高与健康状况的改善之间存在着正相关关系。教育似乎有助于减少人们参与危害健康的活动，并加快了人们获得医疗服务的速度。一些关键数据包括：美国——对于1914年至1939年之间出生的人来说，多接受一年的学校教育会使他们在未来十年内死亡的概率降低3.6%；瑞典——在1945年至1955年之间出生的男性群体中，多接受一年的教育能将他们疾病的发生率降低18.5%；印度尼西亚——研究人员发现20世纪70年代接受学校教育年限的增加与儿童死亡率的显著降低之间存在相关性。最近对经合组织和世界银行1995年至2015年的数据进行的全球审查发现，教育水平的提高、预期寿命和让自己的孩子接种疫苗的意愿之间存在着明显的正相关关系。

我们认为，教育带来的部分好处源于以下事实：儿童在学校读书而不是在外工作，因而降低了工业事故的可能性；儿童和父母从学校能了解到关于健康风险和健康行为的知识；以及在成年后增强教育意味着他们可以从事对身体危害较小的工作，并能享受到更好的医疗保健服务。这些事实共同创造了一次又一次的良性循环。

4. 为女孩带来更好的人生。事实上，女孩受教育后所能得到的经济回报高于男孩。每多接受一年的教育，女性的收入平均将增加12%。数据还表明，女孩的受教育水平越高，她的后代在童年时期死亡的可能性就越低。对于接受过中等教育的母亲来说，她们孩子在儿童时期的死亡率下降了49%。而且女性的受教育程度越高，她在青少年时期组建家庭的可能性就越小，她可能拥有的整体家庭规模就越小。在童婚发生率高的国家（地区）中，未受过教育的女孩在她们小时候就结婚的可能性是接受过中等教育同龄人的6倍。简而言之，教育对女孩而言大有裨益！

因此，无论促使政治精英们建立普遍的公共资助基础教育系统的动机是崇高的、灰色的还是黑色的，个人和国家都能够在增加收入、改善健康、促进女孩成长和减少犯罪等方面受益。但要实现这些益处，世界各地的儿童就需要接受高质量的学校教育。在本章的后半部分，我们对在这方面取得的进展进行了统计评估。我们首先审查了**儿童受教育的机会**（即儿童入学情况），然后探讨了有关**教育质量**的数据（即确保他们在入学后能真正学到有用的东西）。

有关教育的统计数据

受教育的机会

当我们分析有关受教育机会的全球数据时，我们得出一个结论：全球范围的教育扩张是现代最伟大的成就之一。大量学校建成，大量教师被聘用并接受了培训和部署，父母和孩子们都已经意识到接受学校教育的好处。

图1.1和图1.2显示了1820年至2010年间适龄中小学生的入学比例。我们可以看到，全球小学入学率从1850年的约10%增加到1940年的

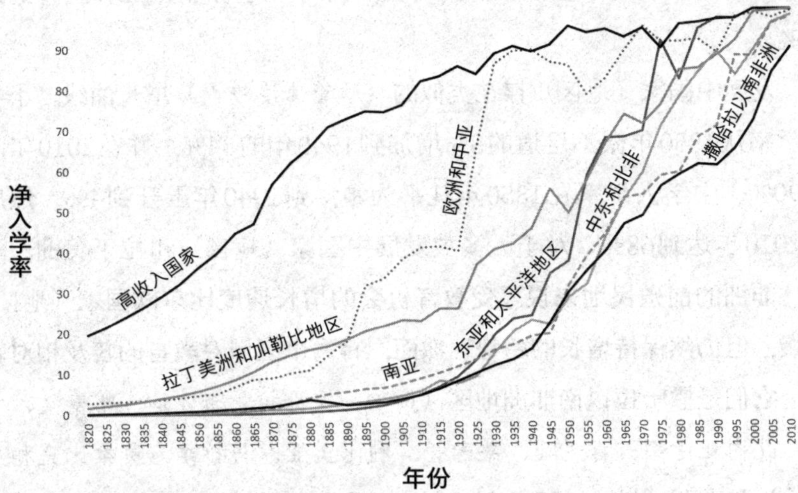

图1.1　1820—2010年小学净入学率（%）

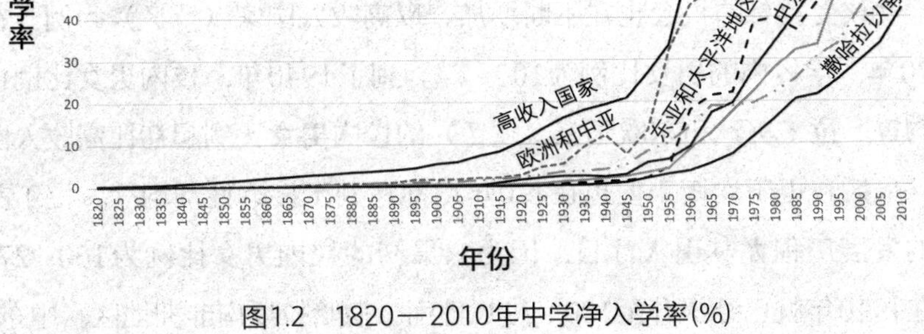

图1.2　1820—2010年中学净入学率(%)

47%，而中学入学率在同一时间段从0.3%增长到约8.3%。第二次世界大战之后，这一趋势更为明显，到2019年，全球小学入学率超过90%，全球初中和高中入学率分别为85%和65%左右。当然，这种增长的轨迹并非全球统一。北美和西欧的高收入国家（地区）在18世纪末和19世纪初领先，其小学入学率从1850年的约37%提高到1940年的90%左右。中学入学率也出现了相应的强劲增长，在同一时期内从1.5%上升到约21%。

发展中国家（地区）存在类似的（尽管速度较慢）增长曲线。小学入学率从1850年微不足道的3%增加到1940年的34%，并在2010年超过90%。中学入学率在1850年几乎为零，到1940年上升到4%，然后在2010年达到68%。对于大多数发展中国家（地区）和拉丁美洲、亚洲、非洲的前殖民地来说，受教育机会的增长速度比东欧国家（地区）要慢，但仍然保持增长的趋势！然而，有两个区域对教育的普及相对较晚，它们是撒哈拉以南非洲地区（例如，安哥拉、布隆迪、喀麦隆、加蓬、几内亚比绍、肯尼亚、莱索托、利比里亚、马拉维、莫桑比克和卢旺达）和南亚（例如，阿富汗、孟加拉国、印度、尼泊尔和巴基斯坦）。

上学时间也有相应的增加。174个国家的义务教育平均年限在1990年为5.8年，在2019年上升至8.5年。尽管孟加拉国、老挝、马达加斯加和缅甸目前只提供5年制的教育，许多撒哈拉以南非洲国家（地区）的教育年限也不超过7年，然而，与1950年全球平均2年的教育年限相比，这已经取得了重大进步。

女孩受教育的机会也在不断增加。以高收入国家（地区）为例，在1870年，学校内的男女比例为100∶74。到了1940年，校内男女比例接近均等。拉丁美洲和东欧国家（地区）的校内男女比例起初比高收入国家（地区）更不均衡，但也在130年后都达到了接近性别均等。拉丁美洲的发展历程尤其引人注目，因为它最初的校内男女比例为100∶27，但在1910年就已经提升至100∶78！然而，撒哈拉以南非洲地区、中东、北非地区和南亚国家（地区）要想实现受教育方面的性别平等，仍然任重道远。

有关失学儿童的数据如图1.3所示。1998年，有3.8亿多儿童失学，其中女孩占比极高。到2018年，这一数字已降至2.584亿（其中5910万小学适龄儿童、6150万初中生、1.378亿高中生）。但是失学儿童仍然很多——这一数目超过了澳大利亚、加拿大、英国、法国和意大利的人口总和，或者说是新西兰人口的53倍！这也严重影响了撒哈拉以南非洲地区，2019年该地区31%的学龄儿童未入学。但至少女孩在初中和高中阶段的入学情况方面有所改善。在全球范围内，初高中在读的女孩的数量超过了男孩。总的来说，在小学阶段，或者说至少在新冠肺炎疫情突袭而至前，我们已经（几乎）接近普及全民教育了。

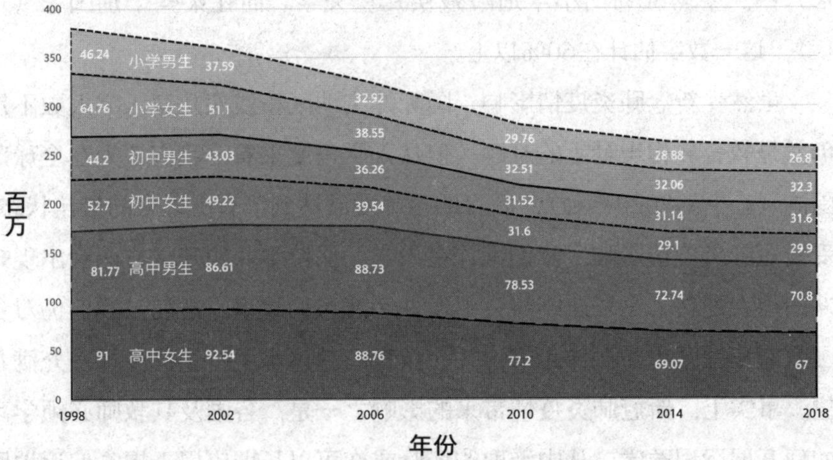

图1.3　1998—2018年失学儿童总数

正如我们在引言中所概述的，至少到2025年，新冠肺炎疫情造成的全球混乱已经（而且可能会持续）对发展中国家（地区）的教育成果产生严重的不利影响。2020年，195个国家（地区）实施了全国性的封锁隔离，影响了全球99%的学生或约17.2亿儿童。截至2021年中期，受新冠肺炎疫情影响，全球累计损失的学习时间平均超过每个儿童整个学年的

66%，而且这一数字还在不断增加。其中，超过4.31亿儿童无法通过无线广播或网络实现远程学习。虽然长期后果尚不明晰，但我们可以预测发展中国家（地区）的一部分儿童可能永远不会重返校园，这些儿童中女孩的比例很高，而且这可能将导致她们过上更糟糕的生活。

无论是新冠肺炎疫情突袭而至前还是后，饱受冲突困扰的国家和地区在教育的成功普及方面远远落后于其他国家（地区）。这些国家和地区的永久失学儿童占全球失学儿童总数的三分之一以上。而且，在这些具有挑战性的环境下，即使儿童有受教育的机会，他们完成小学教育的可能性也会降低30%，完成初中教育的可能性会降低50%。简而言之，这意味着更高的辍学率、更大的性别差异以及明显更低的识字率。另一个难题是特殊儿童的入学率。在15个抽样的低收入和中等收入国家（地区）中，平均30%的小学适龄残疾儿童失学，而在某些个别国家（地区），这一数字估计在60%以上。

虽然受新冠肺炎疫情影响，国际冲突地区和残疾儿童入学人数不足仍然是教育界相当棘手的难题，但从入学角度来看，我们认为在全球范围内（至少到2020年初），教育的全球发展达到了有史以来的最佳状态。受新冠肺炎疫情影响，我们预计在入学、保持学业和升学方面会出现短期的重大逆转。这场悲剧将会引发许多悲惨的故事。然而，我们仍对各国政府和社区重新振作起来，并让教育的总体水平持续稳步提升充满希望。事实上，新冠肺炎疫情带来的影响之一是，各国及其教师必须学习如何开展远程教学。从中汲取的经验或许可以长期应用于提高偏远地区儿童受教育的概率，并且能够减少政府对教学建筑的投资。受新冠肺炎疫情影响，学生可能会维持或开启在家学习的“新常态”。

教育质量

入学只是教育过程中的第一步。孩子们需要在学校里学有所成，掌握真才实干。让我们先看看好消息吧。如图1.4所示，1900年，世界上只有21.4%的人识字，而到了2016年，只有14%的人口是文盲。全球识字率从略高于20%增长到86%以上，这一显著增长超过了文艺复兴或古希腊黄金时期的任何增长和影响，而这主要归功于教师。我们有很多值得庆祝的进步。我们已经拥有了财富、品质和成就。然而，剩下14%的文盲率仍然是一个很高的占比，而且他们主要集中在低收入和中等收入国家（地区）。

现在让我们来看看坏消息。在现代知识经济中，仅仅能达到基本水平的阅读和学会签名是远远不够的。孩子们需要为进入高技术领域做好准备。随着机器人、人工智能和自动化逐渐替代了许多现有的人工岗位，孩子们对高技术领域的学习越来越需要得到重视。然而，即使在高收入国家（地区），培养学生的高阶思维也是一个相当大的挑战。

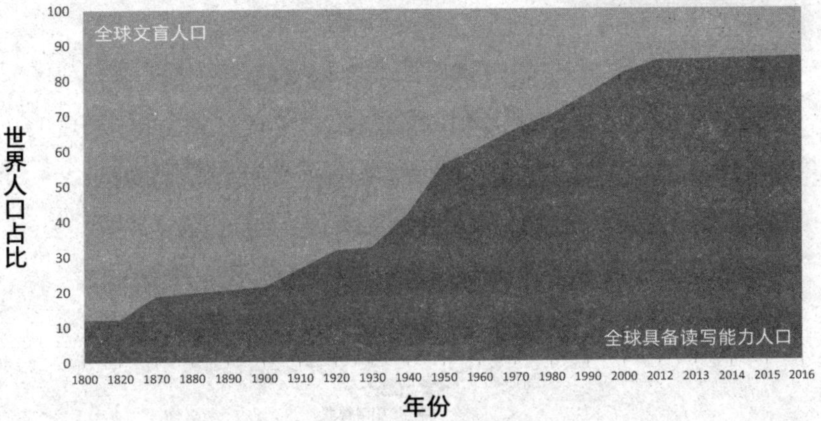

图1.4　1800—2016年全球15岁以上具备读写能力和文盲人口（%）

在图1.5中，我们提供了2015年高收入国家和地区的快照，这些都来自阿尔蒂诺克（Altinok）等人的数据库。该数据库是全球最大的教育质量可比性的面板数据库，它包括163个国家和地区从1965年至2015年的数据，并汇总了一系列国际评估数据[1]。没有一个高收入国家或地区

[1] 包括国际学生评估计划（PISA）、国际数学和科学研究趋势（TIMSS）、教育系统分析计划（PASEC）和国际阅读素养研究进展（PIRLS）。

能实现所有学生都达到“最低门槛”水平，这相当于所有儿童在全国学生考试中至少达到基本合格（最低合格成绩）。虽然新加坡、韩国、日本、中国香港和中国台湾已经非常接近这一目标。在这些高收入国家和地区，有81%的学生达到了“中级门槛”，这相当于一个良好的C等级；达到“高级门槛”（即优异成绩）的学生比例平均为37%，但不同国家和地区之间存在显著差异。

如果以教育成功的最高标准来要求这些高收入国家和地区，我们（当然）期望它们都能使大多数人（而不是少数人）具备达到最高水平的技能，而不仅仅是达到“中级”标准。虽然发达国家和地区的公共资助教育支出已经占GDP的4%以上，我们离实现这一目标还有很长的路要走。

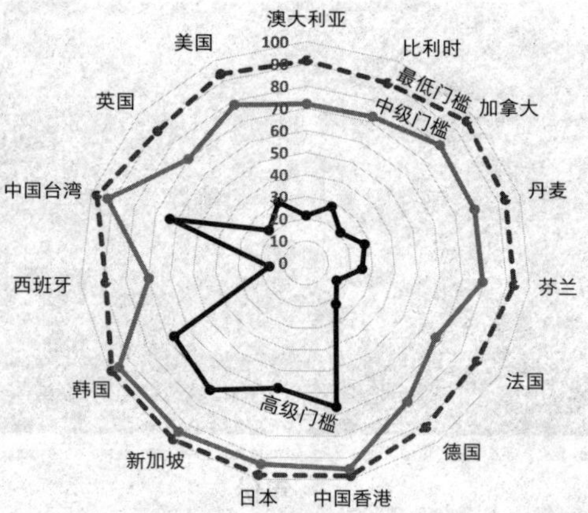

图1.5　2015年部分高收入国家和地区达到最低、中级和高级评估门槛的学生百分比（%）

在图1.6中，我们使用相同的数据库来展示发展中国家（地区）学生的学习成果。其结果更令人沮丧。在选定的这些国家中，只有66%达到最低门槛，32%达到中级门槛，4.4%达到高级门槛。越南显然是这些选定的中等发展中国家中出类拔萃的“异类”，除越南外的其他国家学生的学习成果极不稳定。

当我们以不同的方式分析同一个数据集，并且突出显示在小学阶段达到数学和阅读“最低门槛”的学生的中位数百分比时，其结果令人痛心。在低收入国家（地区），能够在阅读和数学方面达到“最低门槛”的小学生人数仅占4.5%和13.9%；而在高收入国家（地区），相应的比例均超过了90%。在数学方面的“最低门槛”意味着他们能进行整数的加减运算（如1+1）、辨别常见的几何形状（如正方形、圆形等），并看懂简单的图表。在阅读方面意味着他们能在文本中找到特定的单词或短语（例如，“猫坐在垫子上”），并抄写这些单词或短语。

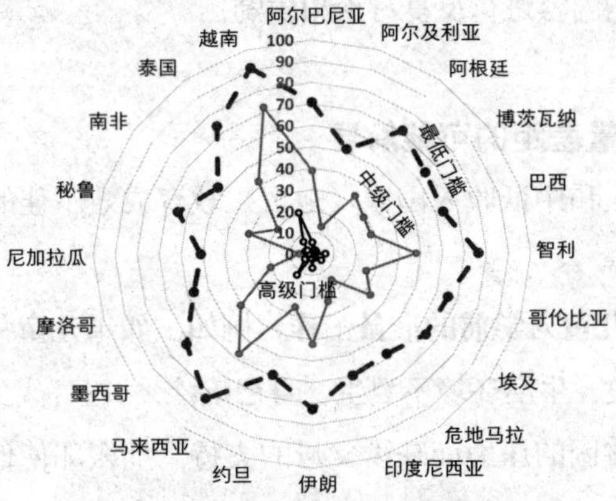

图1.6　2015年部分发展中国家达到最低、中级和高级评估临界值的学生百分比（%）

全球数据中还有很多空白之处。在我们对联合国教科文组织的教育统计数据库中的121个国家（地区）进行交叉分析时，大约有三分之一的国家（地区）缺乏关于小学毕业时儿童识字和算术水平的国家（地区）报告数据。据我们统计，只有大约一半的国家（地区）参加了针对初中毕业学生的区域评估或全球国际评估。因此，如果低收入国家（地区）的平均学习率远远低于上文提到的中位数，我们也不会感到惊讶。

当我们研究现有的国家（地区）级数据时，情况更加令人痛心。在马拉维和赞比亚，89%以上的学生在接受了整整两年的教育后，仍然无法识字。在印度农村，只有不到28%的学生在三年的小学教育后能够掌握两位数以内的减法（例如“21-10”或“30-11”）。当我们审查来自西非和中非地区六年级学生的数据时，只有42%的学生在阅读和数学方面有足够的能力继续接受中学教育。

如果学校教育并不能让学生拥有学习能力，那教育的意义在哪里呢？父母也可以把孩子留在家里工作，帮助挣钱养家。因此，我们需要了解**为什么**低收入和中等收入国家（地区）的教学质量普遍堪忧，这样我们才能制定对策，从而确保儿童在教学中真正学有所成。在下一部分中，我们将概述一些可能的解释。不过请注意，我们将在本书的后半部分对其中的一些内容进行反复讨论和质疑！

对教育质量差距的可能解释

导致低收入和中低收入国家（地区）教育成效不佳的一些潜在因素包括：

1. 未做好儿童入学前的准备工作。例如，如果儿童每天摄入的热量不足、营养不良、生活环境不卫生、身患痼疾，并且/或身处贫穷混乱的家庭中，因为贫困的压力而缺少父母的支持，那么即使他们能接触到最好的教师，他们的学习效率也必然会受到阻碍。即使在高收入国家（地区），社会经济地位也是儿童学业成功的主要预测因素。

2.“合格”教师不足。为了有效地开展教学，教师（可以说）需要有足够的学科知识。然而，撒哈拉以南非洲地区只有不到25%的教师完成了中等教育，教师可能缺乏足够的教学知识。最近一项跨越6个撒哈拉以南非洲国家（地区）的观察研究得出结论，很少有小学教师能够形成性地评估学生的进步，同样很少有教师采用高影响力的教学方法。发展中国家（地区）的师生比例很高，低收入国家（地区）平均为1∶45，中低收入国家（地区）为1∶33。

3. 教学时间不足。在许多低收入国家和地区，官方规定的上课时间与教师实际在教室上课的时间之间存在着巨大的差距，前提是教师真的在教室上课。如图1.7所示，在乌干达，教师的实际教学时间仅为其合同规定的42%。而在莫桑比克和加纳，这一数字甚至低于40%！

4. 教师的自我效能感低。在某些情况下，数据显示，教师根本不相信他们能改善学生的学习生活。对教师思维框架的研究表明，例如在巴基斯坦、塞内加尔和桑给巴尔，50%或更多的受访教师认为他们几乎无法提升来自贫困背景儿童的学习成绩；类似比例的教师认为，他们无法提高已经落后的儿童的成绩。最近的研究也再次证实了这些发现。

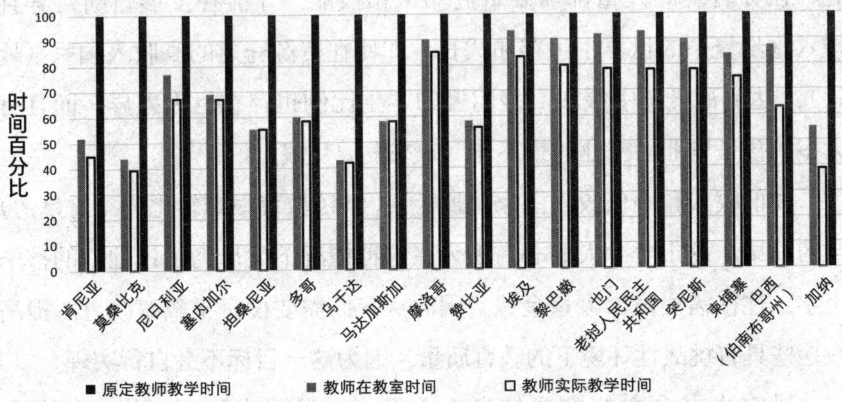

图1.7　原定教师教学时间 vs 教师在教室时间 vs 教师实际教学时间（2018年）

总结

在本章，我们描述了在古腾堡印刷革命诞生及其之后发生的教育大爆炸之前，教育发展的缓慢乏力和教育行业的零散无序。在过去的300年里，全球各地的政府都承担起了国家（地区）提供资助和国家（地区）提供公共教育的责任，而且，各地政府仍在不断加大投入。

在新冠肺炎疫情突袭而至前，全球约有2.584亿儿童没有机会上学。然而，就百分比而言，这是人类历史上最低的未入学率，所以我们有很多值得庆祝的进步。虽然新冠肺炎疫情或将（显著地）逆转全球入学率提升的劲头，但我们有充分的理由相信，政府和社区会振作起来，再创辉煌。基础教育的普及即将全面落实，到2040年，除了最具挑战性的地区以外，所有国家和地区都有可能实现普及（较低的）中学教育。这个数字比联合国可持续发展目标中提出的2030年更为保守，它考虑到了新冠肺炎疫情带来的潜在阻力。普及基础教育是比较容易解决的问题，接下来我们来谈谈更棘手的问题。

仅仅给孩子们提供上学的机会并不能确保他们能够学有所成。虽然，全球识字率无疑达到了有史以来的最佳水平，但我们不能止步于此。世界各地的儿童都需要掌握知识和技能，才能在发展日新月异且技术逐步复杂的世界中生存和成长。即使在资源充足的高收入国家（地区），达到最低、中级和高级门槛的学生比例也存在巨大差异，而且有太多的孩子毕业后就业前景不佳，未来发展受限。

在低收入和中低收入国家（地区），学校教育很难转化为（有用的）学习成果。这十分令人痛心，因为在这种情况下父母为了让他们的孩子上学，往往需要付出大量金钱。因此，我们需要投资于教育改进，提高在这些具有挑战性环境下的教育质量，因为这一目标不会自行实现。

贯穿本书全文的主要信息之一是，在发展中国家（地区）花费100—150年的时间来发展出类似高收入国家（地区）的学校教育系统是不切实际的想法。所以我们需要颠覆性的解决方案。快速提升教师的专业知识至关重要，并且解决方案要基于证据。然而，这些事情通常需要投入巨额的财政支出。在下一章中，我们将探讨错综复杂的教育资金网络。同时我们需要注意到，受新冠肺炎疫情影响，可能不会有新的资金投入。因此，我们可能需要学会如何事半功倍，实现教育精益化。

第二章　我们需要教育精益化

就像足球比赛有上下半场，这一章可以分为两部分。在前半部分，我们认为，尽管教育系统需要资金，但仅靠金钱并不能为教育界带来什么改变。如今，国内税收收入和赞助资金（可能）停滞不前，无论如何都不会有更多的经费。这意味着，所有国家和地区（包括低收入和中等收入国家和地区）的教育系统可能都需要学会从低投入中获取高收益，也就是教育精益化。在后半部分，我们将介绍精益方法。该方法始于汽车行业，作为一种思维方式用于确定可被整体移除、挖空或不再添加的“叠叠乐积木块”。

为什么我们需要教育精益化

资金是增加受教育机会和提升教育质量的一个必要条件（但绝非充分条件）。教育系统需要一定程度的资源来进行学校建设和维护、教师招聘、培训和部署，并不断提高教师水平。学校还需要开发课程、制定评估和质量保证体系，并协调整个教育系统。世界各国都试图为教育事业投入大量资金。

据2018年联合国教科文组织的报告估计，政府和公民每年在教育上的支出超过4.7万亿美元。这几乎相当于世界第三大经济体日本的国内生产总值（GDP），或者是西班牙、澳大利亚、韩国、新西兰和新加坡的GDP总和。全球教育部门目前雇用了超过8400万名教师，自1993年以来增加了近45%。事实上，教育可以说是世界第二大全球“产业”。根据2020年的数据，教育行业大于石油、保险、汽车、银行和旅游，仅次于医疗保健行业。

在过去的二十年里，全球的教育支出增长显著，仅在2005年至2016年期间，经合组织国家和地区的学生人均支出平均增长了24%。平均而言，各国的教育支出约占GDP的4.6%，约占公共支出总额的14.5%。然而，一个显而易见且极其重要的问题是，这些额外的支出是否能带来改变。例如，每增加一美元的支出，学生的成绩是否有清晰明显的提升？或者，反过来说，在相同（或更少）预算的情况下，教育能否取得更好的结果？换句话说，教育能实现精益吗？

为了帮助我们回答这个问题，图2.1交叉显示了2018年PISA的各国（地区）平均值，并将这些平均值与每个学生的累计支出相比较。我们还计算了R^2值，这是一个因变量（在图中指PISA分数）中方差比例的统计度量，可以通过自变量（图中指资金水平）来进行解释。R^2值为1.0，意味着学生的学习成绩可以完全由资金水平来解释。R^2值为0.0意味着这两个变量之间没有关系，或至少没有相关性。

图2.1中数据的实际R^2值为0.49，这意味着，（至少从相关性的角度来看）一半左右的国际学生评估计划中的结果差异（可能）可以用各国（地区）的资金水平差异来解释。不过，如果把图中“东南部”的四个异常值（即卡塔尔、卢森堡、文莱和塞浦路斯）排除掉（这几个国家的投资都高于平均水平，但产生的收益相对较少），那么R^2值会增加到0.74。这样看来，金钱（似乎）确实很重要。然而，正如我们接下来将解释的那样，细节决定一切，相关性不等同于因果关系。

“东北”和“西北”象限的国家（地区）

几乎所有在支出上高于经合组织平均水平的国家（地区），在PISA中的分数也高于平均水平［即那些位于图2.1中的“东北”象限的国家（地区）］。但这些国家（地区）之间存在很大差距，例如，文莱对每

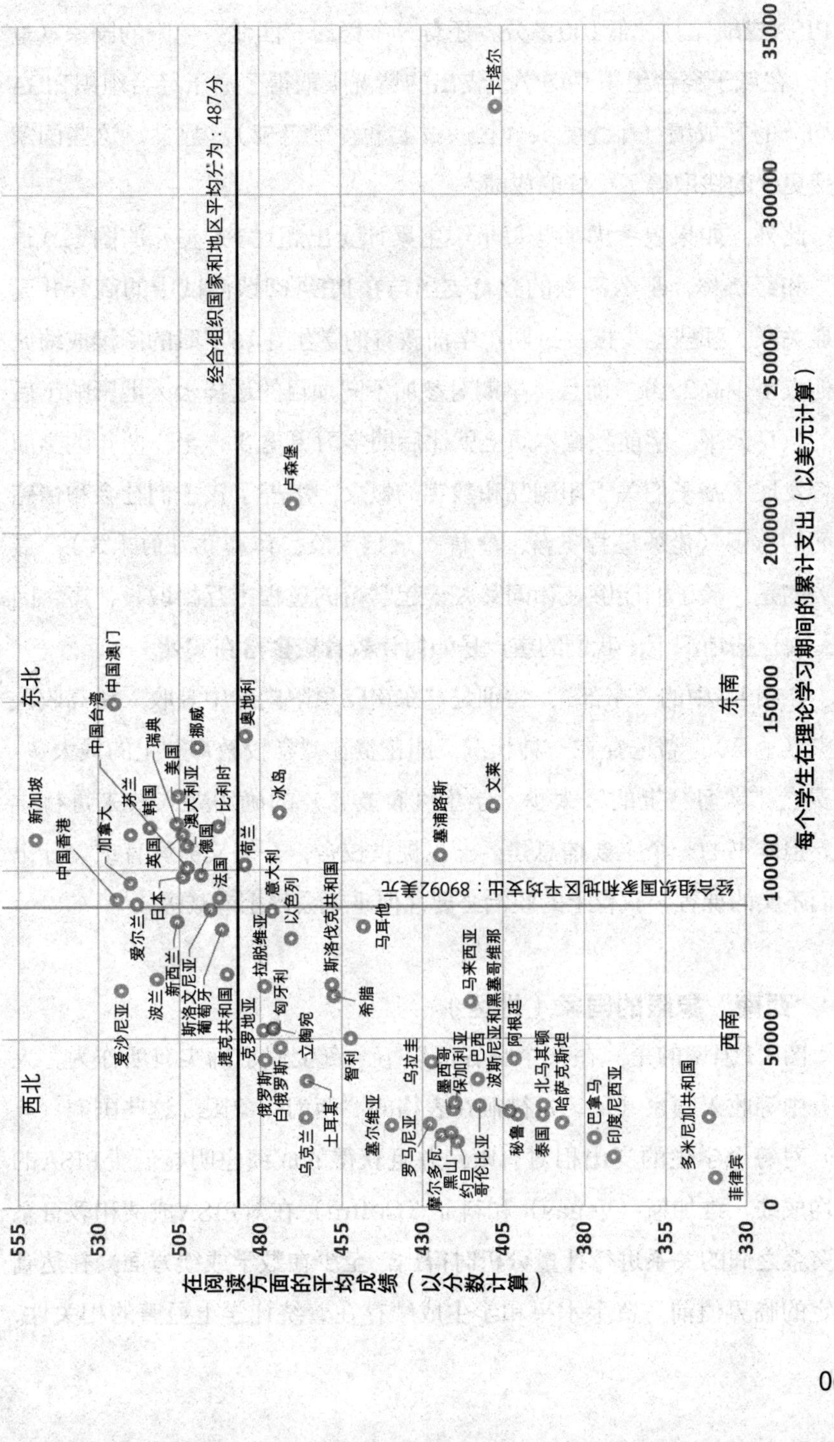

图2.1　国际学生评估计划（PISA）结果与累计教育支出对比

个学生的投资比芬兰多了8000美元左右，但在2018年，文莱阅读方面的PISA成绩比芬兰低100多分。还有三个稳居“西北”象限的国家（地区），在低于经合组织平均学生支出的情况下取得了高于经合组织PISA平均分的好成绩（即捷克共和国、波兰和爱沙尼亚）。显然，这些国家花费更少的钱取得了更好的成绩。

此外，如果只考虑那些每个学生累计支出超过5万美元的国家（地区）和经济体，那么高额的教育支出与在PISA阅读测试中的高分并无明显关联。那些至少接受过两年学前教育的学生在15岁时的阅读成绩比其他人至少高23分。而且，早期对参加不同项目的选择极大地影响了后期的教育公平，学前教育本质上就比后期学习更重要：至少两年的学前教育发展了孩子们关于印刷品和数字的概念，培养了孩子们社会和情感方面的意识（能够坚持不懈、有信心承担风险、体验学习的乐趣），最重要的是，孩子们能够在和同龄人一起学习的过程中互相取长补短。因此，在这些情况下，我们的重点是**如何让教育资金落在实处**。

在图2.1中的“东部”，特别是“东南”象限内的中等收入和高收入国家（地区），普遍存在一种状况，即花费在“学校教育”上的钱太多，花费在“学习”上的钱太少。学生（和教师）的确需要入校来进行学习。但本书的一个主要信息是，一旦提供校舍、开展义务教育或设计出华而不实的课程，教育上的政治必要性似乎就会停止或减缓。

“西南”象限的国家（地区）

图2.1强调的是，在某个临界值以下，资金似乎确实有所作为。大部分中等收入国家（地区）徘徊在表格的“西南”象限，这些国家（地区）对每个学生的支出相对有限，并且获得的成绩也明显低于PISA的平均成绩。维加斯（Vegas）和科菲（Coffin）在对PISA成绩和教育系统资金之间的关系进行计量分析时得出，至少在数学成绩方面，在达到一定的临界值前，资金水平和学生成绩存在着统计学上显著的相关性。

这个临界值就是每个学生每年支出8000美元（按购买力平价计算）。超过这个临界值后，就算投入继续增加，学生成绩也不会有明显提升。相反，这时的学生成绩与如何使用这些资金密切相关。

即使在“西南”象限中，各国（地区）也很有可能逆势而上。例如，多米尼加共和国和乌克兰在资金水平几乎相同的情况卜所取得的成绩有很大差距，它们的PISA阅读分数分别为342分和466分。这表明，在某些情况下，微薄的资金也能创造出好的未来。因此，这再次强调了有效利用资金的重要性。

“西南”象限“深处”的国家（地区）

然而，许多低收入国家（地区）甚至没有纳入图2.1的统计中，也没有出现在维加斯和科菲的分析中。这是因为这些国家（地区）没有参加国际学生评估，也没有发布关于其教育支出的准确财务数据。这些位于“西南”象限“深处”国家（地区）的有限数据显示，它们能够从税收和捐赠者的赞助中获得的资金十分有限，难以投资于提高教学质量的研发项目。

世界各国（地区）平均有74%的教育经费用于支付教师工资，而在撒哈拉以南非洲的一些国家（地区），这一数字超过了90%，例如中非共和国、科摩罗和塞拉利昂。这意味着，一些国家（地区）只有足够的资金来支付教师工资和对现有校舍进行基本维护，几乎没有剩余资金来资助新学校、培训教师、开发课程资料，或优化教学资源。根据教育财政观察（Education Finance Watch）的数据，在2018—2019年度，低收入国家（地区）家庭的私人捐款占全国（地区）年度教育支出的43%，而高收入国家（地区）家庭的捐款占其全国（地区）年度教育支出的16%。这意味着，在低收入国家（地区），（贫困）家庭通过向学校直接捐款填补了资金缺口。那些拥有最少资源的人只能自力更生摆脱贫困的困扰，这似乎不合情理。

更大的追求和正在下降的财政空间

在现存的教育资金分配不均的充满挑战的背景下，各国（地区）仍推动自己对未来有更大的雄心壮志。早在2015年，来自184个国家（地区）的代表齐聚韩国仁川，批准了《联合国2030年教育可持续发展目标》（*SDGs*）。参与方对2030年教育行动框架的核心要素仍达成一致（尽管没有法律约束力），包括到2030年实现以下目标：

- 提供12年由政府资助的免费的、公平的和高质量的中小学教育，包括至少9年的义务教育。
- 确保所有儿童都能获得精心照料和高质量的学前教育。

相较于千年发展目标，这些目标更为雄心勃勃。正如我们在第一章中所概述的，千年发展目标优先考虑普及基础教育，在新冠肺炎疫情突袭而至前，世界已经距离实现这一目标（可以说是）近在咫尺，但冲突频发地区和撒哈拉以南非洲地区是个例外。"教育可持续发展目标"设想，无论男孩、女孩还是残疾儿童，所有儿童都有机会至少接受小学和初中教育，而且他们应该从所有的这些学校教育中学到一些真正有用的东西。

然而，根据2030年目标制定的财务估算表明，要实现可持续发展目标，需要大幅增加教育支出，包括：

- 所有国家（地区）需要将其教育支出水平提高到国内生产总值的4%～6%，占国家（地区）公共支出总额的15%～20%。
- 高收入国家（地区）（资助者）需要将国民总收入的0.7%用于对低收入国家（地区）的ODA。

教育委员会和教科文组织汇编的初步财政预算显示，为了实现可持续发展目标，平均每年需要在低收入和中低收入国家（地区）额外投资2910亿美元。这一成本的增加反映了学生人数的增加［因为低收入国家（地区）的出生率较高］，以及为延长他们的上课时间、提升教学质量而增加的学生人均支出。实际上，对于低收入国家（地区）来说，这意味着每个小学生的支出需要从2015年的每年70美元增加到2030年的每年197美元。

在新冠肺炎疫情突袭而至前，联合国教科文组织和教育委员会预估，如果低收入和中低收入国家（地区）提高分配给教育支出的税收占比，将国内生产总值的5.5%和公共支出的20%用于学校教育，那么学校教育就能得到很大一笔额外资金。然而，即使政府能够持续筹集这些资金，从2016年到2030年，每年预计仍有390亿美元的资金缺口。这需要借助多边和双边资助者的额外教育援助。

那么，6年过去了，实际结果如何呢？

在仁川会议之后，各国（地区）并没有采取太多行动来提高分配给教育的GDP或公共支出的比例。教育财政观察的数据显示，相关数据并没有明显的变化。在2010年至2011年，中低收入国家（地区）政府的教育支出占GDP的4.3%，2018年至2019年仍保持不变。对于低收入国家（地区）来说，政府的教育支出略有增加——在同一时间范围内，从占GDP的3.2%增加到3.5%。这些不过是平均数，隐藏着赢家和输家。后者包括马拉维，在2010年至2019年，马拉维的教育支出从占GDP的5.2%下降到4.4%。

新冠肺炎疫情影响巨大。正如我们在引言中所述，新冠肺炎疫情早期对经济、社会、教育产生了巨大影响，估计包括：

- 3.7万亿美元的工资从经济活动中消失了
- 全球损失4亿个就业机会
- 全球GDP下降4.3%
- 政府和中央银行的经济刺激措施达19.5万亿美元
- 由于学校停课，儿童平均一年损失66%的学校教育，而且这一数字还在不断增加

同时，还要考虑：

- 税收收入/财政空间的下降

- 政府的经济启动和最终要求的回报
- 财政部随后将不得不做出困难的决定，即是增加税收以资助其增加的借贷，还是削减公共服务
- 需要“补救”学生在学业上的损失

联合国教科文组织回顾了2015年的财政报告后，重新进行了统计，认为教育资金缺口可能接近每年2000亿美元，或比新冠肺炎疫情突袭而至前的预测多5倍。这意味着，为了实现2030年可持续发展目标，甚至只是为了让某些国家（地区）的学校能够继续开展教学活动，必须通过其他途径获得资金。

国际援助

二战后，为了支持低收入国家（地区）的包括教育部门在内的多个领域的发展，高收入国家（地区）建立了一系列多边和双边机构。一些主要的多边机构包括世界银行和区域开发银行，如亚洲开发银行和美洲开发银行。这些组织通过向低收入和中低收入国家（地区）提供赠款和软贷款，来资助其资本支出和技术援助。

一些高收入国家（地区）还将部分公共支出专门用于双边国际援助。这些资助者包括欧盟、美国、英国、德国、日本、法国、瑞典、挪威、荷兰、加拿大、澳大利亚和中国。他们的捐赠动机多种多样，从崇高的慈善事业，到新市场的孵化，以及更深层次的地缘政治考虑。

撇开资助者的动机不谈，教育一直是多边和双边机构的关键投资领域。至少从20世纪60年代末开始，为了提升低收入和中低收入国家（地区）的教育系统，高收入国家（地区）在ODA中投入了大量资金。不过，几十年来，援助的重点已经发生了变化，见下表：

时期	重点
20世纪70年代—80年代中期阶段：**基础设施建设**	大部分投资用于基础设施项目，包括建造学校和提供设备，其中80%以上的资金用于中学和高等教育活动
20世纪80年代末—21世纪初阶段：**增加入学机会，尤其是在小学教育领域**	到20世纪80年代末，投资重点转向小学教育，各国认为投资需要从"金字塔"的底部开始，然后才是顶部 1990年，联合国教科文组织的《世界全民教育宣言》重申了这一点，并在2000年的"千年发展目标"（MDGs）中再次强调。其中提到受教育机会被认为是人力资本、公民社会发展和性别平等的关键驱动力
当代阶段：**教育质量提升**	最近，投资重点已经从增加受教育机会转向提高教育质量。联合国2030年"可持续发展目标"（SDGs）强调优质教育是ODA资金的核心驱动力（如上节所述）

自1994年有高质量的资金数据以来，高收入国家（地区）向发展中国家（地区）提供了超过1540亿美元的ODA资金，平均每年64亿美元。这看起来似乎是一笔可观的数字，但这笔资金要分配给180多个国家（地区），每份的份额仅相当于一个中等规模的发展中国家（地区）——例如马来西亚——每年教育支出的50%，或相当于英国每年国内教育支出的7.7%。

图2.2显示了自2002年以来ODA资金的发展状况。虽然实际资金在17年里增加了2.6倍，但在2000年初期增长缓慢，2010年后趋于平稳，并在2016年后又逐步上升。然而，超过三分之一的资金分配给高等教育，其投资回报率可以说远远低于分配给学前、小学（基础教育）和初中教育的资金所带来的回报率。与2010年的程度相比，2019年的基础教育和初中教育的拨款只增加了11亿美元——我们还远远未达到教育委员会和联合国教科文组织一直呼吁的每年额外拨款390亿美元，更不用说教科文组织现在认为受新冠肺炎疫情影响的教育重建可能需要每年花费2000亿美元。

但是，我们还有理由更加悲观。一，捐助者的援助重点正由教育转向其他领域。在2003年，捐助者对医疗健康领域的投入比教育领域多

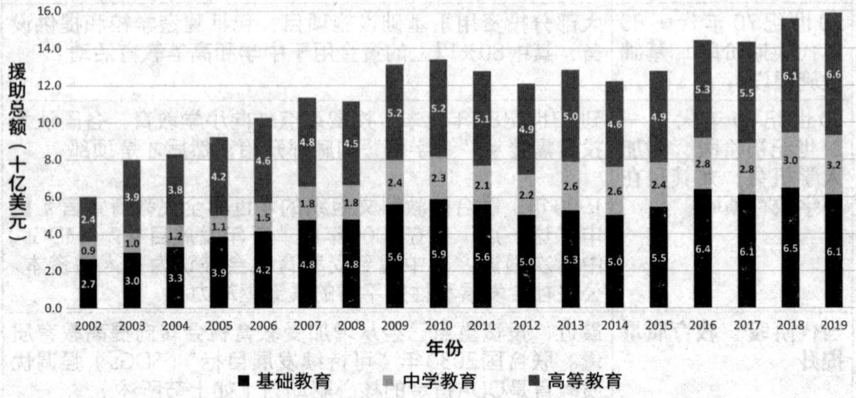

图2.2　2002—2019年按教育水平划分的教育援助总额

6%；到了2018年，医疗健康领域的投入比教育领域多出了60%。二，新冠肺炎疫情和全球封锁浪潮大大削减了高收入国家（地区）的经济生产力，并且政府为了支撑国内经济的需求增加了大量借贷。2020年和2021年的数据表明，在接下来的数年中，ODA资金可能会面临大幅削减。率先削减援助资金的捐助者包括：

• **英国外交、联邦和发展办公室**。2020年，英国对外援助将减少29亿英镑，这相当于近期资金削减了近20%。随后，英国决定在2021年及以后，将援助预算从占国民总收入的0.7%减少到0.5%，预计每年可节省40多亿英镑。

• **欧盟**。欧盟将2021—2027年的对外援助预算从拟议的889亿欧元减少到708亿欧元。

联合国教科文组织预计，到2022年，各资助方的教育ODA资金将累计削减12%。多方预测也表明，ODA资金可能要到2026年才能恢复到2018年的水平。这种削减究竟是会昙花一现然后逆转，还是会继续恶化下去？其他ODA资助方是否会做出类似甚至更大幅的削减，还有待观察。

新冠肺炎疫情的长期影响

新冠肺炎疫情预计将加速全球经济中现存的趋势，包括机器人的崛起和人工智能使用的增加。随着低技能岗位逐渐被自动化所取代，受教育程度低的公民将面临失业，甚至难以维持生计。为了摆脱这种厄运循环，公民需要进一步接受教育。

尽管面临财政危机，低收入和中低收入国家（地区）的财政部有可能选择提高教育投资水平，并且/或者国际捐助者将出手相救［虽然这些国家（地区）的债务在不断增加］。然而，即使获得国际援助，也还有一个危险，那就是这些资金并不能完全发挥预期作用。也就是说，投资虽然增加，而且被资助的国家（地区）期望能取得类似爱沙尼亚的成绩，但实际上最终只能达到马来西亚的水平。结果或许会更糟糕——这些投资可能根本就没有起到推动作用。

因此，我们认为现在应该减少对金钱的考虑，重新关注我们如何以相同或更少的资源去实现更多的目标。换句话说，我们需要追求精益。我们的意思不仅仅是比喻性的或隐喻性的，也是指字面上的或方法上的。在本章的后半部分，我们将介绍精益教育的改进过程，并解释如何利用它，以便在经费不足的情况下，也能提高教育成果。

如何实现教育精益化

当你闭上眼睛想象“精益”（lean）这个单词时[1]，你可能会想到清瘦苗条的人，比如长跑运动员或瘦小的瑜伽爱好者。或者，如果你联想到的是食物，可能会想象到低脂肪和低胆固醇的营养物质，也许是沙拉和松软干酪。你也可能想到这个单词解释了一种行动和行为方式，体现速度、敏捷和效率。

---

[1] 根据牛津英文词典，“lean”这个单词的形容词词类主要有3种意思：清瘦且健康的、低脂肪含量的、精干的且高效率的。

然而，本书中的“精益”特指用更少的投入获取更多成效的具体方法。它的早期起源至少可以追溯到16世纪的威尼斯兵船厂。当时，威尼斯造船工人完善了流畅的生产流程，让他们能够在一天之内完成整艘加列战船的建造，而在欧洲其他地方，生产一艘类似大小的船可能需要几个月的时间。

18世纪，本杰明·富兰克林（Benjamin Franklin）建立了管理废物和过剩库存的方法，但直到20世纪，亨利·福特才让高效的连续流动过程得到更广泛的应用。福特没有让一群“万事通”的工匠们挤在一起生产一辆汽车，而是引入了系统化的生产线，每个工人在装配线上专门负责一个特定的专业领域，汽车的生产可以从一个装配点移动到下一个装配点。

虽然福特的做法被广泛效仿，但他并没有将自己的思想系统化成一种生产理论。为此，我们需要将视角转向战后的日本和丰田汽车公司的创始人——丰田喜一郎（Kiichiro Toyoda）。丰田喜一郎分析了汽车生产车间里工人的日常工作后，发现了可以简化流程、提高产出的速度和质量的方法。他的想法被称为“丰田生产系统”。但直到1989年，这个方法才被翻译成英文，当时在麻省理工学院研究汽车生产的约翰·克拉富西克（John Krafcik）促进了这个方法的普及，并称之为“精益思想”。

精益被定义为一种用更少的资源（即更少的设备、更少的人力、更少的空间和更少的时间）做更多事情的方式，为客户或服务用户提供越来越接近于他们想要或需要的东西。精益的五大核心原则如下所示。

原则1：价值

我们要从终端用户的需求出发，了解什么是他们所追求的价值。通过了解客户或服务用户的需求，就有可能利用生产链进行倒推，制定正确的投入、流程和活动来实现价值。就教育而言，这可能包括与儿童、家长、社区和行业进行充分的沟通，从而了解他们关注的重点，然后根据经验调查（目前的）学校教育在何种程度上有助于实现他们的愿景。这还可能涉及三角测量，通过对其他系统如何处理这项任务进行基准测试，因为服务用户或受益人可能并不总是深入思考价值对他们来说意味着什么。或者用一句经常被（误）认为出自亨利·福特的话来说，“如果我问人们想要什么，他们会说想要更快的马”。

原则2：价值流

通过一个包含常规程序和子程序的流程，为客户创造价值。这有点像一条河流——资源和投入从一端流入，而有价值的产出和成果从另一端流出。这就是价值流。

然而，常规工作中难免会有浪费，这会降低随后创造的价值水平。为了减少这种情况，第一步是进行**现状分析**，包括绘制当前流程中的每个环节和活动。然后再开展**未来状态分析**，即寻找可以从每个步骤中消除的浪费。在产品制造方面，浪费有多种形式，包括：

- 等待浪费，例如，由于工作量不平衡或生产过程中的堵塞而造成员工工作等待。
- 库存浪费，即拥有太多不能在生产过程中积极利用的东西，包括建筑物、人员、机器等。因为这占用了资源，这些资源本可以被利用于其他能够创造更多价值的活动中。
- 行为浪费，即任何不增加价值的运动，包括行走、弯腰、举起、说话。
- 不良浪费，即任何不符合规定标准的产品或成果，必须提交重新处理或丢弃。
- 加工浪费，即在生产中没有为最终产品增加明确价值的任何步骤。

精益思想认为，浪费往往是为了应对再次出现的可能性很低的问题而渗入流程。然而，一旦一个新步骤或子流程成为习惯，即使没有人记得当初为什么要引入它，它也会根深蒂固。而一旦它变得根深蒂固，人们就会简单地认为它一定是必要的。因此，生产过程就会逐渐向过度精细、过度复杂和过度工程化发展。

现在举个教育方面的例子。小学定期给学生布置家庭作业，在这个过程中，教师会花时间设计作业，学生会花时间完成。然后，教师花更多的时间进行批改，向学生反馈下一步该怎么做。然而，正如我们在第八章中所探讨的，家庭作业对小学生成绩的影响似乎可以忽略不计。因此，从精益角度出发，小学教育中的家庭作业可以被认为是一种（潜在的）对现状“过度加工”的行为。

在未来状态分析中，这一想法将对每一个流程、子程序和步骤持怀疑态度，并且想要找出可以消除浪费的潜在区域。根据乌麦客（Womak）和琼斯（Jones）的说法，我们或许能在连续的精益改进周期中看到当前状态的生产流程中多达90%的步骤在未来状态下被合理化。还需注意的是，价值流可以覆盖整个供应链。就汽车制造而言，这意味着对每个上游零部件供应商的生产流程进行绘制和改进——从铁矿石的开采到将硅石转化为玻璃的过程——以便从每个螺栓或部件的生产、分配、装配和使用中消除浪费。当然，前提是这些螺栓和部件在价值流映射分析完成后仍然被认为是必要的！价值流也涉及下游，即销售和服务组装产品的经销商，以及购买汽车的客户，包括他们可以获得资金、维护车辆以及最终决定换新车时在二手市场上出售的便利性。

就教育而言，价值流并不意味着从进校门开始，也不意味着从出校门结束。它还涉及对每一个有助于在学校内部（最终是在儿童的头脑中，也就是神经元联络和传导的地方）发生的事情进行上游分析。包括如何发展学校的基础设施，如何选择和培训教师，如何创建、分发、评估和改进课程材料，儿童如何在校外获得支持。并且，还需要针对学校对儿童的生活和生活机会的影响进行下游分析。

价值流的绘制还涉及标准化工作的创建，即通过一致的、可复制的工作方式来减少工作方式的变化。其假设是，变化增加了低效率和错误的可能性。然而，就教育而言，在这个方向上采取的措施通常会被视为降低了教师专业自主权——我们将在第七章和第八章中深入地探讨这一主题。

原则3：流动

这确保了重新设计的系统中所有活动部件都能正常工作，并且有足够的内置冗余或松弛来防止生产故障。而且，生产过程应该保持流动，不能停止，也不能有工人需要等待。这需要反复试验、评估和扩展新的流程，我们将在本书的第三部分再次讨论这个问题。

原则4：拉动

这一原则主要关注的是“适时生产”，即确保只在客户需要之前才采购、部署或“拉动”资源。这与在需求产生前就上线人员或基础设施，然后承诺支付所有费用相反，因为既得利益使其难以被拆除。有关“拉动”的一个例子是现代超市的库存管理方式，一个特定的产品在货架上的数量是有限的，许多产品的保质期也有限。当货物被卖出或损坏时，货架就会变得空空荡荡，这就像给工人或人工智能下订单的信号，以便能及时从批发商那里提取出额外的库存，避免多余的库存和浪费。

原则5：完美

通过重复上述四个原则可以不断减少流程的数量、信息量和服务客户所需的时间，这样的循环使过程趋于完美。精益改进是一个永无止境的过程，因为总是有可以精简的地方。

“完美”原则的指导思想是，只有当活动和资源为客户带来真正的额外价值时，它们才应该被加入制造过程中。否则，就是一种浪费，最好将其消除，或者至少被减少或简化。对精益理念最具深远意义的方法在日语中被称为“kaikaku”——大致意思为“彻底改变”或“忘掉所有现有的规则”。这甚至可能涉及学校教育或学习的全新概念化。

教育精益化

精益思维在教育改良中并不常见。最近由卡内基教学促进基金会领导的一项审查发现，只有少数几个已经系统部署的实例。所有这些似乎都是由高收入国家（地区）的个别高等教育机构引导的效率驱动的。他们和我们都没有发现任何明确利用精益思维来推动K-12教育系统[1]改进的例子。我们也注意到亨利·莱文（Henry Levin）在教育成本效益方面进行了出色的研究，但是他并没有明确使用精益思维。

精益思想没能在教学事业中得到广泛运用，可能有三个主要原因。

- 它被认为是一个提高制造产品质量和效率的过程，而教育是一项复杂的专业化事业，并不是“小部件”的生产。
- 它经常与“效率”（又称“裁员”）联系在一起，而且可以理解的是，这种企业化的思维方式在以公共服务为导向的教育中并不奏效。许多发达国家（地区）都在努力留住教师，他们的教师辞职的常见原因是无休止的工作量。
- 长期以来，人们对泰罗制[2]、时间和行为研究以及教育领域根据结果付费的做法十分反感，这导致一些好的想法被忽视，而这些想法以前可能因为某些糟糕的原因被误用。

在这个阶段，我们不希望读者过于纠结于乌麦客和琼斯概述的精益流程对教育的适用性概念，以及它们是否能够真正实现从用于制造产品到提供复杂服务的飞跃。

---

[1] K-12教育系统（全称是Kindergarden through 12th grade），是主要被美国、加拿大等北美国家采用的基础教育系统，是指从幼儿园到12年级的整体教育架构。

[2] 泰罗制是美国工程师弗雷德里克·泰罗（Frederick Taylor，1856—1915）创造的一套测定工人行为的方法。其基本内容和原则是：科学分析人在劳动中的机械动作，研究出最经济而且生产效率最高的所谓“标准操作方法”。泰罗的科学管理系统将工人的潜能发挥到无以复加的程度，有人形容，在实行泰罗制的工厂里，没有一个多余的工人，每个工人都像机器一样一刻不停地工作。

我们只想让你从最简单的角度思考精益，也就是说，仅仅作为一种比喻或速记的方式来思考如何用更少的投入做更多的事，或者用更少的投入做更好的事。在教育系统中，精益思维可以用于识别那些能够被移除、部分挖空或不再添加的“积木块”。

在本书的第三部分，我们将继续概述科学改进教育领域的明确过程。该过程建立在这些精益原则的基础上，并且对这些原则进行重新诠释。我们将其称为“GOLD精益教育模型”。

我们认为精益思想在教育中具有（潜在的）价值，特别是对于那些预算受到限制的低收入和中等收入国家（地区）而言，资助者为其可能停滞的投资寻求最大的杠杆作用。据我们观察，世界上许多地方的教育改进举措都试图复制芬兰教育学家帕斯·萨尔伯格（Pasi Sahlberg）所提出的全球教育改革运动（GERM）的关键特征。其中一些（被过度夸张了的）关键特征在表2.1中列出。

然而，这些政策、流程和活动大多数都十分复杂、昂贵且耗时。例如，通过研究我们发现：

- 目前的初始教师培训模式对提高教师专业知识的影响有限。
- 开放式的学习环境与固定教室相比，教学效果并无明显差异，尽管开放式可以使内容的比例更好，学生理解更深刻。
- 混龄课堂的学习效果略好于学生年龄相同的课堂。
- 儿童担当“教师助理”是一种有效的双赢方式，学生和教师都能获得更多利益。
- 如果能够有效地组织教学，大班授课可以产生高质量的学习效果。
- 除课程材料外，设备和资源与学生的学习成果没有紧密联系。
- 许多类型的在职教师专业发展的影响有限。

表2.1　全球教育改革运动（GERM）的主要特点

政策	计划
实行标准化的教学和学习	• 教师资格证和全面的职前培训 • 按年龄划分的学生群体 • 国家（地区）教学标准 • 全国（地区）统一课程 • 通用的数据标准 • 在职教师专业发展研讨会 • 小规模学校和小班教学
基于市场的改革	• 学校自主权和问责制度 • 学校监察机构 • 学校联盟表 • 教师绩效工资 • 家长的选择/凭证制度 • 公私合营
基于测试的问责制	• 与基于市场改革相关联的全国性的标准化测试 • 教师考评的绩效标准
注重读写、数学和科学	• 增加核心科目的教学时间
技术	• 增加教育技术的使用，包括应用于监督和问责制
基于需求的改革	• 为父母提供资金支持 • 学生奖学金 • 向家长和学生提供有关教育回报的信息 • 学校学生健康和膳食计划

• 注重教师在思维方式上的专业性比仅仅关注他们的工作更有价值。

• 学生上学的年限和每日学习时长与他们未来的收入潜力只有微弱的关联（注意，萨尔伯格的祖国芬兰是高收入国家和地区中每年上学时间最少的国家和地区之一）。

• 国家（地区）学校监察局更有可能增加教育工作者的压力，而不是提高他们的技能。

如果上述观点都成立，那么我们或许可以：

• 放弃（或大大减少）教师的认定程序。我们当然不能培养所有的人都具备研究生水平。

• 鼓励使用更便宜的学校建筑设计，例如，利用可以灵活使用内部空间的大型开放式谷仓或仓库；或者甚至以即时或按小时的方式租用校舍。

• 让不同年龄段的学生进行合作，而不是按年龄划分学生。

• 减少对班级规模的担忧，转而关注有效的教学和学校组织策略，使教育系统能够在不投入更多资金的情况下取得更大的成就。

• 缩短学年，缩短每日上学时间。在教师人数不变的情况下，每所学校可接收的学生人数或许可以增加一倍。

• 不用过于担心中学教育的普及，应更多关注提高儿童学前教育和小学教育环境的质量。

• 关闭学校监察机构，或至少将其精力重新集中于激活合作性的专业知识的工作。

试想一下，上述教育“生产流程”的简化可以节省多少资金。如果我们还能同时创造更多的“客户价值”呢？显然，放弃这些过度设计化的流程并实现精益化，符合所有人的利益。这将意味着，宝贵的国内教育预算、家长补贴以及提供给幼儿、基础教育和中学教育的稀缺的ODA资金，都可以被更精确地利用，并产生更有意义的影响。

总结

本章由两部分组成。前半部分探讨了棘手的教育财政方面的问题，表明我们需要习惯少花钱多办事，并接受这样一个事实，即低投入真的可以实现高收益，我们将在第六章中再次讨论这个话题。后半部分介绍了精益理念，这是一种能用几块面包和几条鱼款待5000人的机制。

正如我们在本书引言中所描述的，我们可以把“精益”看作教育改革中的积木游戏。我们的目标是在不破坏“塔楼”稳定性的情况下，尽可能多地移除“积木块”，或者至少能更好地利用那些已经部署好的

“积木块”，而不是增加更多的“积木块”。这也可能涉及违背叠叠乐积木游戏规则，例如把“积木块”拿出来，挖空它们的中心，再把它们放回去；或用更便宜、更耐用的“复合材料”代替现有的“积木块”。

然而，这个游戏的挑战性在于整个积木塔楼始终存在倒塌的危险。在游戏的世界里，后果可以忽略不计。但在现实的教育改进中，其后果可能是具有破坏性的。如果拆除或掏空基础设施后才发现我们需要那些基础设施，这是非常危险的。因为，当基础设施不存在时，就意味着它们彻底消失了，而重建这些机构、专业知识和工作流程会变得异常困难。

因此，在我们开始倡导精益教育之前，我们需要打好极其有力的证据基础，以免它变成劣等教育，导致世界上那些已经位于充满挑战的地区的儿童失去对美好未来的希望。为了使我们能更有信心地移动“积木块”，下一章将探讨在低收入和中等收入国家（地区）关于“最有效措施”的现有证据。

第三章

回顾现有的关于发展中国家（地区）教育最有效措施的文献研究

为了提高低收入和中等收入国家（地区）的教育成果，我们需要搜集良好的数据，来了解前人已经开展了（和尚未开展）哪些工作。然后，我们可以在寻求精益教育改进的过程中，做出基于证据的概率估计，以此来估算应该增加、移除或部分挖空哪些“积木块”。在本章中，我们将对现有的数据宝库进行全面的浏览。本章的第一部分将57项系统评估报告及其研究问题进行分类，这些报告来自约2500项具体的研究。本章的第二部分就促进发展中国家（地区）教育发展的最有效措施展开调查，以期寻得一丝线索。本章最后的结论是：现有的研究为我们解决如何提高受教育机会这个较容易的教育问题提供了较多帮助，而在解决如何提高教育质量这个教育难题时，现有研究能够提供的帮助则相对较少。

现有研究导览

在过去的20年中，ODA的资助者密切关注其投资是否真正发挥了作用。在2000年，仅有9个在发展中国家（地区）实施的教育项目的影响评估报告进行了发表；到现在，每年发表的相关报告量达100个。而且，报告的关注点也从监督学校建筑或教科书等商定产出是否依时间和预算而行，发展到监督教育项目是否真正有助于提高儿童的生存机会。这一变化也使得许多实验性质的教育发展项目层出不穷，其中，一些项目采用了一些教育改进措施，另一些则维持现状。如此，资助者就可以将两组结果进行比较，而不是简单地就一组项目的进展进行衡量，因为即使没有采用教育改进措施，组内的进展也可能自然发生。

通过在学术数据库中进行关键词搜索，我们估计目前有超过8万项研究和报告探索了发展中国家（地区）背景下进行的教育改进的干预措施。其中，绝大多数是监测报告、案例研究或定性审查。这些研究报告首先设定一项活动或干预措施，然后收集参与者关于该措施是否有助于改进教育的想法。在这8万多个研究和报告中，只有3%是实验性或准实验性的研究[1]。

但是，要找到这些实验性质的研究并对之加以解释是极其困难的。许多经同行评审的研究都需要向期刊出版商付费后才能阅读。其余的“灰色文献”散落在不同的资助者、非政府组织和研究机构的门户网站上，且大部分处于未读状态。例如，据世界银行估计，其87%的公共领域报告从未经人引用，31%的报告从未有人下载，这一数据着实令人沮丧。获取研究结果就如同在糖浆中跋涉，举步维艰。坦白来说，期望资源不足的发展中国家（地区）的教育部门建立内部团队来持续挖掘、利用数据，可能有些太过分了。幸而有研究人员一直在开展并行工作。他们将以指数级增长的研究主体压缩为与“最有效措施”有关的更系统的评估报告，以便政策制定者和干预措施的设计者可以在充分利用评估报告的结果方面有所限度。

截至2021年年中，我们确定了57项关于发展中国家（地区）对于高概率教育干预措施的系统评估报告，这些报告汇集了3912项独立研究的结果。如图3.1所示，发展中国家（地区）的系统评估研究在2000年前后基本上不存在。在2011年之后，这些国家（地区）才终于积累了足够的初步研究，真正开始对一系列教育政策和实践问题进行系统性评估。

[1] 这一数据由3912项总体研究或约2500项净研究计算而得，这些研究是本章中探讨的57项系统评估报告的来源。——作者注

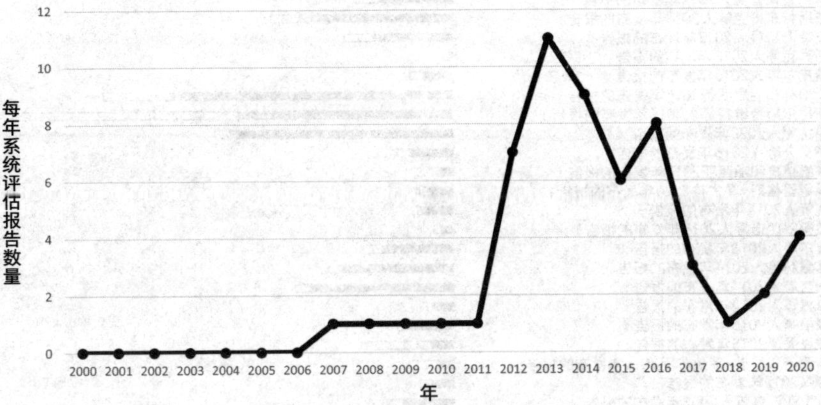

图3.1　2000—2020年系统评估报告数量增减情况

如图3.2所示，这些系统评估报告中存在相当多的双重或三重计数，其中约35%是重复条目。据估计，未经重复计数的系统评估数量接近2500个，但我们只能估计，无法给出精准数据，因为许多评估报告在描述构成其评论的部分以及背景文献引文方面不是很系统。也就是说，虽然57篇评估报告中正式宣称的是3912项研究，但实际上，它们被引用的累计次数总和为6925次。其中，仅被引用一次的数目为4472（约占65%），其余2453次引用（约占35%）是重复计数得出的结果。我们从申报的研究总数中扣除了多重计数的引用量，估算出了未经重复计数的系统评估报告总数。

这些系统评估报告的共同点在于，它们都明确说明了各评估报告是如何选择、收集和综合数据的。这意味着未来的研究人员可以依循前人步骤，来看他们是否会得到相同结果。此外，大部分研究将重点缩减至使用实验或准实验设计的“高质量”研究，但由于不同的系统评估报告使用了不同的方法来综合数据，这给我们在工作时提出了一定挑战。

- **叙述性评估报告有28篇**。这些报告通常由该领域的专家撰写，他们经常试图对中介变量与调节变量进行详细了解，来解释为什么干预措施X在情境A中效果良好，在情境B中效果一般，在情境C中具有破坏性。

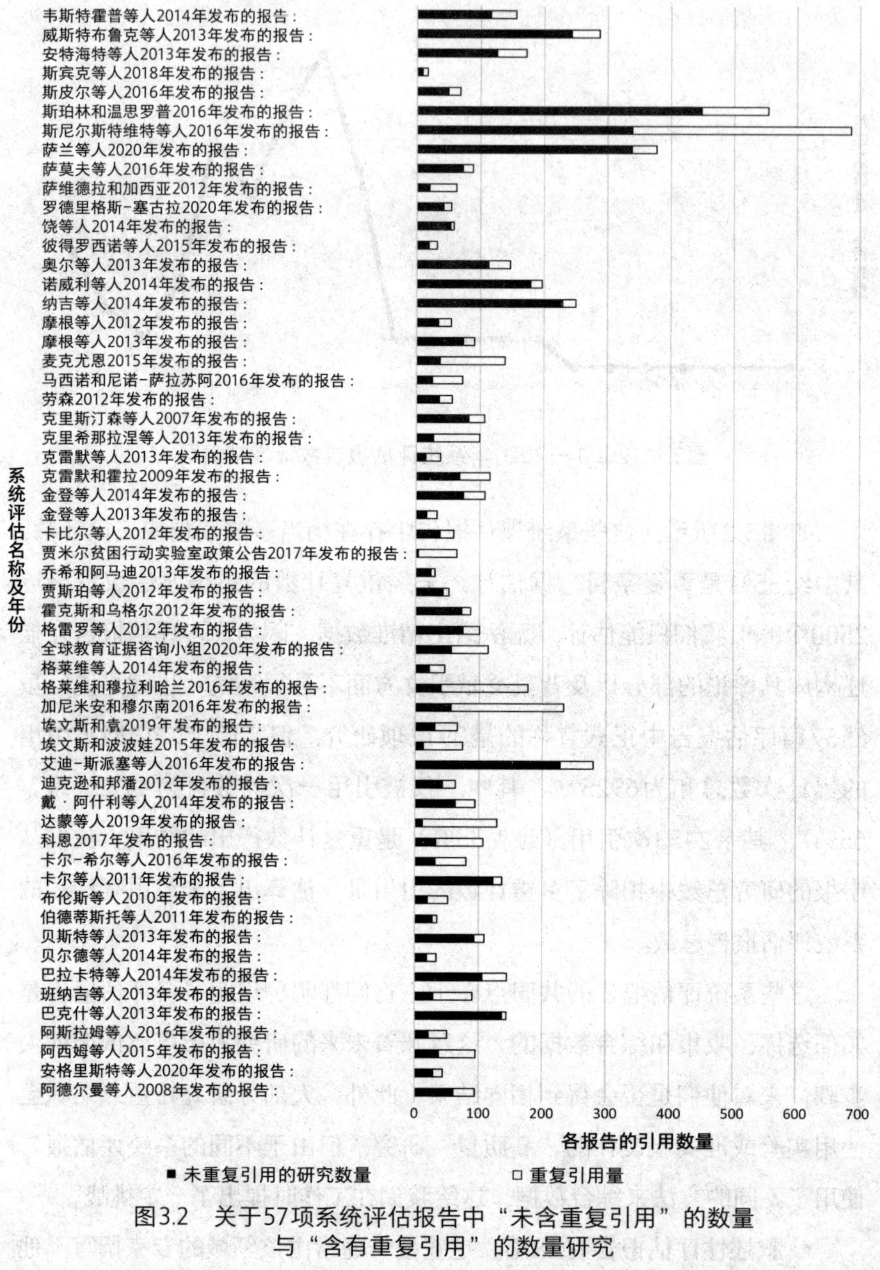

图3.2　关于57项系统评估报告中“未含重复引用”的数量与“含有重复引用”的数量研究

叙述性评估报告在帮助我们理解为什么某项措施有效，以及如何使其更好地发挥作用方面用处极大。而且，这种模式还有一个额外的好处，即它可以将所有的相关研究（不论这些研究所采用的方法是什么）都包括在内。然而，它依赖于研究者的（主观）解释来决定如何对各种证据来源进行权衡和解释这些证据。由于数据合成过程实际上为定性过程，所以评审员的解释往往不是完全公开透明的。

- **9篇评估报告采用计票方法**。这些研究使用规则来计算干预措施有效性的频率，例如，如果一项措施得到8次或8次以上的“积极”评价结果，这项措施在报告中就会被认定为“高效”。而6项或6项以上且至少有一半的研究结果为“积极”的措施，可能被认定为“有时有效”。这种方法的一个优点是，综合数据的过程高度透明，很容易就能理解这些规则是如何被用来解释数据、计算选票，以及能够对“最有效措施”做出全面的判断。然而，它的缺点之一是忽略了样本量，例如，一项有30名参与者的小型试点研究可能与涉及数千人的大规模干预措施研究具有同样的权重。

- **20项研究报告采用元分析方法**。这些研究报告将每项基础研究的结果转化为标准化统计效应量。标准化统计效应量是一种影响力的衡量标准，即衡量干预措施的影响力是可以忽略不计，还是影响巨大。然后，这些评估报告将效应量加权并汇集在一起，为每一类干预措施提供一个总体的统计衡量标准。这样做的好处是，我们可以得到每类干预措施的影响力数值，且能在汇总单个效应值的过程中，考虑到各研究样本量。但是它也存在一些缺点，即一些高质量的研究因为没有可以用于效应量计算的正确数据类型，而必须被排除在外。我们将在下一章对这些报告进行更深入的元分析。

这57篇系统评估报告试图回答两个关键性问题：

1. 学习机会：什么措施最能有效促使孩子入学，并在入学后能定期上学？

2. 教育质量：什么措施最能有效确保儿童入学后就能学有所获?

尽管不同的系统评估报告以不同的方式和方法来处理这些核心问题，但它们都试图提出一种改进理论并加以检验（这其中涉及对不同类型的教育者实施不同的干预措施），以便评估该理论是否能够增加发展中国家（地区）的教育机会或提高其教育质量。

在图3.3中，我们对每个系统评估报告的重点领域进行了高级别的细分。其中16篇评估报告是我们所说的"超级综合报告"，即试图评估所有类型的干预措施。此外，还有11篇评估报告涉及管理和问责，10篇评估报告涉及增加教育机会。但令人惊讶的是，关注如何提高所提供的教育质量的系统评估报告很少，仅有5篇。而且只有4篇评估报告仍在关注像是撒哈拉以南非洲等其他特定地区的教育；或者关注特定的教育阶段，如适用于小学阶段儿童教育的措施。

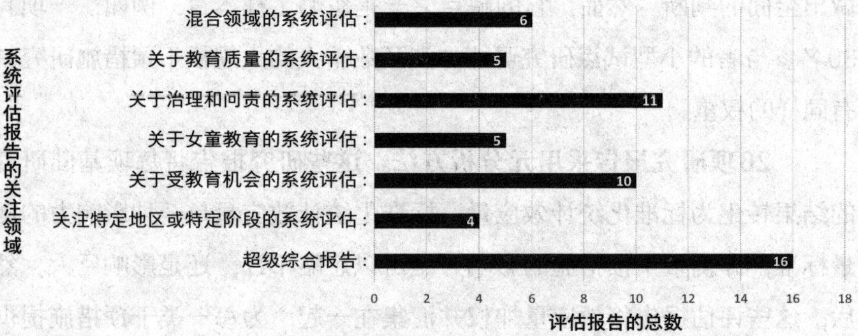

图3.3 系统评估报告的分类

在表3.1中，我们汇总并列出了在所有系统评估报告中得到的干预措施的关键类别，并从以下方面进行了划分：

1. 受众： 学生、家庭、教育系统（或教育部门）、学校、教师。

2. 目的： 增加教育机会（A），或提高教育质量（Q）。

表3.1　教育干预措施一览表

学生	家庭	教育系统	学校	教师
关于学校教育回报的信息（A）		公私合作关系（Q）	基础设施（A）	职前培训（Q）
体检（A&Q）	现金转账（A）	校本管理（Q）	技术（Q）	在岗培训（Q）
奖学金计划（A&Q）		社区主导监测（Q）	强化课程材料（Q）	合同制教师（Q）
学校供餐（A&Q）		问责制系统（Q）	能力组别（Q）	绩效奖励（Q）
			延长教学时间（Q）	
			缩小班级规模（Q）	

符号说明	
A	增加教育机会驱动力
Q	提高教育质量驱动力

如果我们主要期望**增加受教育机会**，那么一个潜在的改进理论是实施以下要点中列出的部分或所有干预措施。请注意，虽然我们为每一项措施都提供了相应的系统评估报告示例，但这并不一定意味着评审者认为该方法是成功的！能够提高儿童入学率的可行措施如下：

• **向儿童和家长提供有关学校教育回报的信息，**以便他们了解每多接受一年的学校教育所带来的长期经济效益和健康效益，从而增加儿童入学需求。例如，可以通过向父母及儿童提供简单的统计数据或信息图表，或者通过榜样宣传，促使他们了解上述相关信息。

• **检查儿童健康**。为儿童提供驱虫、抗疟疾干预措施、疫苗接种和眼科检查等健康检查服务以减少儿童因病缺课的天数，提高学生在学校里的注意力水平。

• **向父母提供现金资助等经济奖励，**以便支付学生上学的通勤费、校服费和课本费，并补偿因儿童在就学期间无法工作而产生的经济损失。也许给予家长现金资助应该有附加条件，例如，学生每缺勤一天，就会受到相应的处罚，或者会减少现金资助的额度。

- **设立优秀奖学金项目**。为孩子们提供提高出勤率或成绩进步的一次性现金奖励。这一措施直接针对儿童，为那些留在学校而非进入工作岗位的儿童提供经济奖励。

- **实施学校膳食计划**，在学校内为儿童提供含有微量营养素强化的膳食或零食。这项措施秉持的改进理论是：食物是推动父母送孩子入学的一个拉动因素，学校提供的膳食中的营养物有助于增加孩子的热量摄入，并提高孩子的学习能力。

- **建造更多的学校**（也称基础设施），这样一来，孩子们就不必为接受教育而长途跋涉。假设我们在离学生住处更近的地方建设学校，那么，儿童入学困难就随之减少，而且，孩子们不必将时间浪费在学校的往返通勤上，他们的学习时间也会增加。此外，通过为学校提供设施齐全的厕所和淡水，也将减少儿童缺勤次数和健康并发症的出现。

如果我们期望**提高教育质量**，那么我们可以采用如下方法：

- **公私合作关系**。与有能力有经验的私营机构进行“捆绑”，让它们直接运营学校，或者让其帮助改进学校服务。一种潜在的改进理论是，私营部门更灵活高效，不太倾向于寻租，受官僚作风的束缚比较小。而且，公共和私人系统并行运行会产生更多的竞争和选择。

- **实施校本管理**。让学校能够直接决定要雇用何人，以及如何分配资源。这个措施的提出基于一个假设，即由学校当地做出的决策可能比数百数千公里外的教育决策者做出的决策更快、更能响应当地实际情况。

- **实施社区监督**。让家长和当地社区正式参与学校的日常检查，确认教师是否按时到校并认真授课。这个措施秉持的改进理论是，由当地的服务用户进行日常检查，能够有效激励教师和学校领导改进其提供的教学服务，即短途问责制。

- **实施问责系统**。通过像是国家（地区）学校调查处和国家（地区）评估系统的管理和公共传播学校来建立问责系统，并将学校表现予以公示，借此公开表扬或当众批评学校，从而督促学校改进其教学。

- **应用现代教育技术**，特别是计算机辅助教学。这种技术利用软件来测试儿童对课程内容的理解，然后为其提供个性化的学习方式，来提升他们在最薄弱领域的表现。这个措施秉持的改进理论是，这种方式可以纠正不良教学，或者放大有效教学的效果。

- **改进课程资料**，特别是教师教学大纲和包括教科书在内的学生所用资料。这一措施的提出基于一个假设，即升级课程资料能够为教师教学和学生学习起到支撑和改善作用。

- **按能力分组**，即根据儿童当前的能力水平将其分到不同的班级。这一措施基于一个假设，即相较于分层教学，教师在学生学习进度一致的情况下从事单一层次的教学活动会更加得心应手。因此，如果教室里所有孩子的能力水平都大致相同，就不会有人落后。

- **延长上学时间**，让每个孩子都能接受更长时间的教师指导。该措施依据的改进理论是，儿童接受更多的指导也能提高学习成绩。

- **缩小班级规模**，减少每位教师需负责的学生数量。这样一来，教师就能够提供更加个性化、更高质量的教学。

- **进行教师职前和在职培训**，让教师更好地掌握高效教学方法这一教学技能。

- **聘用合同制教师**。这些教师的聘用条件不同，因此，从理论上讲，他们没有寻租的动机，也不会受到有权势的官员和工会的庇护。

- **设置教师绩效奖励**。比如，如果教师按时到岗，准时上课和教学，则可以给予其奖金奖励。教师奖金的数值多少也可以与其学生的考试成绩挂钩。

在此重申一遍，上述每一项举措对应的评估报告示例仅仅代表这些报告探讨了这些活动和干预措施，并不一定意味着评审者认为这些措施是有效的。

那么，有效措施究竟是什么呢

在上一节中，我们对57项关于“最有效措施”的系统评估报告进行了分类，并列出了一个较为可信的高影响力干预措施的清单。但是，清单中的大部分措施主张做加法，而不是做精益化的减法。因此，重要的问题在于，这些看似合理的建议在实践中是否有效。

图3.4是一个高频次分类图。该图记录了在57篇系统评估报告中，每种关键类型的干预措施被评为高可行性干预措施的频率。

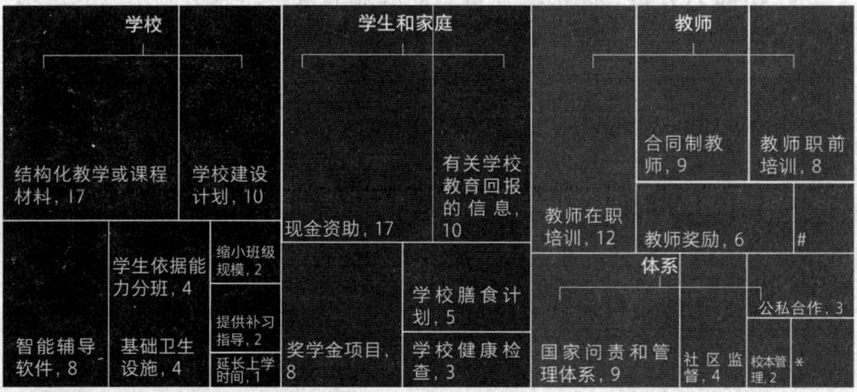

#代表1条有关教师招聘改革的建议；
*代表1条有关国家教育广播和电视节目的建议

图3.4　57项系统评估的频次图

在146条已分类的建议措施中，**共有43条建议与学生和家庭有关**：关于学校教育回报信息的建议有10条，关于现金资助的建议有17条，关于设立奖学金项目的建议有8条，关于学校健康检查的建议有3条，有关学校膳食计划的建议有5条。

共有19条建议涉及体系：涉及社区监督的建议有4条，涉及国家问责和管理体系的建议有9条，涉及公私合作的建议有3条，涉及校本管理的建议有2条，涉及国家教育广播和电视节目的建议有1条。

共有48条建议与学校有关：关于按能力将学生分班的建议有4条，关于缩小班级规模的建议有2条，关于使用智能辅导软件的建议有8条，关于提供补习指导的建议有2条，关于延长上学时间的建议有1条，关于进行结构化教学或改进课程材料的建议有17条，关于建造新学校的建议有10条，关于供水、环境卫生、个人卫生或者基础卫生设施的建议有4条。

共有36条建议与教师有关，其中有1条建议涉及招聘改革，有8条建议涉及职前培训，有12条建议涉及教师在职培训，有6条建议与教师奖励有关，有9条建议与聘用合同制教师有关。

促使学生接受教育、确保学校建成且得到资金支持、改进教学方法和课程资料，和实施问责制度，这些都很重要。但是，最重要的问题是，第一，如何提高进入教育行业的教师素质；第二，因为教师需要最大限度地提高学生的学习能力，那么该如何发现、提高和尊重教师的专业知识；第三，如何让致力于改善学生学习生活的教师和学校为人知晓，又该如何赞扬这些教师和学校。但是，许多建议就如同高收入国家（地区）实施的政策一般，在触及教师专业知识这个真正的影响力到来之前就已经停止了。

本书的附录部分对57项系统评估报告的关键建议进行了总结，这些系统评估报告来自3912项对发展中国家（地区）的研究。（对于研究爱好者而言）在阅读接下来我们对数据的解释之前，你可以快速浏览一下附录。

解释数据

下面说一些好消息吧。当我们比较这些系统评估的结果，分析什么措施在增加受教育机会方面最有效时，发现了相对一致的结论。这些核心发现总结如下。

● 学校建筑

这些系统评估报告一致认为，为了促使儿童入学，需要在靠近学生居住地的地方建造学校，并配备教师。儿童上学通勤花费的时间越长，他们去学校的可能性就越小，到学校时可能就越疲累。提供卫生设施、厕所和净水，也可以作为推动学生入学和留在学校上学的拉动因素，并且能够促使更多渴望使用这些设施的社区支持儿童入学。然而，关于厕所是否需要性别隔离，还是仅仅在数量和质量上保持适当水平的相关数据比较模糊。但是，学校建筑本身不太可能提高学生的学习成绩，除非基础设施的质量非常高，高到足以吸引当地和其他地区的优秀教师前往该校任职。

我们还注意到，现有的系统评估报告中没有提到特定的建筑设计是否比其他的设计在提高学生成绩方面更有效，例如，评估报告并未说明开放的空间环境是否比传统有墙的教室更有利于或更不利于学生的学习。它们也未说明怎样的温度、光线、声学参数最有利于学习。但是，有其他的相关数据报告提供了非常有用的信息，这一点将在本书第二部分进行探讨。

● 提供关于学校教育回报的信息

一旦学校建成，下一步就是让家长和孩子知道它们的存在，以及孩子们为什么应该上学。其中一种方法是直接告诉家长和孩子，这也正是“信息提供”项目的目标，但是不同项目实施其举措的方式存在差异。大多数项目通过简单的信息图表来传播有关学校教育经济益处和健康益处的信息。有些项目以家长群体作为传播目标，另一些则面向儿童本身，还有一些项目则同时针对两者。领导这种推广活动的角色也各不相同：有时是政府官员，有时是社区楷模或非政府组织的现场工作者，偶尔通过散发传单来传播信息。

10项系统评估报告对此得出的结论是：提供信息是提高学生出勤率的一个高效策略。但是，这些报告未能明确与父母沟通、与孩子沟通或与两者都进行沟通这三种潜在机制哪个最有效，或者哪种沟通媒介能获得最大的回报。我们还注意到，虽然没有一项评估报告认为提供信息会导致负面结果，但人们对儿童入学后仅靠学校提供信息就能提高学习成绩持怀疑态度。

● 对儿童健康状况进行检查

各个学校在健康检查的规模和范围上存在显著的差异。在某些情况下，学校仅提供针对肠道蠕虫和血吸虫病的驱虫检查、给予抗疟疾药物，或者二者选其一。在其他情况下，学校可能还包括提供常量营养素补充剂、眼科检查和配镜服务。这个措施的提出基于一个假设，即儿童需要保持身体健康，而提供校内健康检查是鼓励父母让孩子入学的一个拉动因素。

然而，在57项系统评估报告中，只有3篇报告认为，学校健康检查计划的证据能够证明该措施可以对增加受教育机会或提高教育质量产生很高的影响。其中一篇报告的结论是，驱虫是一种成本极低的有效干预措施；第二篇报告也得出了类似结论，认为学校健康计划能够产生积极影响；而第三篇报告最终虽然得出了积极的结论，但对于这些证据的质量持保留态度。

其余的评估报告对基础数据的质量漠不关心，包括达蒙（Damon）等人在2019年发布的研究报告以及斯尼尔斯特维特（Snilstveit）等人于2015年发布的研究报告。因为这些报告涉及的研究在方法、测量结果和地理环境方面过于多样化，学者们无法基于这些数据得出学校健康检查计划会产生何种程度的影响。

● 为父母提供现金资助

一旦政府在当地社区内修建了学校，并向家长和学生宣扬接受学校教育的益处，下一步就是直面并消除家长送孩子入学时面临的其他障碍和困难。

现金资助计划试图通过向儿童的母亲或家庭给予资金补贴来克服儿

童入学障碍。有理论认为，受助人可以用这笔钱来抵消因儿童接受学校教育而产生的校服费、课本费、通勤费，以及抵消就业儿童因离职入学，无法继续获得经济收入而产生的损失。

世界银行近期的估算表明，会有超过25亿人受益于现金资助计划。然而，这些现金资助计划实施的干预措施标志和特征存在许多差异，表3.2展示了这些差异的一部分。

表3.2　现金资助计划在设计特征方面的差异

特征	差异示例
受资助对象	• 母亲 • 家庭 • 儿童
资助水平	• 每年10 ~ 2000美元
条件	• 有附加条件，即有条件的现金资助 • 无附加条件，即无条件的现金资助
资助方式	• 现金支付 • 预付卡 • 手机信用卡
频次	• 每月发放 • 每季度发放 • 每半年发放
条件执行力度	• 严格执行 • 适度执行 • 宽松执行

造成这些差异的一个关键方面就是条件的水平，换言之，提供现金资助是否有附带条件。例如，儿童每年必须至少在校140天。以及在有条件的情况下，这些附带条件被监督和执行的力度如何。

在57项系统评估报告中，有17项报告总结了有关现金资助计划的数据，并得出统一结论，认为提供现金资助有助于儿童入学。即使是无附加条件的现金资助，似乎也会提高儿童入学率和留校率。但是，带有附加条件的现金资助能够产生更大的影响，比如，监督儿童是否做到了附加的条件内容，并对于不合规的行为予以处罚。但遗憾的是，没有一篇系统评估报告确信，一旦儿童入学，提供经济资助会对其在标准化考试中的成绩高低产生重大影响。

● 取消学杂费

减少学生入学困难的另一种方法是取消学杂费。理论上，如果学校获得额外拨款，那么就会减轻本应由家庭承担的学生在校的膳食、课本、通勤等花费。然而，我们在57项系统评估报告中没有发现任何有力的证据可以证明该措施的影响。而且，在某些情况下，这种方法会导致学生入学人数增加、学校拥挤不堪、资源不足等后果。

● 奖学金计划

除了向家庭提供现金资助之外，还有一种方法是直接将资金提供给儿童。通过发放优秀奖学金，为学生发放持续的小额资金，或者给予学生一次性的现金奖励。学生需要达到学校出勤率要求，且在标准化测验中成绩达标（有时仅需达到其中一个要求）才能获得奖学金。在某些情况下，这些要求以学生班级为单位，即需要所有学生通力合作实现班级目标，才能获得奖学金。在其他情况下，这些要求以学生个人为单位，即获得奖学金与否仅基于学生的个人表现。

有理论认为，发放奖学金是对儿童留在学校接受教育的直接激励，同时也能激励他们更加努力地学习。证据库表明采取奖学金激励的措施是有希望的，但其效果仍在逐步显现。一些数据显示，以班级为单位的要求具有更大的影响力，因为它们可以激励表现出色的学生对表现不佳的学生进行辅导。

● 学校膳食计划

这些膳食计划为所有儿童或特定儿童群体在学校提供零食或一顿正餐，有时孩子们还可以将餐食带回家。膳食里经常会添加微量营养素，帮助儿童身体发育。然而，关于实施该措施的影响的证据比较混杂，且需要在特定的环境下才会显现。数据表明，在粮食短缺的低收入国家（地区），提供膳食能够显著提高学生出勤率和成绩，但是，在营养不良的情况已经不复存在或有显著改善的中等收入国家（地区），能够证明该措施会造成影响的证据比较少。

什么措施对增加教育机会最有效呢？答案其实很简单

如果作为教育政策的制定者、资助者或项目设计师，我们的核心目标是增加入学儿童的数量，那么有以下几种干预措施供我们选择，并且每种措施都有强有力的证据能够证明其影响。

第1步：在当地建造学校。从精益教育的角度看，我们可以通过以下方式降低成本：

• 建造扁平化或模块化的学校建筑，从而减少施工的成本和时间，并提供一个标准化的建造质量水平。

• 使用有闲置房间、可以灵活进出和租赁的现有地方政府或私人设施。

• 提供自行车，让孩子们可以去更远的学校就读。

第2步：提供关于学校教育回报的信息。我们认为，这个措施不属于资源密集型项目。随着智能手机在低收入国家（地区）进一步普及，电子媒体和社会化媒体向父母和儿童提供了有关学校教育回报信息的新的有效渠道。

第3步：向儿童家庭提供现金资助，例如，提供有附加条件的现金资助，或者直接给予学生现金奖励，如优秀奖学金。但是，从精益角度来看，我们会从数量极少的小额资助开始，如果评估数据显示学生出勤率得到改善，则逐步增加资助额，直到确定最佳资助额。此外，我们还会利用教育管理信息系统（eMIS）自动收集学生出勤数据，并将学生出勤次数设为给予现金资助的条件，按照此条件自动扣除缺勤的罚款。

从精益的角度看，我们可能会更谨慎地实施学校膳食计划（可能会设置仅有高优先级群体才能享受的限制）。此外，尽管每位儿童每年驱虫的花费通常低于0.50美元，且该措施一直被奉为促进教育发展“最划算的举措”，我们可能也会谨慎实施学校健康检查计划。

正如我们在第一章中强调的，全球儿童接受教育的数据已经取得了巨大的成功。自1960年以来，儿童接受教育的趋势一直在持续上升。尽管全球仍有大量儿童无法接受教育，但我们大致上知道了什么措施最能促使其入学。另一个好消息是，同样的策略稍加调整，也能有效地帮助女孩入校接受教育。

最后，正如金登（Kingdon）等人所指出的那样，这些以儿童入校接受教育为导向的干预措施常常受到当地政治领袖和官员的热烈欢迎。部分原因在于，他们有机会通过操控有关基础设施和服务提供的招标来获取利润、寻租，以及有机会通过操控教师招聘和晋升而获得选举方面的支持。

现在说点不太好的消息吧

虽然来自约2500项发展中国家（地区）研究的57项系统评估报告为我们如何增加受教育机会提供了相当好的线索，但当我们寻找提高学校内部教育质量的有效措施时，却几乎没有收获。

在本节中，我们试图寻找一些提高学校内部教育质量的有效措施，但我们在本书的第二部分才会探讨细节部分。在第二部分中，我们将数量相对较少的发展中国家（地区）的研究与采用同类干预措施但数量明显较多的发达国家（地区）的研究进行了三角分析。现在，我们依次看一下每类干预措施。

关于公私合作关系（PPP）、校本管理和问责制在有效提高教育质量方面的证据不多。少量证据表明，公私合办学校比公立学校能更有效地提高教育质量，但没有明确证据表明当由私人教师而非公办教师开展学校教育时，学生的成绩会有不同。

关于校本管理或权力下放的数据也不充分。通常情况下，地方教育领导人没有能力或意愿来接受并使用其新的自主权，他们可能需要5年到8年的时间才能培养出这种额外的能力。

像是国家学校调查处和国家评估系统等问责制系统的实施，似乎确实影响了学校行为的变化。但它们往往会激发错误的行为，因为教育工作者整天都在寻找与制度博弈的巧妙方法，这遵循了所谓的“意外后果法则”。

有关课程资料的数据表明，强化版的教科书往往效果不佳。它们要么面向错误的学生层次（即最聪明的学生），要么未能充分本地化，儿童无法理解其中的例子或类比。然而，如果当地的写作团队参与课程资料的开发，且如果学生的意见是通过试用原版材料而收集的（我们的团队已经就这一方面和太平洋岛屿国家和地区进行了直接合作），那么解决这一问题是有可能的。如果实施得当，课程和教学资料的改进仍然是一个很有前景的研究方向。

关于儿童按能力分班的研究好坏不一。一种意见是，这一举措似乎支持教师根据学生不同的需求，对学生进行分类教学，因为将水平大致相同的孩子分在同一班，能让教师依据学生大致统一的学习进度讲授课程。另一种意见是，这阻碍了教师的专业发展，也导致了皮格马利翁效应，即把孩子贴上“表现好”或“表现差”的标签，这可能会导致“我学业不佳”或“我成绩优秀”等自证预言的实现。根据学生的进步水平而非年限来制定课程可能会更有效，这样一来，在任何一个班级中，教师都有可能教授处于不同水平段的学生，他们就可以为学生提供更多的指导，进而提高学生的水平。

虽然延长上学时间的确能帮助提高教育质量，但似乎更重要的是利用好现有课堂以及被虚耗的时间。许多时间和行为研究强调，学生在校一天中的相当一部分时间完全是在虚耗。因此，如果学生每日在校的时间都被高质量的教学填满，那么，缩短一天的上课时间可能同样能有效提高教育质量！

在许多发展中国家（地区），师生比非常高，有时一名教师要教授多达100名学生。据此，我们提出了一个假设——这种师生比会削弱教学质量。然而，关于缩减班级规模的研究也没有定论。凯瑟琳·康恩（Katharine Conn）对撒哈拉以南非洲地区教育的系统评估报告发现，在班级规模从平均82人减少到44人的情况下，学生学习成绩的改善非常有限。

关于合同制教师和教师职前培训的研究之间也存在紧张关系。合同制教师往往未经培训或培训较少，他们的收入常常只有拥有终身教职教师收入的一半。然而，让训练不足的合同制教师直接进入课堂授课，似乎比受过专业训练的教师更能看到明显的成果。这不禁让人对新教师职前培训的投资回报率产生严重怀疑。但是我们也应该注意到，即使是有关合同制教师的研究，也产生了不同的研究结果。当教师由非政府组织（NGO）或第三方组织管理时，他们可以对教学的质量产生影响。但是，当他们由教育部直接管理时，其影响就变得比较难以捉摸了。

如果我们的目标是鼓励教育工作者来到学校，进入教室，然后开始教学，那么研究结果就比较乐观。研究结果表明，教师绩效激励措施在实现上述目标方面是有效的，特别是当该措施与社区监督并行实施时。这可以通过给予每天到校的教师少量现金奖励来实现，就合同而言，这通常比扣除缺勤教师的工资更容易实现。

当这些绩效激励措施有专人监督和执行时，在提高教师出勤率方面效果更加显著。但是，相比于由学校领导班子自行监督或通过使用室内监控等监控技术进行监督和执行，由当地社区成员独立进行监督执行更有可能发挥该措施的影响力，比如让家长对学校进行日常检查。然而，没有一个系统评估报告能提供强有力的证据表明教师绩效激励或社区主导的监督可以显著提高学生的成绩。这些干预措施有助于让教师到校上课，但并没有改善他们在课堂上的教学表现。

那么，什么措施能真正提高学生的学习成绩呢

在57项系统评估报告中，似乎只有两类干预措施能持续对学生的学习产生影响。

1. 教育技术。关于计算机辅助教学的研究表明，在提高儿童读写能力和计算能力方面，计算机辅助教学有很大前景。它为学生提供了一个教育软件平台，该平台为学生提供诊断评估，然后利用评估结果通过数字化学习对象，为每个学生提供个性化的学习途径。这个方法的提出基于一个改进理论，即计算机辅助教学通过在儿童的特定需求领域为他们提供标准化的高质量数字教学，来绕过或者弥补不良教学。我们会在第九章中再次讨论这个问题，而且我们将利用从200多个发达国家（地区）的元分析中得到的研究结果来补充发展中国家（地区）的系统评估报告。这些元分析涉及14 000多个关于教育技术的独立研究。

同样值得注意的是，虽然计算机辅助教学（又称智能辅导系统）的影响有强有力的证据支撑，但它并不是有关教育技术干预措施的唯一类型。不过，其他几种类型在发展中国家（地区）的投资回报不佳（例如，给孩子们配备一台个人笔记本电脑）。仅仅提供设备并不能保证它会对儿童学习成绩产生影响，因为孩子们可以用电脑来做作业，却也可以用它来搜索猫咪视频！

2. 升级教师教学方法或结构化教材。发展中国家（地区）的系统评估报告无一例外地告诉我们，想要提高学生的学习成绩，我们需要改善教师的教学质量，但是，这中间也存在着一些挑战。

- 许多评估报告并没有明确说明“高影响力教学法”的含义。
- 在那些确实详细探讨了教学内容的评估报告中，我们对“什么是最有效的措施”仍然有许多疑问。这些报告虽然发现了很多教学方法，但并没有解释每种教学方法最适用于哪个学习阶段或哪个年龄组，或者我们应该如何将这些方法转化为标准的工作方法。威斯特布鲁克（Westbrook）等人在发布的研究报告中还强调，专门衡量每种教学法

对学生成绩的影响在发展中国家（地区）的数据仍然有限。

- 除了采用教师激励措施，我们对提高教师课堂教学能力的有效策略一无所知。而且，教师激励措施只能激励教师按时到校教学，并不能保证教师的课堂教学表现。奥尔（Orr）等人在其发表的研究报告中强调，逐级培训项目的效果并不好，尽管培训中提供的指导能够对学生成绩产生影响，但是成本高，且可扩展性低。而且，我们仍然缺乏有关教师在职和职前培训的不同方法的细节，以及每种方法详细的相对回报信息。
- 也许唯一真正有用的研究来自巴纳吉（Banerjee）等人发表的有关“因材施教”（TaRL）的研究报告。“因材施教”指的是按学生能力水平而非年龄或年级，对学生进行灵活分组，根据每个小组的需要调整教学方法和内容，并定期进行形成性评估。我们将在第八章中再次讨论这个问题，因为它与其他具有高影响力的方法有很多相似之处，包括明确的直接指导以及对于干预的反应。高收入国家（地区）正在使用这些方法，并且收获了高度评价。

总结

在本章中，我们对57项系统评估报告就“什么措施最能有效增加受教育机会和提高教育质量”进行了探讨，这57项系统研究报告来自3912个研究，或者说来自约2500个针对发展中国家（地区）的独立研究。从教育部长或部委、项目设计者或学校领导的角度来看待这些研究，我们必须要问：

仅凭这些研究，我们是否能够有足够广、足够深的数据点以及影响证据来有信心地设计新的以精益为导向的干预措施？

坦率地说，如果我们不增加对以下方面的关注，那么答案是否定的。

• 学生接受教育的机会。很多研究明确地讨论了在发展和实施现金资助的过程中，每个不同的设计特征和级别设置是如何变化的。

• 教师的在校时间。这方面同样存在关于不同激励和监督机制的大量数据，这些机制迭代的方式，以及不同设置条件下相对回报率的变化。

然而，如果我们的目标是提高儿童的学习质量，为孩子们日后的生活和工作做好准备，那么这57项系统评估报告未能提供任何现成的答案。如果我们站在当地的精益教育改进设计者的立场上，我们将面临相当大的困境，只有两个选择供我们挑选：

1. 关注改进的过程。使用思维工具建立一个关于哪些方面需要改进的假设，并确定问题或机会存在的原因以及如何使其变得更好。然后，精心设计一个活动或一套干预措施，以及一个并行的评估框架，最后开展“实验”，测试我们的设计在实践中是否有效。

2. 获得更好的数据。这包括两种方式：要么快速扩大并深化发展中国家（地区）的研究库，以增强我们对有效干预措施的信心；要么扩展网络，并从一个更广泛的背景中查看数据，这样我们就能够将更多的数据进行比较。

我们在本书接下来的部分中都采用了这两种方法。在下一章中，我们将介绍有关发达国家（地区）教育“最有效措施”研究的META^{X}数据库，该数据库包含的内容更广泛、更深入，我们可以在其中接触到关于10万多项研究的1700多项元分析，涉及3亿多名学生。在本书第二部分中，我们详细解释了其中856项元分析对发展中国家（地区）精益教育改进的相关性。在本书第三部分，我们概述了一种名为“GOLD精益教育模型”的特定方法，以便找到值得推进精益教育措施的令人信服的原因，并设计、更新能够真正产生影响的具有高可行性的以精益为导向的干预措施。

第四章 使用可见的学习META^{X}数据库实现精益教育

在前一章中，我们调查了关于对低收入和中等收入国家（地区）教育发展“什么最有效”的全球文献。通过对文献的分析，我们发现了三个值得注意的问题：

1. 文献的稀缺性。尽管低收入和中等收入国家（地区）的教育改善举措已经实施了60多年，但我们只能找到57篇相关的系统评估报告。这些评估报告汇集了来自3912个总体研究，其中约2500个具有高质量的研究结果。不得不说，这些总体研究或者高质量研究的数量实在是不多。

2. 一个在增加教育机会的有效措施方面相当一致的看法。在这57篇系统评估报告中，我们在关于“什么措施能有效促使孩子入学”方面发现了强烈的共识，其中包括有关现金资助、健康检查和膳食计划的大量研究，以及向父母和孩子提供关于学校教育回报的信息。许多评估报告和基础研究还详细介绍了各种设计特征和设置水平，这些设计特征和设置水平可以在实施倡导儿童受教育的举措的过程中视情况而变化。例如，在进行现金资助时，可以设置资助的额度、该资助是否有附加条件、各个附加条件的严格执行程度等。

如果我们的任务是帮助一个儿童入学率较低的国家（地区），增加该国（地区）儿童受教育的机会，那么我们可以从现有研究中收集到大量可能有效的措施的信息。这样一来，自然就如我们在第一章中概述的那样，学校教育的入学率会一直飙升。

3. 教育质量模糊不清。这种模糊性有两个方面：

(i) 世界银行2018年发布的《2030年可持续发展目标》中提到要

提高小学教育质量，中学教育的普及率要达到68%。但是，32%的国家（地区）尚未系统地收集它们在实现这些目标方面的进展数据。由于缺乏数据，我们完全不知道学校教育是否转化为了学生的学业成就。但是，正如第一章中所概述的，从我们掌握的有关低收入以及中低收入国家（地区）的数据来看，情况往往并不乐观。虽然高收入国家（地区）的情况稍显良好，但它们也没有真正解决优质教育的难题。

(ii) 如果我们的任务是提高学校的教学质量，那么当我们回顾那57项系统评估报告以求获得灵感时，我们会一无所获。我们可以从中得到一份建议清单，但这些建议在某些情况下有一定效果，在某些情况下完全没有效果，在一些特定情况下甚至会产生负面影响。当我们把目光投向一小部分趋同性和可靠性都处在一种合理程度的研究上时，我们会发现，在不同设计特征的有效性或在实施措施的设置水平方面，数据相去甚远。

以教学法为例。虽然许多系统评估报告认为这是提高学生学习水平的一个“好办法”，但它仍然是一个模糊的教育学术语。如果我们是教育部的官员，那么我们就需要考虑：“使用**哪些**教学法”“**什么时候**使用这些教学法”以及“**如何**才能真正让教育工作者掌握这些新方法”。

现在，一个包含更广泛内容的全球数据库出现了。我们认为它可以帮助政府部门、教育资助者和交付者确定适合进行精益措施实验的领域。这就是“可见的学习META^{X}数据库”。它综合了来自10万多项研究的1700多项元分析结果，涉及3亿多名学生。但问题是，这些数据主要来自高收入和中高收入国家（地区）。所以，我们建议，如果在发展中国家（地区）找不到足够多的优质数据，那么（至少在短时间内）为什么不尝试利用我们从发达国家（地区）中获得的大量研究，并以极其谨慎的态度，尝试在新的背景下解释和应用这些研究成果呢?

META^{X}是一个公共、公开的数据库，它提供300多个有关学生成绩的不同影响因素的效应值数据，包括学校治理、问责结构、班级规模、学校规模、留级、信息通信技术的使用以及不同课程模式和教学方法的有效性。META^{X}数据库是约翰在20世纪80年代开始的一个项目的最新迭代，并且在2009年出版的由约翰写就的《可见的学习：对800多项关于学业成就的元分析的综合报告》中成为关注的焦点。

据我们所知，META^{X}是世界上最大的关于“最有效措施”的教育数据库。它目前处于测试阶段，我们将继续优化其数据结构，提高其对政策制定者、资助者和教育者的价值。在本章的其余部分，我们会进行以下工作：

1. 解释数据来源。

2. 概述有关META^{X}数据库适用性的一些健康警示和局限性。不过，我们希望读者能够明白，一个涵盖1700多个元分析的数据集不容小觑。

3. 概述我们挑选的META^{X}数据库的特定内容/类别，以便在本书的第二部分进行有关精益教育方面的探索。

META^{X}的数据从何而来？教育研究的发展

高收入国家（地区）的教育研究情况与低收入和中等收入国家（地区）的情况可以说几乎完全相反。低收入国家（近期）的教育研究模式有沦为笑柄的风险，赞助者十分关注他们的资金对当地教育是否产生了影响，他们将大量资金投入由国际监测和评估专家进行的大规模随机对照试验中。而高收入国家（地区）的（长期）教育研究模式是：

1. 政府资助那些突出的（通常由意识形态驱动的）教育改进措施，但对评估这些措施大多没有兴趣；

2.（当地）大学教育学院蓬勃发展的研究团队会进行大量的小规模研究，随后将研究成果发表在同行评审期刊上。

换句话说，低收入国家（地区）进行的关于提高教育有效性的研究规模更大、更集中，但研究成果较少；而高收入国家（地区）的研究规模更小、更分散，但发表的研究成果要比低收入和中等收入国家（地区）多得多。

然后，这些研究成果以各种方式进行传播，如图书、同行评审学术期刊、博士论文和工作文件。所有传播渠道的教育研究成果总数可能已超过200万个。在世界上最大的教育数据库教育资源信息中心（ERIC）上进行快速搜索，可以得到180万个相关结果。在西文过刊全文数据库（JSTOR）上进行并行搜索，则可以找到（和教育资源信息中心的结果相重叠的）130万篇期刊文章、20多万章专著中的相关章节，以及近1.5万份关于“教育研究”的研究报告，这些研究结果的发表时间可以追溯到1775年。由于学术研究人员背负着发表研究成果的压力，相关研究成果的数量正以小时为单位快速增长。但是，想在众多的研究结果中找到能够帮助教师、教育领导者、政策制定者提高学生成绩的一种模式并非易事。而且，不同的研究方法会导致结果迥然不同，那么找到上述提及的模式更是难上加难。

效应值

幸好，许多定量研究都有足够的数据来计算一个叫作“效应值”的统计度量。效应值不仅能够告诉你两个变量之间是否存在关联，即相关性，而且还基于一个通用的数字比例尺来量化干预措施的效应大小。换句话说，它可以衡量各个干预措施的影响程度，是影响甚微、泛泛无奇，还是影响巨大？这些干预措施是以一种积极的方式提高学生成绩，还是以一种具有破坏性的方式对教育成果造成破坏和逆转？

效应值的计算比较容易，只需要两组平均值：①单一小组干预前和干预后的平均值，或者实验组和对照组的平均值；②这两组数据的标准差。在教育研究中，计算效应值最常见的方法是使用科恩（Cohen）提出的公式：

$$d = \frac{\overline{x}_2 - \overline{x}_1}{SD}$$

想象一下，如果你发明了一种新的算术方法，想看看它是否比另一种方法更有效。为了弄清这一点，你可能会在引入新方法之前对学生进行一次算术测试，然后在方案实施后再进行一次测试并衡量学生的进步程度。这就是所谓的前测和后测。效应值的计算方法是：取学生的前测分数的平均数（$\overline{x}_1$），从后测分数的平均数（$\overline{x}_2$）中减去$\overline{x}_1$，然后用这个数字除以标准差，标准差是反映了衡量测试值的离散程度的一种量化形式。这样就可以显示单一小组内部的前后差异。

除此之外，也可以设计出显示组间差异的调查研究。例如，一组学生使用新的算术方法，即实验组；另一组保持现状，即对照组。这样，效应值的计算方法是：取对照组后测分数的平均数（$\overline{x}_1$），并从实验组后测分数的平均数（$\overline{x}_2$）中减去$\overline{x}_1$；然后用这个数字除以合并标准差。需要注意的是，组间比较和单一组内的前后比较会产生不同的解释，在META^{X}数据库的最新版本中，我们会指明我们使用的是哪种方法。

效应值的计算结果是一个数值（用d表示），它显示了因为干预措施而导致学生成绩提高或下降与标准差的比例。换句话说，效应值d＝0.35意味着第二组分数比第一组分数高出一个标准差的35%。而负效应值d＝-0.23意味着在实施某干预措施后，学生的成绩平均下降了23%的标准差。

使用效应值的好处是，它是一种通用的数据翻译器。无论研究者使用何种测试或评估工具，只要有足够的数据，即两组不同分数的平均值和标准差，我们就可以进行计算。我们一旦得到了效应值，就可以解释这个数字代表的影响力是微不足道，还是影响巨大。

雅各布·科恩（Jacob Cohen）曾开发了一个评分表来支持效应值的解释过程。什洛莫·萨维洛夫斯基（Shlomo Sawilowsky）在之后对其进行了修订和更新。在我们的研究中，我们通常将小于d＝0.20的效应值界定为“小”，将大于d＝0.60的效应值界定为“大”，我们将在本章后面解释这么设置的具体原因。但是请注意，“小”的效应值也不可忽视，因为它可能会挽救生命——服用阿司匹林对减少心肌梗死（即心脏病发作）的效果微不足道，但代价和风险也非常小。在某些情况下，这些微不足道的效果和小风险可能就是生死之别。此外，我们应该格外注意一些“小”效应，并调查它们如此之低的可能原因，从而对其进行优化。当我们与学校合作时，我们会帮助他们用自己的方式解释他们的效应值，一般以各学校的平均水平为支点，比较哪所学校的进步更大、哪所学校的进步更小。

从20世纪80年代初开始，许多中等收入和高收入国家（地区）定量教育的研究人员将效应值纳入其研究成果中。这意味着，我们目前可以获得来自10万多项研究的效应值数据，这些研究及数据共涉及3亿多学生。或者说，我们有足够多的数据，即足够的平均值和标准差，来自己计算效应值。但是，我们需要某种方式来整合所有这些数据，以便我们能够纵观全局，了解到什么措施的整体效果最好，这就是进行元分析的作用所在。

从效应值到元分析

面对手头的10万份研究报告，我们需要一种方法将解决相似研究问题的不同研究项目综合为一个总体性的元分析或“研究的研究”。卡尔·皮尔森（Karl Pearson）在伦敦大学学院创立了世界上第一个大学内的统计系。他也是第一个将不同临床研究的观察结果结合起来的人，他将接种过伤寒疫苗的士兵和没有接种过的士兵的感染率和死亡率进行比较。不久之后，著名的统计学家和生物学家罗纳德·费舍尔（Ronald Fisher）也开创了类似的方法来综合农业方面的多项研究。同样，约瑟夫·普拉特（Joseph Pratt）等人总结了60多年的超感官知觉（ESP）的研究结果，但是这一结果现在已被否定。这些学者使用的方法构成了我们现在所说的元分析的基础。

直到1976年，吉恩·格拉斯（Gene Glass）才创造了“元分析”

(meta-analysis) 这个术语。这个术语的意思是，对来自大量单个研究的分析结果进行统计分析，从而整合众多的研究结果。许多人以为元分析是在医学领域中被发明的，后来才应用于教育，但事实恰恰相反，格拉斯是一位教育心理学家。

格拉斯在美国教育研究协会发表演讲时，宣布了“元分析”的诞生，那天约翰就坐在听众席上。当天现场的许多人都意识到，文献综述和数据合成的方式将会发生巨变，兴奋之情溢于言表。不久之后，为了更好地了解如何进行元分析，约翰和他的同事布来恩·汉斯福德（Brian Hansford）完成了一项关于自我概念和学习者成就之间关系的早期元分析。

研究者发明元分析的原因之一是其他系统评估方法存在缺陷。正如我们在第三章中所概述的，叙述性评估报告很容易产生无意识的偏见，因为研究人员可能会更倾向于对那些与他们的预想一致的研究结果进行加权和解释，而忽略那些不一致的。计票虽然是一种改进后的方式，但仍然不够完美，因为它对小型试点研究的巨大积极影响和大规模研究的巨大消极影响赋予了相同的权重。相信读者仍然记得我们在第三章中探讨的57项低收入和中低收入国家（地区）的系统评估报告，它们大多数是叙述性评估报告（28篇）或经计票而得到的评估报告（9篇），只有20篇是元分析报告。

元分析的第一步是制定研究问题，例如学校班级规模是否影响学生成绩。第二步和第三步是搜索文献，然后根据明确的纳入标准选择符合的研究。这些初始步骤可能与叙述性评估报告或计票方法所使用的更传统的搜索方式没有太大区别。但是，元分析选择的研究范围更小，仅限于包含数值数据、使用实验或准实验方法，以及可以计算效应值的研究。

元分析的真正魅力在于，它使用诸如效应值等统计数据来对各措施效应的大小进行量化汇总。元分析首先会确定一个研究问题，例如，新教师职前培训是否能提高学生的成绩，或者，开放空间的学习环境是否比传统的封闭教室更有利于学习？然后，研究人员通过审查每一篇可读的同行评审文章、会议论文、博士论文和行动研究项目摘要，来搜寻他们能找到的所有关于新教师职前培训的文献。

收集到文献后，研究者会对其进行筛选和分类，以确定值得纳入元分析的个别研究。在选择文献的过程中，研究者要对能够进入最终筛查的研究类型进行判断、解释和论证，包括：

- 是否可以接受相关研究，前测、后测研究，还是只能接受经过配对的随机对照试验（RCTs）？
- 原始研究是否发表在知名的同行评审期刊上这一点重要吗？
- 是否可以包括来自任何地域的研究，还是只能包括特定地域的研究？

一旦研究者决定将哪些研究纳入其中，下一步就是将它们“打包”在一起。这是一个复杂的技术性过程，但它基本上涉及获取每个独立研究的效应值并对其进行加权，然后将所得数据平均化，计算出合并后的总平均值。元分析使研究人员能够将数百项提出了相同或相似研究问题的研究结果整合在一起。它除了能帮助我们了解各个研究的基本模式外，还可以帮助我们确定各研究之间的主要分歧，并找出这些研究结果相互矛盾的潜在原因。

一个令人激动的选项出现了。总体效应值可能会因实验对象的不同而不同，例如，年龄较小的学生和年龄较大的学生的总体效应值可能不同，单一性别学校的学生和男女混合学校的学生的总体效应值也可能不同，等等。这些调节变量在可以通过元分析方法进行的解释中变得尤为重要。长期以来，寻找这些调节变量一直是教育学家的追求，而调节变量在有关可见的学习的研究中发现得少并不意味着我们应该停止寻找它们。数量少意味着，最适合低年级学生的方法与最适合高年级学生的方法类似，并依此类推。有些人对“个体差异”有着很深的执念，觉得上述观点很难接受。但实际上，他们是将两种信息混淆在了一起，即调节变量数量少，并不意味着否认每个孩子都是独特的存在，他们当然是独特的。而变量的数量如此之少意味着，对学生最有效的方法与学生的属性关系不大，而与教师的教学质量关系更大。读者可能很难听到这种观点，因为这可能会促使家长声讨教师，谴责他们做得不好。但这传递出了恰恰相反的信息，即教师的专业知识能够推动学生成绩提高。我们可以在中等收入和高收入国家（地区）找到很多有力证据来证明，教师教导学生一年，学生就能有相应的收获。我们将在本书第二部分讨论有关这一信息在低收入和中等收入国家（地区）的情况。

从元分析到“元分析的元分析”

既然手头上有这么多关于什么措施能最有效提高学生成绩的元分析，那么我们就需要用某种方法将它们构建成一个超级综合体，或者约翰所说的“元分析的元分析”，以便我们能更好地理解数据。约翰曾出版的《可见的学习：800多个与学生成绩相关的元分析的综合报告》一书就是“元分析的元分析”的早期（但不是首次）尝试。“元分析的元分析”所做的是对数据进行二次提炼，首先构建一张图表，列出1700项（数量还在不断增加）元分析中试图回答的所有研究问题。我们在图4.1和表4.1中对此进行了说明。

图4.1　从元分析到“元分析的元分析”

表4.1“可见的学习META^{X}数据库”的影响域

学生	家庭	学校
与社会背景、信仰和身体等有关因素对学生成绩的影响	与家庭的资源、结构和环境有关的因素	与学校类型、组成和领导有关的因素
课堂	**教师**	**课程**
与课堂组成和课堂影响有关的因素	与教师属性、师生互动和教师教育有关的因素	与各种课程计划有关的因素
学生学习策略	**教学策略**	**科技、学校和校外策略**
与自我调节、学生观点和学习策略有关的因素	与学习意图、成功标准、反馈和教学策略有关的因素	与技术、校内方法和校外学习相关的因素

（摘编自“可见的学习META^{X}数据库”）

图4.1最上层部分的“300多个影响因素”被划分成了表4.1中的九个影响域。

在表4.1中，九个影响域下面各列了一个**影响因素**清单。注意，我们使用“影响因素”一词，而不使用“干预”“计划”或“方法”等术语的原因是，虽然有一些影响因素明显就是干预措施，例如给孩子们配发自己的个人笔记本电脑，或建造特许学校[1]，但其他的影响因素则超出了学校系统的直接控制范围，例如学生的社会背景、家庭组成、孩子是否是被收养的孩子等。鉴于此，我们把它们统称为关于学生成绩的影响因素。但是有些影响因素的确也是干预措施。

例如，在“学生影响域”中，包括学生个性、自我效能感、动机、睡眠不足、性别、既往成就和出生体重等一系列个人影响因素都被列入其中。META^{X}数据库将每个影响因素都以表格形式列出了所有与之相关的元分析及各自报告的效应值。

[1] 特许学校（charter school）是美国州政府在公共教育体系之外特许的中小学水平的教育机构。

表4.2是关于出生体重和学生成绩之间关系的META^{X}数据快照，但这并不是这个影响因素的完整数据库。完整的表格列出了来自226项研究的10项元分析的效应值数据，共涉及61 508名研究参与者。

META^{X}数据库既阐明了每种影响因素相关元分析的单个效应值，又说明了所有该因素相关元分析的平均效应值。以“出生体重”为例，在10项元分析中，最低效应值为d＝0.34，最高为d＝0.75，平均为d＝0.57。这表明，正常的9个月妊娠期后出生的儿童，在认知和学业成就测试中的表现平均比早产儿童高出57%的标准差。虽然学校系统无法解决早产问题，但它可以为儿童提供个性化支持，确保每个孩子每接受一年教育，就能够得到相应收获！

表4.2　META^{X}影响因素的数据快照

作者	期刊名称	年份	变量	涵盖研究数量	涵盖学生数量	有效应值的数量	效应值
布里奇斯（Brydges）、兰德斯（Landes）、里德（Reid）、坎贝尔（Campbell）、弗兰奇（French）和安德森（Anderson）	一项有关极早产儿童和青少年的认知结果的元分析	2018	足月儿童与早产儿童在智力、执行功能和处理速度方面的对比	44	10734	44	0.61
特维尔哈尔（Twilhaar）、德基维耶（de Kiwviet）、阿尔努兹-摩恩斯（Aarnoudse-Moens）、范埃尔堡（van Elburg）、奥斯特里安（Oosteriaan）	一项有关20世纪90年代以来极早产儿童的认知结果及相关危险因素的元分析和元回归分析	2018	足月与早产儿出生体重对比	17	3939	17	0.56

关于元分析和“元分析的元分析”的一些风险提示

温斯顿·丘吉尔（Winston Churchill）曾说过，“相比其他制度，民主制度是最不坏的制度”。元分析和“元分析的元分析”也是如此。它们虽然对叙述型评估报告和计票而得的评估报告做出了显著改进，但并没有为我们提供全知全能的能力。正如我们在其他地方所阐述的，使用META^{X}数据库有一些重要的注意事项：

- **数据汇总过程**。数据库中每个影响因素的效应值是在特定评估领域进行的所有元分析的综合平均效应值，例如，目前有8个关于缩小班级规模的元分析，我们的数据库显示这8个元分析的平均效应值为d＝0.15。但是，这8个元分析各自的效应值却是从d＝－0.10到d＝0.34不等。我们使用这些数据时，仍然需要认真地对其进行解释，这样才能了解导致不同结果出现的不同中介因素和调节因素。也就是说，我们应该把数据当作一种热图。在“红色区域”内，如果我们放大到足够大，我们仍然会发现明亮的“绿色区域”，反之亦然。因此，除了显示每个影响因素的平均效应值外，我们在本书第二部分中还列出了具有良好传播效果的一些示例措施，鼓励读者在META^{X}数据库中探索基础数据。

- **什么是最有效的措施与什么是最好的措施**。正如弗雷德里克·尼采（Frederick Nietzsche）所宣称的，世上不存在完美。META^{X}数据库只能告诉我们平均而言哪些方法在以前实施时是有效的，但无法保证相同的方法会在类似的环境下再次发挥作用，就更不用说在不同的环境下了。数据仅仅代表着一些可能性，即一种对提高学生成绩可能“有效”和“无效”的措施的认识。因此，在本书第三部分，我们概述了利用数据和当地的实践研究来发现、设计、提供和评估精益型改进计划的明确流程，这个计划侧重于解决当地的优先事项。这个流程包括，明确更可能产生影响的设计特征和设置水平，并对其加以仔细评估和改进，以进一步增强它们的影响，或者当这些影响不适用于新环境时，立刻中止流程。

- **基础数据的来源**。我们采取了一种可以囊括所有元分析的全面方法——这些被囊括进来的元分析需要有效应值数据，或者可以从它自身涵盖的定量数据中得出效应值，除此之外，没有其他限制。单一元分析的基础数据有的来自随机对照试验（RCTs），有的来自无对照的前测/后测实验，有的使用了标准化评估工具，有的使用了本地化的工具。这种方法将采用不同方法得出的研究数据汇总在一起，并因此备受非议。不过，我们之所以坚持采用这种方法，是因为通过将研究范围缩小到约200个达到“最佳标准”的随机对照试验，那么相较于汇集并非常认真地解释1500项元分析的结果而言，我们可以讨论的因素就会少很多。否则，我们可能不得不因为1500项元分析中的部分元分析不包含控制组，而将其放弃。

- **高收入国家（地区）偏见**。许多元分析没有明确说明进行原始研究的地域，而那些明确说明地域的元分析往往会持有对高收入及中高收入国家（地区）的偏见。在某些领域，我们认为这不重要，正如我们已经论证过的，在高收入和低收入国家（地区）中，人脑的生物结构并没有什么不同。因此，那些从与注意力、信息处理、记忆、检索、认知负荷等方面有关的认知心理学中汲取见解的研究，以及适当的教学法之间的联系，很可能适用于所有地区。但在解释结构和政策驱动因素的有效性时，我们需要更加谨慎，这就是生态系统学中所说的“甲之蜜糖，乙之砒霜”。

因此，我们并不主张纯粹通过META^{X}数据库中的数字来制定政策、开展实践、做投资决策，但我们认为这些数字是一个非常好的起点。其实，一个更好的起点是对低收入和中低收入国家（地区）进行“元分析的元分析”，但就像我们之前提到过的，相关的数据库太小，所以没有办法以此为起点。当然，所有这些数据都需要与当地背景下的基于实践的见解相结合，因为教育实践者只会实施在当地具有可行性、能利用当地潜能的举措或活动。

使用META^{X}数据库实现精益教育

在将META^{X}数据库初步应用于促进实现精益教育的过程中，我们将选择范围限制在数据库中记录的314个影响学生成绩因素中的107个。它们来自50 719项研究的856项元分析，如果将第三章中探讨的发展中国家（地区）的研究也纳入其中，则相当于来自53 219项研究的913项系统评估报告。我们的选择主要由以下内容组成：

1.效应值相对较低的高成本或资源密集型的干预措施。用叠叠乐积木游戏的比喻来说，这些措施就像应该被移除、部分挖空，或一开始就不该存在的“积木块”。

2.效应值高于平均水平的低成本或资源密集度较低的干预措施。这些措施就像可能值得嵌入的“积木块”。

我们也承认，我们的数据库还未公开列出每名学生每项干预措施的平均或估计购买力平价成本，但我们正在进行这项工作。我们强烈希望读者能够查看关于314个影响因素的完整数据库，从而确定与您正在（或计划）大规模开展的教育改进活动的当地环境更相关的其他“积木块”，并在当地环境下，计算出各项措施的效应值。

五类影响因素

除了选择对学生成绩影响最大的107个因素外，我们还将这些因素进一步细分为5个干预措施类别，我们将在第五章至第九章中对此进行探讨。表4.3概述了这5个类别。

表4.3　本书第二部分所探讨的5类影响因素

第一类：教师培训（第五章）	第二类：结构优化（第六章）	第三类：改善问责制，提升教师教学动力（第七章）	第四类：改进教学法和综合课程（第八章）	第五类：教育技术（第九章）
主题：如何选择并培训教师，以及如何长期支持他们以履行教师职责 **假设的改进机制：**教师经过培训能够提升技能水平和专业能力，从而提高学生成绩	**主题：**学校如何运作，例如，学校的规模、财务、建筑设计、上课时长和每年上课的总时长等 **假设的改进机制：**更好的资源和设施可以让教师的教学效果事半功倍，还能激励学生按时到校并参与学习	**主题：**学校领导和管理流程、学校问责制驱动因素、家长选择、与绩效相关的薪酬以及利用公私合作关系等，如何对学生成绩产生影响 **假定的改进机制：**问责制的驱动和激励将鼓励“巡航”教育者通过软硬兼施的方法来提高学生的水平	**主题：**个人教学法如何提高学生的学习能力，以及如何将这些方法应用到综合课程中，实现有效的教学和学习 **假定的改进机制：**在教学和学习中使用与已知的学生记忆力、注意力和知识迁移的特点完全一致的循证教学法，将有助于提高学生的学习成绩	**主题：**教师和学生如何利用数字科技来提高教学和学习的质量 **假定的改进机制：**科学技术就如同教师教学的“脚手架”，可以更好地发挥有效教学法的效果，绕过无效教学，提升学生的自学效果

尽管META^{X}数据库中包含了关于学生特征以及家庭组成和健康相关变量的大量数据，但是我们决定将这些数据从我们的初步精益分析中排除，因为我们不认为这些领域的研究能够有效地从高收入及中高收入国家（地区）转移到低收入及中低收入国家（地区）。

在本书第二部分，我们将逐一介绍5种类别的改进措施和假定的改进理论机制。然后，我们将以表格的形式概述META^{X}的相关数据。每个表格的第一栏列出我们所说的有关对学生成绩的影响因素，即干预措施类型；第二栏列出已有的元分析数量；第三和第四栏汇总这些元分析涉及的研究总数和参与研究的学生人数。最后一栏汇总各类元分析的效应值，即干预措施的影响力。

需要指出的是，在完整的“可见的学习META^{X}数据库”的314个影响因素中，平均效应值为d＝0.40。约翰据此建立了一个影响因素气压表，如图4.2所示。

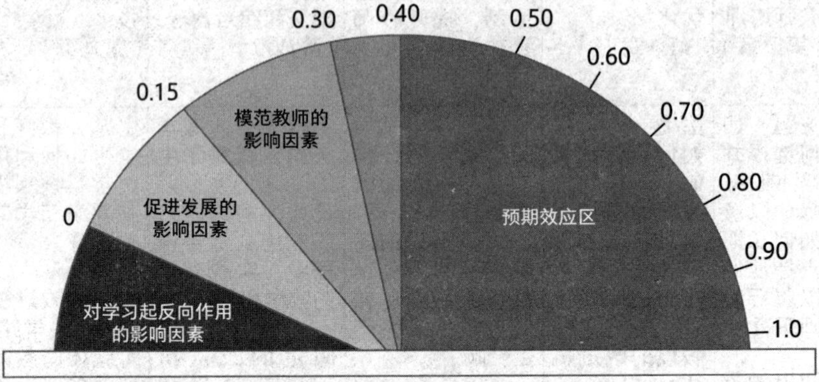

图4.2　“可见的学习”影响因素气压计

关于效应值相关数据的解释如下：

1. d＞0.40。当某影响因素或干预措施的效应值处于此范围时，我们所投入的集体时间、努力程度和资本量（视成本和实现预期的难易度而定）是值得的。据此，我们将d＝0.40称为**临界值**。

2. 0.16≤d≤0.40。这是普通教师在没有任何额外支持、培训或资源的情况下，在提高学生成绩方面所能期望达到的常见效应值，即教师仅完成自己的本职工作，通过潜移默化的教学来提高学生成绩。

3. d≤0.15。这是学生通过自主学习、同伴学习和社区学习所能期望达到的效应值。在大众化学校教育发明之前，人们就是通过这些方式将狩猎和耕作知识代代相传的。使用这些方式仍能学会知识，只是学习速度会较为缓慢。

4. d＜0。这是指那些对学生学习有害或者起反作用的影响因素或干预措施所达到的效应值。不过不用担心，在完整的META^{X}数据库中，这些内容所占比例很小。而且，除了教师欺凌、体罚学生之外，很少有数据涉及教师和学生在学校内的互动。教师在课堂上所做的大多数事情都对提高学生成绩“有点”作用——只是教师以及学校领导采取的某些干预措施有将学生的学习成绩提高4至5倍的潜力，而其他的一些措施对学生成绩的影响则不太显著。

总结

本章探讨了在过去60年里，高收入及中高收入国家（地区）分散的研究人员如何对广泛的教育干预措施和影响因素进行小规模评估。之后，本章详细说明了诸如吉恩·格拉斯等先驱们如何发明元分析，并将元分析作为一种机制，利用它将众多研究汇总到更大的“最有效措施”的图景中。本章最后，我们对$META^X$数据库进行了介绍。该数据库汇总了基于10万多项研究的1700多项元分析，成为一个“元分析的元分析”或“超级综合体”。我们还概述了与使用和解释元分析数据有关的风险提示，其中最重要的是——大部分数据均来自中等收入和高收入国家（地区）。

本书第一部分到这里就结束了。在第二部分中，我们对如何将$META^X$数据库影响因素的研究结果用于促进精益教育发展进行了一系列的探究。换句话说，为了使教育系统能够提高效率，用相同或更少的资源做更多的事情，我们将在下一部分探讨有可能会被移除或部分挖空的“积木块”，以及需要更有效地重新设计或添加的“积木块”。请注意，我们并不主张盲目地采用这些建议，因为我们也只是把它们作为一些潜在选项。也正因如此，在本书的第三部分中，我们会继续介绍实施这些建议的详细流程，以便帮助对以精益为导向的教育改进措施进行发掘、设计、实施、评估、迭代和调整。在下一章中，我们会首先探讨$META^X$数据库在学校招聘、教师培训、教师支持方面的影响。

第二部分

精益教育与可见的学习

第五章 改进教师选拔和培训

本书的第二部分是全书的“核心”。在接下来的五章中，我们将会把57项发展中国家（地区）的系统评估报告与856项高收入及中高收入国家（地区）的META^{X}元分析相结合进行探讨。本章是一个缓冲章节，读者可以在阅读这一章时调整自身的阅读状态，但这并不是指让读者适应文章内容的争议性，而是指适应文章篇幅的长度。这类似于，我们先慢跑一段路程做个热身，逐渐适应更长的路程，然后最终跑一场迷你马拉松。那么，我们接下来就继续搜寻在精益化的教育改进措施中可以移除或部分挖空的“积木块”（做减法），和极少量的需要重新插入的“积木块”（做加法）吧。

为了支持儿童的学习，全球各国共雇用并调配了8400万名教师。各国政府之所以这么做，是因为政策制定者认识到，仅有学校建筑是不够的。孩子们一旦进入课堂，就需要教师帮助他们学习知识，因为教师了解如何提供高质量教学、了解课程内容、知道如何评估自身对学生学习的影响，以及知道如何教授学生学习方法。如果教师每天都能尽心地完成自己的工作，并且不断地提升自己的教学能力和水平，那么他们会对提高学生成绩有很大帮助。因此，如何招聘和培训教师至关重要。那么，有没有更高效的方式来达到上述目标呢？

概述

在本章中，我们将探讨META^{X}数据库在精益教育方面的含义，并针对如何选择、培训和支持教师以履行其职责，进行更广泛的数据分析。下面先着重介绍一个潜在的改进理论。

改进理论

假设：

1. 学生的学业成功不仅受到个人特征和社会经济地位的影响，还受到一系列更广泛因素的影响。

2. 学生所接受的教学质量对提高他们的学习成绩有**重大**影响。

3. 教师所接受的职前培训和在职专业发展活动的质量对教师在课堂上的表现有很大影响。

因此，可以增加以下**投资**：

1. 提供高质量的**教师职前培训项目**，使教师掌握高影响力教学方法的知识和技能，即掌握有效的教学法。

2. **教师参加所授学科的学位水平培训**，并获得学位证书，即开发专家级课程内容知识。

3. 持续提供**在职教师长期专业发展渠道**，促进教学法和学科知识的发展。

这项投资的**回报**将会是：

1. 提高教学质量。

2. 提高学生学习成绩。

教育行业一个不可告人的秘密是，智力和性格等个人特征具有高度可遗传性，而且父母的社会经济地位（SES）与学生成绩密切相关。据估计，在导致学生成绩差异的全部因素中，学生的天资、先前成就、家庭环境以及作为催化剂的社会经济地位的作用至少占据一半。众所周知，学生仅仅在学校门口徘徊，而不入学接受学校教育，是不能摆脱贫困、学习态度不端等问题的，也无法学会如何与他人合作。

值得庆幸的是，研究结果表明，即便是在资源相同的条件下，一些教师和学校在提高学生成绩方面明显比其他教师和学校做得更好。且该结论即使在排除学生的社会经济背景和其他背景的变量后，也依旧成立。我们推测，这是因为这些教师和学校在教学过程中计划、执行和评估的能力更高，所以才能比其他教师和学校做得好。而这一想法也得到了很多的证据支持。

因此，原则上我们十分认同上文提及的假设1和假设2。不过，我们也认识到，在教师个人层面上，要确定哪类教师在提高学生成绩方面更有效，或者他们能不断提高学生成绩的具体技巧是什么，这虽然非常困难，但并非不可能。据我们估计，教师对提高学生成绩的影响占四分之一到三分之一，而教师也是教育系统唯一有可能直接控制的影响因素。接下来将介绍改进理论的其余部分，这也是本章的重点内容。

在认识到教师的重要作用之后，许多教育体系在提高教师的技能方面进行了大量投资。下面列举其中三个方面：

1. 开展强制性的新教师培训项目。这些项目通常以教学法为重点，项目结束之后会为教师颁发教师资格证书。在许多地区，教师在没有获得教师资格证的情况下进行授课，属于严重违反法规的行为。

2. 聘用具有所教学科学历证书的教师。例如，数学教师至少应获得数学学士学位或数学相关的同等学历；在芬兰等国家，硕士学历是教师行业的最低门槛。

3. 开展长期性的在职专业发展项目。进一步培养和提高教师在职前培训中所学的技能。许多国家（地区）的教育体系规定，教师每年必须参加一定时间的专业发展活动，且须正式记录在案，才能保留其教师资格证。

然而，关于每个国家（地区）接受过职前教育培训且获得教师资格证的教师比例的全球数据参差不齐。只有大约75个国家（地区）公开了这些数据，而且，低收入及中低收入国家（地区）在这方面的表现并不乐观。例如，在苏里南、马达加斯加、南苏丹、几内亚比绍和安哥拉，只有不到50%的小学教师在入职前曾接受过职前教师教学培训。在另外的20个撒哈拉以南非洲国家（地区）、加勒比和太平洋岛国，情况虽稍好一些，但仍不尽如人意，只有不到65%的小学教师在授课前接受过职前培训。

这还不是最令人沮丧的。我们后来才意识到，政府公开的这些数据并不是按照国际最低标准的计算方法得出，而是根据X地区或Y地区的新教师是否接受过符合本国（地区）特定要求的培训计算而来。在关于参加什么水平的教师培训，以及培训多长时间才能获得国家（地区）教师资格证方面，各国（地区）之间可能有很大的差异，培训时间的变化从几周到几年不等。

上述的第二个方面涉及教师是否拥有所教学科的高级证书。例如，如果他们教授的学科为科学，那么他们是否持有能证明其具备相关专业知识的学位证书或文凭？关于这方面的全球数据也很稀少，现有的报告也多是依据国家（地区）层面的学术资格标准而非任何国际公认的标准计算而得的结果。例如研究发现，在喀麦隆、加纳、埃塞俄比亚、塞拉利昂、瑙鲁、巴勒斯坦和伯利兹等国家和地区，只有不到60%的教师拥有与他们所教学科相关专业的学历证书。

大多数国家（地区）若在上述其中一个方面表现得比较好或比较差，那么它们在其他的方面的表现也基本相似（即若该国获得教师资格证的教师所占比例高，那么获得所教学科相关专业的学历证书的教师所占比例也高，反之亦然），但也有例外，尽管马达加斯加、尼日尔、塞尔维亚等国在“教师获得与所教学科相关专业的高等学历证书”方面做得非常好，它们在“教师教学培训”方面做得却很不尽如人意。

第三个方面涉及长期性在职专业发展项目，按照国际标准来搜索相关数据甚至更具挑战性。最新的统计数据来自经济合作与发展组织2018年的国际教学调查，这些数据只涉及高收入及中高收入国家（地区）。

经统计，90%的受访教师表示，他们在前一年参加过至少一次专业发展活动。然而，即使在这些经济繁荣的国家（地区），仍有45%的教师表示参加专业发展活动的花费太高，32%的教师指出学校未对他们参加这些活动表示支持或提供资金资助。

我们在太平洋岛屿工作时了解到，包括基里巴斯和所罗门群岛等国（地区）在内的一些太平洋岛国（地区）教师的在职专业发展项目，最近几年才开始系统地开展，而且只局限于开设一些讲习班或广播节目。我们还注意到，在东南亚的其他地区，教师有时要自费出差并利用周末时间参加研讨会；在撒哈拉以南非洲地区，教师在职培训活动更是十分稀少。

如此看来，政府和学校可能需要在教师入职准备和在职发展方面投入更多的人力、财力和时间，特别是在那些获得教师资格证或者相关学历证书的教师所占比例很低的国家（地区），更应如此。然而，这些并不是精益型举措。所以，我们需要非常谨慎地研究META^{X}数据库，以便再次确认对上述三个方面的投资是否真的能够显著提升学生的学习成绩。

META^{X}数据库揭示了什么

表5.1展示了META^{X}数据库中关于2240项研究的51项元分析的相关数据。不过令人意外的是，这些数据并不能支撑本章开头介绍的改进理论中概述的所有假设。相反，这些数据指出，有几个地方的“积木块”可以挖空或者可能直接移除，又或者至少在那几处地方不应该再添加其他的“积木块”。不仅如此，这些数据还表示出有一处地方应该嵌入新的“积木块”，并将其进行“加固”。

上表中最重要的一栏就是最右列的总效应值栏。本书第四章曾提到过，效应值是一个统计衡量标准，即衡量一项干预措施的影响力程度是

表5.1　教师对学生成绩提高的影响

影响因素	元分析数量	研究数量	影响数量	总效应值（d）
新教师职前培训项目	4	93	509	0.10
教师学科专业知识	4	136	470	0.19
教师性格	5	72	251	0.24
教师语言表达能力	1	21	58	0.22
在职教师专业发展项目	23	1255	3205	0.37
教师辅导项目	3	88	149	0.18
学校整体改善项目	4	88	770	0.28
微格教学/视频复习课	4	402	439	0.88
教师集体效能感	3	85	85	1.36
总计	51	2240	5963	N/A

微小、普通，还是影响力巨大。而且，我们还在前文中提到，所有的META^{X}影响因素的平均效应值为d＝0.40。因此，任何低于此数值的效应值都“低于平均水平”。

接下来的小节将一一解读上文表格中META^{X}数据库中的结果的含义，以及它们如何帮助我们利用相同或更少的资源做更多的事情。

新教师职前培训项目

在这一部分中，我们将以4项元分析报告为研究主体，它们系统评估了新教师职前培训和持有教师资格证对学生成绩的影响。这4篇报告整理汇编了93项单独研究的成果，涉及10万多名研究参与者（包括实习教师和新任教师）。不过，这4项元分析的平均效应值非常低，仅为d＝0.10。此外，我们还注意到，这些报告各自的效应值差异非常小，其最高值和最低值分别为d＝0.15和d＝0.03。

因此，我们首先应该注意到，尽管既得利益者多次声称有很多证据可以证明新教师职前培训对学生成绩有影响，但这方面的证据其实十分贫乏。实际上，在研究中我们还得到了一个令人沮丧的发现，如果将几乎没有经过职前培训就直接入职的教师，与持有教育学学士或硕士学历证书的教师进行比较，他们各自学生的成绩在其工作第一年结束时的标准化评估测试中几乎没有差别。而且，也没有任何证据表明，接受过新教师培训的教师在其工作的第2至5年期间比未接受培训的同事更能提高学生成绩。

此外，我们在调查教师的专业知识储备时发现，大多数教师在入职第一年学到的知识和技能占据其全部专业知识储备的一半，第二年学到的又占据了另一半，之后就不再有显著增长，趋于平稳。由此可以看出，教师的专业知识和技能并没有多少可以归功于职前培训，而那些没有在实际教学的前两年学习到知识和技能的教师，只能自己想办法。因此，当看到一些研究表明智商或工作记忆是更好预测教师在工作初期能否取得良好教学成果的一个有效指标时，我们并不会感到很吃惊。那些能够尽快适应头两年的工作环境、知道如何寻求帮助、如何提升工作能力、能够应对工作初期的忙碌和迷茫的教师，在工作中往往表现最好。但是我们也注意到，尽管很多国家和地区关于智商和工作表现的文献结论在更广泛的经济环境中比较一致，但也并非一成不变。

相信有心的读者会注意到，META[X]数据库的研究结果均来自高收入国家（地区）。然而，与我们上述的初步结论看似相一致的是，与低收入国家（地区）聘用合同制教师（也被称为“准教师”）有关的研究数量正在不断增加。一项针对非洲、南亚和拉丁美洲最低教学资格教师的研究发现，终身制教师虽然接受过更长时间的职前教学培训，但是，合同制教师的教学成果可以与终身制教师的相媲美，甚至通常会更好。

然而奇怪的是，决定或预测合同制教师是否更有可能成功提高学生成绩的一个关键变量是其雇用合同的性质。合同制教师的合同条款越不稳定，似乎就越能提高其在教学上投入的精力，这一点即使是在合同制教师的工资比普通教师低三分之二的情况下也同样适用。事实上，与他们是否接受过职前培训相比，合同制教师个人积极的程度似乎是提高学生学习成绩的一个更重要的推动力。然而，如果将合同制教师的雇用条款进行规范管理，并让其成为终身制教师，那么他们对学生学习成绩的影响往往会慢慢下降。

这项关于雇用合同制教师或“准教师”的研究报告突出了实施问责制和激励机制的重要性，我们将在第七章中再次讨论这一点。此外，它还强调开展新教师职前培训在提高学生成绩方面的重要性可以说比较有限，来自高收入和低收入国家（地区）的研究均发现，在教师入职之前对其进行培训并发放教师资格证书所产生的回报十分有限。

高收入国家（地区）在开办教育培训机构方面有很多既得利益，对这项雇用合同制教师的研究的回应往往是认为教育体系需要加倍努力，找出强化新教师培训效果的方法，以便能够更好地提高学生成绩。但在低收入国家（地区）的背景下，并且从精益教育的视角进行思考，那就不得不说些不中听的话了：或许延长新教师的培训是一项毫无意义的开支，而且有关这种做法的回报证据也少得可怜。

不过，我们并不是提倡一定要取缔全部的教师培训，但或许有可能（甚至有必要）将新教师职前培训的时间减少到几周，然后将更多的时间和资源用于教师在职期间的培训。这也正是全球教育支持网络“全球教育行动”（Teach for All）所采用的方法。这一方法还包括一次5周多的职前培训，以及如果参与者在培训期间表现活跃，指导教师还会对其提供后续教学方面的支持。“全球教育行动”的高、中、低收入国家（地区）网络合作伙伴也在普遍使用这种模式。初步证据表明，与参加过传统培训的教师相比，参加过“全球教育行动”培训的教师在阅读和数学方面能更好地提升学生成绩。但是这些数据均来自美国，而且参与者都是从常春藤大学高分毕业的教师，因此，可能只有非常聪明的新教师才能迅速地掌握“全球教育行动”中有关提升学生成绩的诀窍。“全球教育行动”的选拔过程也可以说是一种替代工作记忆的测试或智商和心理测试，该过程主要面向具有较高语言表达能力的优秀毕业生。

因此，在低收入国家（地区）进行具有高效益的标准化心理测量、工作记忆或智商测试或许是可行的，这可能正是“全球教育行动”所寻求的某些特征。但是，正如巴达赫（Bardach）和克拉森（Klassen）所强调的，关于教师的工作记忆和智商测试结果的全球数据库很小，而且关于工作记忆、智商和工作表现之间的密切关系的大部分推论均来自教学之外所进行的研究。基于以上种种缘由，我们必须谨慎行事。

具备所授学科高等知识的教师（例如，拥有相关专业的学位证书）

在META^{X}数据库中，关于教师获得所授学科的学位证书益处的研究很少，其数量几乎与关于新教师职前培训的研究数量一样匮乏。我们共找到了4项元分析，它们汇集了136项研究的结果，最终得出的累积效应值为d＝0.19。然而，与新教师培训相关研究的单个效应值分布范围相比，这些元分析各自的效应值分布范围更广，最高值和最低值分别为d＝0.41和d＝0.06。最新的元分析显示，在特殊教育和儿童早期教育中，教师是否拥有高等专业知识似乎都没有对学生成绩产生显著影响。

这部分研究初步表明，教师拥有相关学科专业的学位证书并不会对提高学生成绩产生额外影响。事实上，教师在某个学科钻研得越深，就越有可能产生专家盲点效应（又称“知识的诅咒”）。也就是说，当教师对一门学科有了深入了解时，往往会忘记在最初理解它时有多么困难，或者忘记最初是采取了什么方法才理解了相关知识。

甚至有可能出现这种情况，即有些同学最近在学习中遇到一些困难，然后凭借自己的努力，成功地克服了这些困难。在这种情况下，这些同学可能比获得学位证书的学科专家更能有效地激发其他同学的学习热情。因为这些学生仍然清楚地记得他们在克服学习中的困难时使用的步骤和策略。举个例子，格雷厄姆·纳托尔（Graham Nuttall）的研究表明，当教师只比学生提前6个月获得新的学科知识时，学生对该学科的学习会有显著提高，因为在这种情况下，教师正在教一些自身刚刚掌握的东西，他们对于获得知识的方法步骤仍然记得很清楚！

因此，教育者并不一定是经受过培训的科学家或数学家，其知识储备可能只需满足最年长的学习者的要求即可。**教师的教学内容知识比专业学科知识重要得多**。这里所说的教学内容知识指的是，教师了解学生在学校的学习阶段中最经常在哪些地方遇到困难，以及哪些方法最能有效帮助学生克服这些困难。

我们发现，如果教师对于自己所教授的内容并没有要求要比学生多了解多少、如果教师在课堂上只需要滔滔不绝地讲课、如果教师提出的问题多是基于课本内容或事实，那么教师似乎并不需要对学生将要学习的知识有更深入的认识和理解。但是，如果教师能够平衡课堂上关于表面事实和学习内容的比例，而且他们对学习内容各部分的关系有更加深入的理解、如果学生之间的讨论和提问在课堂上的占比更大，那么教师对于所授的知识有深入的了解就不仅有价值，而且有必要。因此，教师在最初时对于学科知识的了解程度可能并不那么重要，但随着学生对知识的理解加深，就需要教师提高对内容知识的了解程度。

从精益教育的视角而言，聘用训练有素的科学家、数学家等从事教育行业，并且给予奖金来吸引他们入职，或用这些奖金为他们的初步研究提供资金支持等举措，意义不大。甚至有人可能认为，成为一名教师根本不需要获得大学教育[1]。事实上，在20世纪70年代之前，高收入国家（地区）中获得学位证书的教师数量很少。当我们将视线转向20世纪70年代以来有关学生成绩的国际对比性数据时，我们可以看到，在高收入

[1] 这里需要注意的是：将有经验的科学家再培训为教师的好处是，他们能将科学世界带入课堂，可以将知识与现实生活的直接联系明晰化，而且如果教师认定学生是合适的人选，他们就可以让学生接触到文化资本，帮助学生在科学世界中获得一定收获。当然，前提是他们的教学方式既重视深层次知识，也重视基础知识，并且积极将知识与学生过去的经验相联系，强调所学知识对现实生活的价值。关于高级学科知识在高中教育阶段的价值也存在争论。如果使用“将积木块挖空”来比喻的话，“积木块”在被挖空后可能会失去其强度和完整性，但鉴于高级学科知识培训的成本颇高，所以最好先对这项措施进行调查和试点。——作者注

国家（地区）要求教师需要有学位水平的学科知识后，学生的学习成绩并没有显著改善。根据上述提到的数据分析显示，许多高收入国家（地区）的学生成绩在1970年已经接近最高值，在那之后，其成绩仅有些许提高。由此有一种（颇具争议的）观点认为，在对教师取得学位水平的学科知识方面进行的投资，其回报更多是在提升教师的社会和专业地位方面，而不在提升学生学习成绩上。不过，也有一份更有力的研究表明，高中教师将会受益于接受更高等的学科知识培训，例如相当于让教师们接受了一年本科教育的培训。

因此，发展中国家（地区）如果预算有限，教师是否拥有所教学科的相关专业文凭或学历证书并不重要。若从精益教育的角度，首先可以将这一方面的“积木块”进行移除、部分挖空或不再添加。然而，无论是通过借助学科专家的支持网络，还是仅仅通过确保课程材料有足够的知识框架或脚本来为“通才”教师提供所需支持，这些教师都将从中受益匪浅。这样，教师在工作中就可以获得良好的学习机会。

教师性格

与“新教师职前培训项目”或“教师具备所授学科的知识”相比，“教师的个人性格或特征”的效应值相对更高。

研究表明，教师的性格对学生的学习成绩**有一定的影响**。有一些元分析明确地探讨了教师自我效能感与学生成绩之间的关系。教师自我效能感是教师对自己能够有效承担教师角色并对学生产生影响的一种信心水平。

其他与教师性格有关的元分析可能与学生成绩之间更具相关性。这些研究探索了教师的五种人格特征（即大五人格理论中的开放性、责任心、外倾性、宜人性、神经质性）与学生学习成绩之间的关系。研究结果表明，教师的个性特征与学生的学习成绩、教师教学表现的独立评估都有适度但显著的关联性。在所有的教师个性特征要素中，相关性最高的要素包括教师对自己作为一名教师的信心，对工作的热情，以及更喜欢有计划的、目的明确的生活方式而非更随性轻松的生活方式（请注意，即使是相关性最高的要素，其相关性效应值依旧很低）。

研究表明，具有某些特定人格特征的教师在提高学生成绩方面可能更有效，而其他教师则更有可能会出现职业倦怠。对教师的口语表达能力进行的研究也有相似发现。谈话水平更高、更愿意倾听别人心声的教师更具备成为一名优秀教师的潜力。不仅如此，我们在心理测量调查中也有类似发现，更具有同理心的人更有可能成为一名好教师。若一位教师经常站在别人的立场上思考问题，并欣赏他人的世界观和思维方式，那么他具备成为一名伟大的教师的潜力。如果学生感受到教师在发自内心地关心他们，理解并愿意倾听他们以及他们的进步，他们就会在学习上投入更多的热情，表现更加积极。

从精益教育的角度，我们可以对此进行有趣的应用。我们可以对有可能进入教师行业的人群进行心理测量，这样做的成本很低。这些评估结果可以帮助筛选出同理心更强、语言表达能力更优秀以及在大五人格特征方面性格更适合的教师。此外，它们也可以用于筛选在工作记忆和/或者智商方面表现更突出的教师。不过，这种行为也存在一些潜在的副作用。对于那些决心想要进入教师行业的人而言，他们可能会详细了解这些测试的衡量标准、评分方式，以及该选择哪些选项，以保证自己在测试中能得到“正确”的结果[1]。这就更加印证了意外效应法则。所以，我们需要提前思考五到六步来预测措施和对策，并思考在实施这些措施和对策后，之前“划算、简单、有效”的解决方案是否仍旧如此。不过，尽管有这些潜在的副作用，这些测试仍然是筛选教师的必要步骤，这样才最有可能找到对学生成绩有最大影响力的教师（至少在工作的前几年，这些教师对学生成绩的影响是最大的）。

---

[1] 在英国和澳大利亚的全国教师选拔工作中，我们使用了极难舞弊或提前准备的在线心理测量工具。但是，我们认识到许多发展中国家（地区）在人格建构效度方面存在跨文化差异，并且在使用在线测试方面存在困难。——作者注

在职教师专业发展项目

我们在“新教师职前培训项目”那一小节中曾指出教师在最初几年的工作中学习的重要性，在最初的爆发式学习之后，教师的相关知识和技能就不会再有大的进步。相较于投资教师职前培训，或是尽力将教师的学科知识提高到高级/学士学位水平而言，有关教师在职专业发展的研究为我们提供了更多可行的途径。

我们已经知晓教师大部分的专业学习都是在工作中完成的，通常通过反复试错来学习。此外，研究还告诉我们，教师的专业学习阶段主要是在工作的前三年，之后，他们就会进入心理学家所说的发展停滞期。不过，**合适的**专业发展项目和合作机会能够破解这个瓶颈。

关于教师专业发展的23项元分析涉及1255项研究和200多万名参与者，这些元分析产生的总效应值为d＝0.37。这个数据虽然看起来还不错，不过，研究在发现中隐藏了大量异质性，例如：

• 以**会议和研讨会**的形式介绍教学技巧、窍门和理论对提升教师专业能力的影响几乎为零。研究表明，教师在这些研讨会上接受培训之后，只能记住所学内容的不到10%，而且他们几乎没有将这些内容付诸实践（至少未能按照预期方式实践这些内容）。

• **联动项目**的影响也很低。在联动项目中，一小群教师接受职前培训，然后将所学经验复制粘贴给当地同事，最终，这些经验就成了“复印件的复印件”，影响力逐渐降低。

• 但是，**得到精心设计的专业发展项目**会随着时间的推移产生积极回报。当这些项目内容包含了理论、演示、示范、实践、合作审查、探索如何提升或反驳现有的教师信念，以及校内专家辅导时，其效应值就可能突破d＝0.40的临界值。与提供资源或技巧相比，教师在教学过程中如何思考和评价自己教学的影响，才是需要发展的重点。如果这种培训与高度结构化甚至是脚本式的课程材料相结合，我们预计它会在发展中国家（地区）产生更大的影响。

在关于在职教师专业发展的元分析中，还有其他一些有趣的发现，比如：

• **教师辅导项目**产生的效应值相对适中，为d＝0.18，但三篇有关元分析的效应值并不相同，存在些许差别。我们认为，这并不是说辅导没有作用。相反，这些研究结果表明聘用训练有素的教练（而不是那些只经过几天训练的人）的重要性。不过，这项措施面临的挑战在于，它很难快速扩展。如果将辅导作为更广泛的教师专业发展项目的一部分，而非将其作为一种独立的干预措施，似乎更能发挥它的影响力。这里所提到的更广泛的教师专业发展项目包括其他最接近教师在课堂上的思维和表现的支持方式。

• 包括专业学习社区的**学校专业发展项目**也显示出有潜在的影响。这些项目更有可能在以下情况下获得成功：关注与学校相关的**重要因素**；注意到学校经营由多方共同参与，例如，与地区领导、学校领导、教师、家长和学生等沟通；意识到教育并不是一朝一夕之功，需耗时多年；有严格的形成性评估过程，以便所有各方都以此反复询问“目前进展如何，下一步该怎么做？”时，不会茫然无措。

• **对课程进行录像（微格教学）**并与校内同事一起对其进行系统评价，这一措施有很大可能性可以改善教学成果、提高学生成绩。关于这方面的研究的总效应值为d＝0.88。然而，实施这项措施需要技术保障，不过这在现在已经不是什么难题了，因为即使在撒哈拉以南非洲地区，拥有视频录制功能手机的用户也越来越多。但是，思考如何利用这些移动技术来更好地对教师进行培训、指导、扩展其专业知识，以及如何使各地区的教师共同努力来提高对学生的影响，可能更具有可行性价值。除了技术之外，教师还需要有合适的评估标准，以便能够促进协作式课程评估和课程支持/培训，从而建立教师之间的信任，彼此分享课堂教学视频。我们会在第九章中再次讨论课程录像的问题。

教师集体效能感

“教师集体效能感”是一个心理学概念，关于此概念的研究极为有趣。“教师集体效能感”是指教师之间的一种**集体信念**的存在（或缺失），它包括学校教师作为一个整体的共同努力能够最大限度提高学生成绩的信念，以及教师有能力和机会通过适当的评估性调查来协作提高教学成果的信念。

关于“教师集体效能感”的综合数据显示，其效应值非常高，为d＝1.36。换言之，这意味着当教师**相信**其集体努力是学生提高成绩的主要驱动力时，事实确实如此。然而，当教师将学生成绩的差异理论化，并认为这是由于学生的学习动机、智商、社会经济地位等方面的差异——而不是教学质量——造成的结果时，学生的成绩往往会低得多。多诺霍（Donohoo）的研究报告认为，出现教师集体效能感的一些有利条件包括：

- **教师的高阶影响力**——指的是教师能够集体参与和影响学校决策的程度；
- **共同目标**——指的是教师在需要改进的内容方面有相同目标的程度；
- **教师协作工作**——包括对同事的专业实践有所了解，并能就相关问题进行讨论和相互学习；
- **响应式领导**——将教师是推动教育变革关键者的信息进一步加强，并对教师群体关注教学和学习的协同改进表示支持。

上述这些条件都与教师的信念和教学动机有关。关于这一点，我们将在第七章中再次探讨。然而，我们还需要做更多的工作来确定这些条件与教师信念、教学动机之间是否有反向因果关系在发挥作用，即如果教师在名校教学，所教学生都很聪明，那么教师可能会对其集体能动性以及教师对学生学习的影响持更加乐观的态度。我们还需注意到，集体效能感不会成为下一个流行词，因为它不仅需要教师们作为一个集体感觉良好，还需要关注教师集体对学生学习生活的影响。我们分析过关于课程安排和校车时间表管理的集体会议，发现这些会议会极大削弱集体效能的效果。此外，我们还需要论证更多关于提高教师集体效能感的明确的策略，并佐之以证据。这是一个新兴但非常令人振奋的研究领域，我们将在第七章中讨论这个问题。

总结

本章从全球研究出发，讨论了关于如何选择、培训和支持教师承担他们作为教师角色的有效措施。从精益教育的角度来看，我们关注的重点是确定可以对“教育积木塔”的哪些部分进行移除、部分挖空，或在哪些部分不再添加“积木块”。根据我们对META^{X}数据库和其他研究的调查，得出表5.2所示的初步结论（附带风险提示）：

表5.2　根据对META^{X}数据库和其他研究的调查得到的初步结论

精益教育初步结论	风险提示
• 缩短“新教师职前培训”项目时间，并降低其强度，可能并不会对学生成绩造成严重影响。 • 针对教师培训的短期项目的内容应侧重于教学内容知识，且应在教师日常工作中开展。	• 可能会导致教师职业地位的下降，以及高质量申请人的申请兴趣的降低。 • 可能导致高校教育学院的大幅减少。因此，实施者需认真论证如何将高校的精力和专业知识重新投入更适合一线教师的在职专业发展以及以学校为基础的行动伙伴关系发展上。
• 教师在其所授课程领域中不一定需要拥有深厚的学科专业知识，也并非一定要获得研究生学历。相反，教师的教学知识储备更为重要——而且这些知识可以在工作中通过学习获得。	• 可能导致学生对高等教育的需求显著减少，因为对于无法在工业领域获得就业机会的人而言，教学将不再是一条稳妥的备选就业方向。 • 在新教师入职几年后，教育系统可能需要以更大的力度关心并支持教师发展更深层次的学科知识。 • 该措施对于高中学校/课程来说不太可行，因为高中教师仍需依靠更高级的学科知识才能有效发挥他们教师的作用。

续表

精益教育初步结论	风险提示
• 心理测量工具、工作记忆、智商测试等措施可能是既实惠又有效的工具，可将其用于初步筛选适合教师职业的候选人。	• 教师候选人可能会在测试中使用不正当手段来（成功地）蒙混过关。 • 在一些国家和地区，通过智商测试选择候选人不合法规——主要是因为曾有人滥用过智商测试。虽然有数据表明，在某些非教育行业，智商和工作表现之间存在相关性，但在教育行业内部，目前能够证明二者存在关联性的数据很少。 • 教师的“最佳”性格特征可能会因各国文化不同而存在显著差异。例如，META^{X}数据库中的大部分数据来自西方世界，因而更强调个人主义、权力距离关系较低、在人格建构效度方面存在跨文化差异。
• 针对在职教师的综合专业发展项目有可能显著提高教师的绩效和学生的学习成果。该项目将间隔学习、理论展示、示范操作、实践、辅导、同伴合作通过专业的学习社区相结合。	• 实施这类专业发展项目比举办（无效的）研讨会和会议花销更大，而且需要更长的时间来扩大规模。然而，新教师职前培训节省下来的预算有可能重新用于在职教师的专业发展上。

鉴于存在上述风险，我们建议在大规模系统地实施这些措施之前先进行小范围试点，并仔细评估其效果。因为一旦大规模施行这些举措，就很难逆转。实行高质量在职教师专业发展项目是一个极好的“积木块”，因为该项目能发挥出高效教学方法的真正力量，我们将在第八章中对其进行讨论。

第六章 结构性改进学校系统

在第五章中，我们探讨了教师在儿童学习生活中的关键作用，提出了一些推行精益教育的初步建议，这些建议包括如何更有效地筛选教师，并更高效地培训他们，以低成本取得高收益。

然而与罗马或中世纪时期不同的是，当代教师不是被贵族家庭单独雇用来为继承人们提供一对一教学。相反，政府选择筹集资金来大规模招聘教师，并将他们安排到由国家（地区）修建并运营的学校中。这需要教育部门指定资源或结构性决策，包括分配多少资金，教学楼的规模、设计和选址，班级规模的大小，上学日和学年的时长，学业不合格的学生是否应该留级。这些结构性决策中的每一项都代表了经济成本与学生入学和学习预期回报之间的权衡。

概述

教师的工作离不开学校体系。在本章中，我们假定学校体系本身可以具有可行性，但也包含某些不可行性。我们将挖掘META^{X}数据库对精益教育的影响以及有关学校体系这一因素更广泛的数据。我们将尤其关注如何辨别那些应当掏空、移除或不再添加的“积木块”，以此证明这些学校体系被过度设计并且对改善学生学习的影响有限。

与上一章相同，我们首先会概述一个可能的改进理论，然后根据META^{X}数据库探究这个理论的可行性。不过需要指出的是，这个改进理论中的前两个假设已经无须探讨，因为我们已经在第五章中讨论过并且发现它们在很大程度上是正确的。

改进理论

假设：

1. 学生的学业成功不仅受到个人特征和社会经济地位的影响，还受到一系列更广泛因素的影响。

2. 学生所接受的教学质量对提高他们的学习成绩有重大影响。

3. 类似增加每名学生的资助资金、教学楼数量、降低师生比例这样对结构性特征投入的增加将提高教学和学习的质量，因为每位教师的教学影响会被所在的教育体系所放大。

因此，如果增加以下结构性**投资**：

1. 每名学生的资助资金；

2. 质量更好的教学楼；

3. 规模更小的学校；

4. 规模更小的班级；

5. 同龄班级；

6. 更长的学年和上学日；

7. 允许学业不合格的学生留级重读。

这项投资的**回报**将会是：

1. 提高教学质量。

2. 提高学生学习成绩。

在表6.1中，我们展示了来自可见的学习$META^{X}$的相关数据。与第五章一致，表6.1中关键的一列是最右侧展示的“总效应值”。你可能还记得之前我们讨论过效应值是一种统计度量，在所有$META^{X}$数据中平均效应值为d=0.40。因此这意味着，任何低于此值的数据都“低于平均水平”。

表6.1　结构性改进

影响变量	元分析数量	研究数量	效应数量	总效应值(d)
学校财政	6	228	1048	**0.21**
教学楼质量	1	594	594	**0.24**
学校规模	1	21	120	**0.43**
单一性别学校	1	184	114	**0.08**
整合/合并学校	1	12	12	**0.00**
开放式课堂/传统课堂	4	315	333	**0.01**
混级教室/混龄教室	3	94	72	**0.04**
跟踪教学/分层教学	13	459	1328	**0.12**
取消跟踪教学	1	15	22	**0.09**
留级	9	255	3127	**-0.32**
缩小班级规模	8	176	1158	**0.15**
暑假长度	2	78	711	**-0.01**
调整校历/课程表	3	124	1318	**0.10**
面向弱势学生的暑期班	4	127	626	**0.19**
共计	**57**	**2682**	**10583**	**N/A**

META^{X}数据解读

同样，我们面临的主要挑战仍然是META^{X}中的数据不完全支持本章开头概述的改进理论中的所有假设。但这正好为我们提供了机会，因为这些假设都需要插入更多的“积木块”（即注入更多资金），而没有提供进行精益改进的机会。在下面的小节中，我们将分析每个关键领域的研究及其包含的精益可能。

学校财政

我们已经在第二章中讨论过财政资源的影响。然而，这些META^{X}数据库系统报告中的数据提供了一个更深入探究的窗口。从涉及227万参与者的228项研究得出的6项元分析中可以发现，学校财政因素的总效应值为d=0.21。这个数据是正向数据，但远低于我们建议的d=0.40的临界值。

我们需要在一开始就指出，所有这些研究都是在美国进行的。我们需要**极其谨慎**地把在高收入地区（即那些已经有充足的资金，而且还能得到更多资金的地区）中得到的结论类推到低收入或中等收入地区。这些研究还明确指出，学校/教育体系需要资金来雇用教师，支付基础设施、教学资源和教师专业发展等费用。但是，资金投入有一个“最佳上限”，超过这个上限，每增加一美元的投资反而会受到收益递减规律的影响。

学校/教育体系所需的核心投资大部分都用于支付教师的工资和养老金，确保教师的工资能有效吸引人才加入教师行业，满足他们的全部生活开销，让他们不必再另做家教、出租车司机、导游等兼职，或是兼顾务农、捕鱼。工资数目取决于每个国家（地区）的劳动力市场经济状况。然而，仅凭大幅提高教师工资是不可能提升教学效果的。印度尼西亚最近的一项研究试验性地将教师的工资永久性地提高了一倍，结果学生的学习成绩完全没有任何改善。在许多低收入地区，几乎没有证据表明，相对于当地的工资标准而言，教师得到了偏低的工资（只要他们的工资是定期支付的）。例如，埃文斯（Evans）等人在对15个非洲国家的教师工资进行研究时发现，教师的年薪已经高于具有相应经验和资历的其他行业的工人。这一数字的范围从刚果民主共和国的人均GDP的1.5倍到赞比亚的人均GDP的5.1倍不等。

除了教师工资这一大笔运营支出之外，第二大预算往往与基础设施有关：学校的修建和维护费用，以及与维持学校运作的相关费用的支出。然而，正如我们在下一小节中将要讨论的，这并不需要花费大量资金。在这两个关键领域之外增加支出，则会导致收益不断递减。

在第二章中，我们展示了2018年国际学生评估计划（PISA）中每名学生的累计支出与全国平均成绩的交叉分析数据。的确，处于资金充足和资金匮乏的教育体系中的学生成绩之间存在差异。然而，在各国（地区）投入超过一定限额的资金后，就算投入继续增加，学生的成绩也不会有太大提升。正如第二章讨论过的那样，维加斯和科芬以购买力平价为计算标准，标出的资金投入临界值暂定为每个学生年均支出8000美元（包括低、中、高收入国家和地区）。

不可否认，这个“临界值”的金额仍然远远超出低收入国家（地区）的承受能力，特别是那些由于教学楼和教师短缺而难以普及教育的国家（地区）。这些国家（地区）的教育体系确实需要更多资金。但是，当我们调查在满足教学设施和教师基本投资的学生人均教育经费投入最低的四分之一的国家（地区）时，发现这些国家（地区）的学生成绩存在巨大差异。例如，中低收入国家印度尼西亚和乌克兰的学生人均教育投资水平相似，但在PISA中学生的成绩却相差近100分。而且这并不是调查数据中唯一的反常现象，其他的例子还有许多。学生人均教育投资水平基本相同的国家（地区）的学生学习成绩相差极大，比如在PISA中，中高收入国家马来西亚和高收入国家爱沙尼亚的学生平均分数相差108分。我们也注意到，世界银行也未能确定增加教育投资和提高学生成绩之间的明确因果关系。最近的计量经济学研究表明，教育支出每增加10%，学生的学习成绩只有0.8%的小幅增长。埃里克·哈努舍克也对投资增加与学生学习成绩提高的影响持高度怀疑态度。

那么，我们应该如何解读这些调查结果呢？在中等收入和高收入国家（地区）已经解决了教育普及的难题的情况下，当他们的教育系统管理者和教育工作者用资金短缺来解释学生的成绩不佳，当他们说“只要我们有钱，情况就会好转”时，我们的第一反应应该是非常怀疑，因为他们的注意力很有可能集中在了错误的因素上。不过，当低收入国家（地区）说它们确实没有足够的资金来支付教师工资，并且我们假设聘用的所有教师都是真实需要的且都发挥了最大作用时，那么资金显然会产生作用。而且，正如我们在第二章和第五章中所指出的，虽然只有一小部分资金被用于教师专业发展中，并且有证据表明这种培训的效果存在很大差异，但进一步投资于在职教师的专业能力提升有着充分的理由。

教学楼

与学校财务因素类似，教育体系目前仍然需要新的教学楼，因为这些建筑对教学和学习起着关键的支撑作用。我们在第三章的系统评估中达成的为数不多的共识之一是，对于正在努力解决儿童入学难题的低收入国家（地区）而言，离儿童居住地较近的校舍和帮助他们能够去到更远地方的自行车是提高入学率的重要催化剂。还有证据表明，提供饮水、公共卫生和个人卫生设施是促进儿童入学以及父母和社区更广泛参与的一个拉动因素。但关键问题是，一旦这些基本条件得到满足，我们是否需要“建筑的美感”，还是只需要一个有墙、可供水电的房子？

基于教学楼设计的META^{X}数据仍不太完备。我们找到了一项直接探讨教学楼和学习成绩之间关系的单一元分析研究，它汇总了594个高收入国家（地区）的研究数据，产生的效应值为d=0.24。同样，这项数据虽然是正向的，但远远低于d=0.40的临界值。

总的来说，研究表明我们需要确保学校建筑不仅有适当水平的遮蔽、供暖、制冷、照明和隔音功能，而且需要保证学校是安全且有保障的。毫无疑问，学生在极热、极冷、嘈杂或黑暗的环境中的学习效果并不好。该研究还强调了拥有干净、安全、正常运行的厕所，以及食物制备和用餐的卫生设施的重要性。然而，除此之外，每增加一美元支出所产生的额外价值回报极其有限。

我们在太平洋地区的调查中了解到，一些捐助者投资的创新模块化教室已经被运送到岛上并由当地工匠组装完成。这些光鲜亮丽的新学校可以成为当地社区的一大骄傲，也可以推动当地建筑行业的发展。但是，它们也可能导致过度拥挤和超额入学，因为家长们都争先恐后地给他们的孩子在新学校报名入学。当我们回顾像基里巴斯这样的微型国家的评估数据时，我们发现在这些现代模块化学校上学的孩子与那些在传统学校上学的孩子的学习成绩没有显著差异。但我们发现，教育部可能需要承担这些进口基础设施的额外维护费用，并且他们可能很难为这些基础设施编制预算。

上述研究还表明：

• 虽然**更小规模的学校**可以提供像家一样感觉的文化氛围，有助于边缘学生提高学习成绩[1]，但较大规模的学校可以通过以下两种方法达到类似效果——实施“教学家庭”之类的方案，将学生和教职员工组成一个微型教学单元，建立家庭式纽带；或者通过实施基于关系的学习方法来实现。

• 学校是**单一性别学校**还是**男女混合学校**或许并不重要。混合性别的学校也可能更具经济效益，例如，在农村地区，一所同时为男孩和女孩提供教育的学校比为同样数量学生提供教育的两所单性别学校所需支出更少。如果因当地的社会文化原因导致男女学生须强制隔离，那么这种隔离通常可以在一个拥有不同入口和明确划分区域的场所实现。

• **学校整合或合并**对学生成绩可能没有长期的负面影响。这一推论来自一项对12项研究的单一元分析。我们怀疑面临升学考试的学生和那些住得离新学校很远的学生的学习有可能会受到负面影响。他们上学途中花费的时间和成本的增加可能会增加他们学习上的困难，并减少学习时间和课程参与度。

• 研究发现，**通过开设多班制/轮班制教学来更有效地利用教学楼**，并不会降低学生成绩（或者只有轻微的负面影响）。这些研究试验了在同一校园开办两所甚至三所学校，在上午、下午和晚上分别安排不同的教师和学生轮换开展教学活动，以及/或将这些轮班制学校的上课时间

[1] 我们也注意到一个矛盾的现象：较小的学校规模似乎比较小的班级规模产生的影响更大。然而，由于关于学校规模的元分析只有一个，而关于班级规模的元分析有八个，所以我们对与班级规模相关的发现更有信心。——作者注

错开安排。虽然此结论仍在寻求相关证据基础，其数据点也在向不同的方向靠拢，但如果每节课由不同的教师授课，轮班制学校就是一种对基础设施的使用更具有成本效益的方式，而且其学生学习成绩的差异也很小。例如，在旁遮普，当地政府仅仅通过利用现有的学校基础设施和引入夜校制度，大约节省了160亿卢比。这使得学校能够为额外10万名在之前失学的儿童提供教育。

诚然，两班或者三班制学校对课外活动是有负面影响的，这些活动往往不得不缩短时长或减少内容，为下一班次将要到达的教师和学生腾出空间。然而，对那些两班或三班制模式但正在考虑转向单班制模式的教育体系来说，精益教育理念传达的信息是：除非拥有大量资金，否则不要变动现有的模式。建造和维护更多教学楼的花费对提高学生的成绩收效甚微，除非孩子们当前要走很远的路去上学，而新学校将建在离他们的家更近的地方。

META^{X}数据库并没有告诉我们，如果学校没有专门的教学楼，而是使用按小时或按天租用的教室，学生成绩的情况将会如何。在供暖、照明、音响及安全都得当的情况下，我们没有任何理由认为这两种情况比在专门的教学楼里办学效果差。我们了解到南亚的一些校方［比如孟加拉国乡村发展委员会（BRAC）］选择租用单独的教室，而不是承担建造完整学校的费用，他们甚至为难以到达学校的地方安排了校车。

这些研究也没有告诉我们完全没有教室或是像在没下雨的时候在村子里的一棵大树下学习的数据情况。我们猜测的最佳情况是仍可以出现高质量的教学和学习。但是，苍蝇在孩子们的头上嗡嗡作响，偶尔还会有动物叫声甚至村民的喊叫，我们预计这种情况下学生的成绩会大大降低。

课堂结构

META^{X}数据还强调了与学校内精益课堂如何配置的几个方面。

● 开放式课堂和传统课堂

这项研究探讨了开放式的学习环境是否比传统的封闭式教室效果更好。为评估这两种学习环境所进行的315项研究和4项元分析显示，无论哪种学习环境，标准化评估中学生的成绩没有显著差异。如果你可以在一个开放的空间内学习，那么你在一个传统的封闭式教室内也可以学习。就学生成绩而言，学习空间是否封闭远不及教师和学生在他们所在的任何空间里为学习所做的事情重要。但事实上，这项研究似乎略微倾向于开放空间更能提高学生成绩。

空间越灵活、越开放，就越有可能让更多的教师在一个房间里互相交流、分享经验、取长补短，并让更多的学生进行互助学习。但这需要高度的通力合作，以及教师共同的高水平规划，这也许不是最佳的开始，但它可以有力地跟进新教师的快速成长。从精益教育的角度来看，建造可以灵活使用的大型谷仓/飞机库类型的空间，可能比建造那些空间使用选择相当少的围墙教室要划算得多。正如在这些更开放的创新空间中经常发生的那样，它迫使教师协同工作；它提供了以多种方式而不一定只是按年龄将学生分组的机会；它要求教给学生自我调节的技能，让学生在独自、与他人合作以及在无教师直接参与的多种情境下都能高效学习，所有这些都值得一试。

● 混级课堂/混龄课堂

在高收入国家（地区），大多数教育体系通过年级制或学年制按年龄区分学生。我们认为许多发展中国家（地区）试图或者已经效仿了这种教学模式。然而，META^{X}数据库中关于混级/混龄课堂的数据强有力地证明了，按年龄划分学生的好处是有限的。仅有的好处在于，年龄相差为两到三年的孩子在一起学习时学习效果似乎略好一些。个中原因可能与我们在第五章中讨论的教师是否需要有教授科目的专业知识证书类似。

认为所有同龄学生的学习、发展和理解水平都完全相同是毫无逻辑的。无论学生是年长、年幼还是年龄与其他学生相仿，水平更高的学生即使最近才掌握了一个主题或课程领域，他们仍然可以记住他们遇到的陷阱和困难，并据此指导学习能力水平没那么高的同学。关于**同伴辅导**的研究还表明，同伴辅导对更高水平的学习者有着强有力的正向反馈作用，他们对相关内容的理解通过辅导同伴得到了加强和深化（具体可参见第八章中有关辅导者和被辅导者双向受益的效应值数据。在这种情况下，此数据明显高于d=0.40临界值）。

● 分层教育

分层教育（或跟踪教学/按能力分组教学）是一种在全校范围内使用的教学方法，将学生按照已获得的学习成绩分为不同的小组或者班级。这是一种在低收入和中等收入国家（地区）常见的中学教育组织结构方法。分层教育之所以得到支持是因为，对于能力略有不足的教师而言，其教学压力会相对较小，因为他们只需授课，而不需要区别课堂上来自不同能力学生的不同学习需求。

正如所预料的那样，反对分层教育的理由是它导致了标签化和自证预言，阻碍划入慢班的学生在成年后向上的社会流动性，并导致他们的童年阴影。$META^X$数据库中包含的13个关于实施分层教育的元分析的总效应值为d=0.12。另外一个关于取消分层教育的元分析数据的效应值为d=0.09。对此，我们的初步解释是实施或取消分层教育的正向影响都非常低。

分层教育的一个严重的缺点是对学生成绩设定了期望值，如果有学生热衷深度学习，而他们往往不能（或是说不被允许）继续更深层次的学习。因此，分层教育可能会浪费许多人才。慢班中家庭资源匮乏的学生往往更多，分层教育将使这些学生再次处于不平等地位，而这种不平等的现象理应由学校来解决。因此，如果可以选择的话，无论教师有多么喜欢小班教学，都不应采取分层教育。

我们还注意到在实施分层教育的许多情况下，快班的孩子往往能分配到更优秀的教师和更好的资源。其实，也许应该反其道而行之——将王牌教师、额外的一对一辅导和最好的设备分配给慢班的孩子，而将更多的新手教师分配给学习成绩最好的那些学生。这样才能真正促进公平、提高成绩。

● 留级

META[X]数据库中关于留级和学生在学率的研究结果更为清晰。来自美国共计255项研究的9项元分析探讨了让表现不佳的学生留级的影响。所谓的“进步论”是指如果学生一开始不成功，就留级一次、再留级一次，然后就会成功了。然而，“学年重修”这一变量的总效应值为d=-0.34，表明对学生有负面影响。虽然这些元分析的数据之间存在一些差异，比如最低数据为d=-0.66，最高数据为d=0.04，但9个数据中有8个是负值。同时，数据表明在低收入环境中，贫困儿童更有可能留级，也更有可能因为留级而随后辍学，这极大打击了他们的自信心。留级带来的一个显而易见的潜在后果就是过度拥挤的教室和同班学生之间混乱的年龄，这可以说是“反精益教育”的。

然而，我们也注意到另一种社会上升机制的失败性，那就是即使孩子们**没有学习或未掌握**当前年级的课程，也会自动升入下一个年级。它假设所有7岁的孩子都按照7岁应有的课程水平学习，以此类推。这显然是无稽之谈。一个有价值的替代方案应该是基于知识的复杂程度而不是年龄来构建课程，并评估每个学生所处的位置、他们如何进步，以及他们最终要达到什么水平。人们很快就会明白，学生的学习水平与年龄有关，但不完全等同。公开课、混龄分组和同伴辅导更有可能提升学生的学习水平，不论他们的年龄大小。这样就不会造成因为留级使得这些孩子（留级的学生中男生比例高于女生）落后于同龄人的恶劣影响。实际上，加纳、印度和赞比亚的研究非常有前景，在这些国家，儿童在一天的部分时间里不按年龄而按照学习水平分组，比如他们现在了解什么、能做什么，或者遵循个性化的课程活动表，他们按照自己的节奏学习。

我们将在第八章再来讨论这个问题。

关于**开放学校、混龄混级教学、分学习水平而非分年级教学**的研究具有精益教育的意义。这表明利用开放空间设计、混合年龄组的学生一起学习，以及让其他学生充当“助理教师”来减少教师人数，都有可能降低学校建设成本。多数教师都会承认，当他们被要求教一些他们尚不了解的东西时，比坐在房间里听别人讲这些东西要学到得更多。学生也是如此，邀请和教他们充当“教师”对这些学生有显著的积极作用，当他们把知识教给其他人时，效果就会成倍增加。终身学习意味着我们让学生掌握一种当他们不知道该做什么的时候，仍然能够做些什么的技能，这就好比请他们在学校里学习如何成为自己和他人的教师。

当然，许多低收入国家（地区）的教育系统已经开始利用同伴辅导了，但他们可能倾向于认为这是他们教育模式中的一个缺陷，应该拨出预算来停止这种做法。然而，精益教育是想传达这样的信息，即让学生成为教师是一种奇妙的优势，而不是一种缺点。

● 班级规模是否重要

一个有争议的并行问题是，如果我们想实现精益教育，那么能不能在不影响学生学习成果的情况下**增加班级规模**？$META^{X}$的数据并没有直接解决这个问题，尽管它们确实探讨了减小班级规模对学生学习成果的影响。涉及近150万名学生的176项研究的8项元分析报告显示总效应值为d=0.15。这个数据表明缩小班级规模对学生成绩的影响是正向的，但考虑到实施缩小班级规模产生的用于教室建造和教师雇用的大量额外费用，这种正向影响仍需考虑。然而，这些数据主要告诉我们将班级人数从30人减少到15至25人的影响，却几乎没有告诉我们从更多的人数缩小班级规模的影响。

然而，从中国内地和香港地区我们了解到，当班级规模从60人减少到30人时，学生的学习成绩只有微小的改善。然而，就对撒哈拉以南非洲地区造成的影响而言，科恩（Conn）对此的系统综述也表明，当班级人数从平均82人减少到44人时，学生学习成绩的改善也非常有限。

最大的问题在于，在班级规模缩小后，我们为什么没有看到学生学习成绩的显著提高？在这些数据中出现了一个共同的主题——不管班级规模大小，教师们通常都以同样的方式进行授课，所以成效甚微也就不足为奇了。事实上，教师在转向小班教学时，往往会做更多他们在大班教学做的事情——所讲的内容和问的问题多是基于课程内容，要求学生的回答不超过3个词，并过度强调答案。对此，我们认为，让教师在更大的班级中有效教学能更好地利用资源，而不应该为降低师生比例投入巨资雇用更多的教师并建设更多的教室，却没有好的结果。

不过，我们倾向于建议在主动**增大班级规模**时采取**极其保守**的态度。除非财政极度紧张，否则可能没有什么理由支持随意增大班级规模。低收入和中等收入国家（地区）要想取得教育上的重大进展，也不应从缩小班级规模开始，高收入国家（地区）同样如此。通过合理的空间利用、适当的课程安排和教学材料以及教师的专业发展，在规模明显扩大的班级中提供优质教育也许是可行的。同时，如果像我们上文讨论的那样，学生被当作“助教”，那就更可行了。但是在教育系统的官员同意移除这个特别的“积木块”之前，这些措施都需要仔细研究、谨慎试点。一个争议更少、更明智的方法是，分析如何在现有班级规模的基础上提高学生的成绩。

学校教育时间

在高收入国家（地区），常见的教育模式是每天为学生提供4—6小时的学习，每年170—220天，平均为每位学生提供12年的教育。从精益教育角度来看，一个显而易见的问题是，这种教育模式是否会过犹不及。例如，如果我们不对读写能力、算术能力和“人力资本发展”产生任何显著影响的同时，将学校教育时间减少到每天3小时、每年100天、平均8年，会有怎样的结果？这将使教育系统能够减少教师人数，或缩小班级规模，即减少班次但会有更高的参与度，以及/或让教师有更多时间进行协作式专业发展，从而增加与学生交流时产生的影响。

META[x]在这一点上提供了一些不太相关的数据。数据显示，在学校长假期间，学生对于学习内容的保留率效应值较低(d=-0.01)，而显著增加的上学日/学年长度会导致学生成绩提高（总效应值d=0.10）。乍一看，这似乎支持延长上学时长，但暑假期间学习记忆的下降值十分微小，大幅延长上学时长获得的成效也同样如此。不过，在贫困地区的127个暑期补习项目研究中的4项元分析产生了d=0.19的综合效应值，表明这对于来自贫困地区的学生似乎成效更大。

从更广泛的文献中，可以得出的一些结论包括：

• 区分在校时间和有成效的学习时间的重要性。事实上，学校和教育系统的领导者应该在考虑增加每天的上课时间之前，最大限度地利用现有的在校时间来增加高效学习时间的比例。

• 拉维（Lavy）研究了教学时间和2006年国际学生评估项目（PISA）排名之间的关系。虽然他发现延长上学时长与PISA成绩之间存在正相关关系，但这种关系并不完全一致，取决于是否存在一系列基于学校的其他因素。例如，对学生进行分层教育的学校，在延长上学时长和学年的情况下，学生成绩的提高是有限的。

• 纵向研究不仅着眼于学生在考试中的即时成绩，还着眼于长期的经济影响和成年后的继续学习。这些研究表明，增加在校天数和学年时长（在非统计学意义上）对上述几个方面影响不大。

• 不过，帕塔（Patall）等人确实发现，延长上课时间有益于学业不佳的边缘学生。尽管如此我们认为，可以把重心放在由教师指导的高效学习时间，也可以放在能起到相同效果的学生俱乐部和校内的课外活动，这些能让孩子们参与有趣的活动而不让教师感到过于疲惫。因此，学生每天会有几小时的结构化高效学习时间，其余时间让学生自行安排或进行联合课程项目。彼得·格雷（Peter Gray）对萨德伯里谷学校模式（Sudbury Valley School Model）进行了细致研究，提供了一些关于如何实施这一模式的好建议：让自主选择的混合年龄学生小组先自行开展兴趣项目，在遇到困难时再寻求教师的帮助。

最新的国际学生评估项目（PISA）也对每个学科领域的官方学时和学生在国际评估中的表现之间的关系进行了交叉分析，结果指向了一个“驼峰型”的关联曲线。粗略地说，更多的教学时长能够提高学生的成绩。当课程的教学时数从每周1小时增加到2到3小时，学生学习成绩有所提高。然而，额外教学的影响在每周3至4小时之间趋于平稳，然后从5小时及更长时间处开始下降。

布莱恩·卡普兰（Bryan Caplan）在一项颇具争议的研究中也提供了一些思考。在研究过美国学生成年后仍然能记得并使用的学校知识的情况后，他得出结论，只有读写能力和计算能力在工作和生活中具有普遍价值，而这些技能在完成小学教育，即11岁或12岁时就可以达到不错的水平。除此之外，他认为许多学校教育和课程内容实际上是“废话”，不会带来额外的附加值或是人力资本发展，因为这些内容基本上与学术无关。如果我们认同卡普兰的逻辑，那么低收入和中等收入国家（地区）推动普及中等教育并将学制延长至12年的做法便不能高效有力地利用资源。事实上，卡普兰的论点指出，即使高收入国家（地区）也需要缩减其过度设计的学校体系。

撇开争议不谈，许多关于教育时长研究的重要主题都是：教学时间的长短不如如何利用这些时间重要。因此，从精益教育的角度来看，我们需要坚持不懈地关注如何在不增加在校时间的情况下增加高效的学习时间。

总结

教师的工作离不开教育体系。在本章中，我们探讨了一些可能对学习成果产生潜在影响的教育体系中的关键因素，包括教育经费水平，教学楼大小、外形和选址，班级年龄组别，学生分层教育，留级，班级规模，上学日和学年时长。

在精益的视角下，我们从META[X]数据库和更广泛的研究中得出了一系列精益教育的初步结论，并给出了相应的风险提示（详见下表）。但最重要的是，我们建议你开始的时候慢一点，小心行事，以免把整个“积木塔楼”弄塌。

精益教育初步结论	风险提示
• 金钱的作用有限：教育系统和学校领导者不应认为增加财政资源是提高学生学习成果的关键驱动因素。真正的关键是教师的集体效能，以及他们对持续评估对学生影响的承诺。尽管进行专业发展也需要花费时间和资源，但资金用到这里比用在提升其他方面更好。	• 改变这种看法并不容易，需要持之以恒的毅力。不妨将与家长和学生的有效沟通模式应用于教师，使他们充分了解教师信念对学生学习成绩的影响。 注意，需定期支付教师应得的公平的工资，以便他们有足够的经济资源好完全专注于他们的教师角色。
• 只有在学校的地理位置距离现有师生太远，而且更经济的选择（如租用教室）不可行的情况下，才应考虑新建学校。 • 如果需要新建学校，可以考虑采用更有效的设计，比如开放空间的“谷仓型”学校。在这种设计中，混龄混级学生以及高师生比例可以提供更具成本效益的学校教育，并可能通过同伴辅导机会促进提高学生的学习成绩。 • 只有在有明确证据表明学校现有基础设施内的供暖、照明、隔音、居住和卫生条件对学习成绩不利的情况下，才应考虑对学校建筑进行升级改造。	• 可能还有其他非教育原因可对学校基础设施升级进行投资。例如，经济刺激或在经济低迷时期释放的财政倍增效应。 • 要确保精益教育不成为中庸教育，要进行非常谨慎的试点和广泛的评估。 • 师生可能很难接受学校基础设施的外观不会影响教育质量这一观点。

续表

精益教育初步结论	风险提示
• 实施或维持两班制甚至三班制的学校可以最大限度地利用现有的基础设施，而且对学生的学习成果不会产生什么负面影响。	• 需要向所有的教师、学生及学生家长提供大量信息，让他们了解到更集中地使用教学楼总体上是一种具有正向影响的混合式教学。 • 尽管证据不一，但安排低年级学生在上午上课，高年级学生在下午和晚上上课可能更好。 • 设施的集中使用导致很难开展校内课外活动，因为下一个班次的学生也许已经到了。
• 缩小班级规模是一种昂贵的干预措施，且几乎不能显著地提高学习成绩。最好在你穷尽了所有其他提高学习质量的方法之后，再考虑这个方法。并为教师提供全面的专业化发展，让他们知道如何有效进行小班教学。	• 教师专业化发展本身更有可能提高学生的学习成绩。要优先考虑这种方式，而不是投入更多经费去雇用更多的教师和建造更多的教室。
• 减少学习时间、学习周数和/或学年时长对长期人力资本建设也许没有（或仅有有限的）负面影响。 • 减少课时可以赋予教师更多的时间进行专业化发展以及/或使学校能够培养更多的学生。	• 减少课时是有限度的，一旦低于这个限度，就可能造成极其有害的影响。合理的经验之谈就是每周为每门核心科目分配至少3至4小时的基本课时（但要考虑学生的年龄和其他当地相关的背景变量，在不同情况下谨慎试点）。 • 即使学生没有学习，延长在校时间也会带来除学业方面以外的好处，例如降低犯罪率、减少早婚和少女怀孕现象。要确保这些好处不会丢失。 • 要让家长们相信较少投入也能获得相同（有时甚至更好的）结果是极具挑战性的。
• 留级增加了教育成本，又未能提高完成率。不要让孩子留级！	• 自动升到下一年级对那些落后的孩子也存在内在的失败机制——除非他们有机会获得额外的有针对性的帮助。
• 以学习水平而非年级为基础的分班可以灵活有效地利用空间和上课时间，使不同年龄的孩子能够一起学习、互相辅导，消除留级和分层教学的影响。	• 要避免生搬硬套的“拿来主义”。我们的确应该从其他系统中汲取灵感，但要因地制宜、从当地环境出发。从小处开始，试点、完善，然后发展。起源于哥伦比亚的“新学校教育模式”（Escuela Nueva）被认为是这种方法的典范之一。

第七章 改进教师问责制和激励机制

一旦一个教育体系拥有了充足的师资和教学楼，下一个挑战就是激励每一位教育工作者做到最好，并让他们不断努力、争取做得更好。从对精英教师表现的研究中我们得知，想要在国际象棋、小提琴演奏和田径等不同领域中达到世界级的水准，那么平均需要1万小时或10年刻意和刻苦的练习。

这种刻意的练习与自动地、反射性地、毫不费力地执行已经掌握的技能非常不同。它包括对你之前的表现进行仔细的、批判的、持续的自我审查，从而确定需要优先改进的领域。它要求你一遍又一遍地实施并仔细评估自己制订的改进方案。但是，在整个职业生涯中坚持这样做在认知上是很吃力的，需要极强的个人自律性、坚决完成任务的决心，以及对自我完善的持续信心。这可能就是为什么国际象棋大师和奥运会参赛者如此之少的原因。

从对教师专业知识的平行研究中我们得知，许多教育工作者只是在他们工作的最初3年内进行了刻苦努力的实践，在那之后，他们通常会进入“发展停滞期”，因为他们已经学会了足够的技巧来应付工作。因此，如何保持教师的积极性并让他们不断进行刻意的个人提升至关重要。从更基本的层面来说，我们应当如何激励他们每天去上班、走进教室，并对学生的学习生活产生真正的兴趣？

概述

许多行业都试图通过一系列的激励机制来提高员工的生产力，这些激励机制对不良行为挥舞“大棒”，用“胡萝卜”来奖励或激励积极行为。本章将对在教育领域中用来释放教师天性中更好的一面的各种驱动因素进行探讨。从精益教育的角度来看，我们显然对那些能够产生最佳效果的方法最感兴趣。我们将对一个潜在的改进理论进行测试，其内容如下：

改进理论

假设：

1. 学生的学业成功不仅受到个人特征和社会经济地位的影响，还受到一系列更广泛因素的影响。

2. 学生所接受的教学质量对提高他们的学习成绩有重大影响。

3. 并非所有的教师都有同样的动力去改善和扩大他们对学生的影响：一些教师处于平稳状态或停滞不前，另一些教师则是懒散的或是“不敬业的”。

4. 剔除“不敬业的教师”很难，所以我们需要恩威并施来使他们回到正轨，同时也要激励之前的懒散教师。

因此，如果增加以下**投资**：

1. 提高**学校领导技巧**，提升教学与学习质量。

2. 利用**教师绩效工资**——提供“胡萝卜”，激励教师改善其表现。

3. 使用**外部问责驱动机制**，例如，关于学校领导力和教学的国家标准、全国学生考试、学校排名表、国家（地区）级学校监察机构——这些都提供了问责的“大棒”。

4. 利用**公私合营**将公司化思维引入教育，包括市场效率、竞争和选择等。

这项投资的**回报**将会是：

1. 提高教学质量。

2. 提高学生学习成绩。

在第五章中，我们回顾了上述改进理论中假设1和假设2的依据，得出的结论是，研究结果大体上是支持性的，接下来会谈论假设3。总的来说，在高收入国家（地区）的背景下，大多数教师每天都会到校上课。在校期间，他们一般都会承担学校领导分配给他们的教学任务。我们不知道有多少教师来学校时不想或不打算做好自己的工作，但的确有教师没有投入应做的工作中去，即那些对学生的学习生活产生深远影响的工作。

因此，在高收入国家（地区）的背景下考虑问责制驱动因素时，我们通常是为了改善懒散教师的表现。这些教师失去了工作的动力，上班只是在走过场，而且他们已经不再系统地评估自己对学生的影响。由这样的教师教导的孩子仍然在学习知识，只是他们的成长可能会远不及由更积极地参与自我和同行评估以及协作式改进的教师教导的学生。在美国、英国和新西兰等国，政府也在努力解决教师流失率高的问题。超过50%的教师到工作的第5年就离开了教师行业，所以学校似乎在无休止地要求招聘和培训新教师。除了教师的工作压力和工作量之外，教师流失的另一个原因也许是一些教师已经失去了对自己职业的兴趣和热情。他们已经失去了自身的“魔法”，产生了职业倦怠。

然而，在一些低收入和中等收入的国家或地区，面临的挑战要更大。教育体系领导者往往面临以下四个“瓶颈”：

瓶颈1：教师和校长或许根本不去学校。在撒哈拉沙漠以南非洲地区，每天都有大约五分之一的教师缺勤。印度的全国教师平均缺勤率与之大致相当，但印度表现最差地区的缺勤率高达50%。据估计，这种情况使印度政府每年在教师缺勤的日子里白白支付15亿美元的教师工资。我们从团队的一手调查中得知，太平洋地区的许多教育系统都存在类似的问题。

瓶颈2：在校教师可能没有在规定的上课时间进入教室，或者只是偶尔进入教室。正如我们在第一章中强调的那样，在许多国家和地区，学校每天的“正式”上课时间与教师在课堂上的实际时长之间存在严重差异。近期数据表明，在肯尼亚、莫桑比克、乌干达和加纳，教师在教室里的时长不到其应在时长的50%，而他们可能会在上课时间坐在办公室与同事喝茶，并让学生独自完成作业或做其他的事。

瓶颈3：教师在课堂上可能不进行任何实际的教学活动！例如，他们可能故意不教学，然后向家长收取费用进行课外补习，而这些课外补习本应在学校正常上课的日子里进行。他们还会故意放慢授课速度或不教授重要内容，从而激发学生对“额外”补课的需求。

瓶颈4：教师确实在开展教学活动，但他们使用的是次优教学法，降低了学生的学习效率和学习留存率。我们将在下一章再讨论这个问题，届时我们将对高效的教学手段、教学法和课程改进方法进行探讨。

元数据

在表7.1中，我们展示了来自“可见的学习META^{X}数据库”的相关数据，这些数据涉及能够提升教师集体表现的各种“大棒”和“胡萝卜”。灰色部分的内容与教育体系、教育过程，和以资金为导向的干预措施有关；白色部分涉及释放人类本性中更好的一面的心灵动力措施和思想动力措施。

你可能还记得之前我们讨论过效应值是一种统计量度，在所有

META^{X}数据中，平均效应值为d=0.40。由此可见，任何低于此值的数值都“低于平均水平”。

表7.1　问责制和激励机制的改进

影响变量	元分析数量	研究数量	效应数量	总效应值(d)
学校领导	19	693	2100	**0.34**
教师绩效工资	1	40	40	**0.05**
问责制/校本管理	2	83	83	**0.20**
特许学校/公私合作办学	6	347	780	**0.04**
校选项目/教育券	1	22	28	**0.02**
教师集体效能	3	85	85	**1.36**
教师期望	8	674	784	**0.43**
教师不将学生进行分类	1	79	79	**0.61**
师生关系	3	351	1641	**0.48**
合计	**44**	**2374**	**5620**	**N/A**

鉴于收入的巨大的背景差异，在将从高收入背景下产生的META^{X}数据应用到低收入和中等收入背景的精益教育推论时，我们必须特别小心。但是，在本章的剩余部分，我们会谨慎地尝试完成这个任务。剧透：我们对本章开头部分的改进理论概述中提及的多项投入的回报存有怀疑。

学校领导

领导者能带来改变吗？对涉及100多万参与者的693项研究进行的19项元分析得出，其总效应值为d=0.34。这个数值与下一章提及的非常简单的教学干预措施的效应值d=0.50~1.20相比，似乎很低。然而，和之前一样，问题的关键在于细节。当我们分析这些研究时，发现数据中存在着巨大的异质性，其最低的效应值为d=−0.26，最高的效应值为d=1.12，其余17项元数据的效应值分散于此范围之间。尽管许多研究者将领导类型区分为广泛但互相重叠的两大类，但在这些研究的记录中也存在很大的异质性，我们在表7.2中对此进行了总结。

表7.2 变革型领导VS专注影响的指导型领导

类别1：变革型领导	类别2：专注影响的指导型领导
这一类的学校和教育系统的领导会制定具有挑战性的目标、愿景和道德目标，以激发教师的集体能量和热情，鼓励教师在实现上述目标的过程中协同工作；并制定明确的绩效目标，监测进展，确保遵守	这一类的领导者把精力集中在学校教室里的教学活动和学习活动上。这包括基于信任的合作性课堂观察；审查学生成绩数据；收集学生的意见；建立教师专业学习社区，以便进行集体影响评价和改进
效应值d=0.11	效应值d=0.42
有利于提高教师出勤率、遵守纪律、服从规定	有利于教师进行刻意练习，提高教学质量

变革型领导采用的方法类似于企业界使用的方法，即领导者设定“宏伟而大胆的目标”，并通过“胡萝卜加大棒”的方式激励员工采取积极行动，包括目标设定、绩效评估、奖金发放或制裁。然而，我们想要强调，d=0.11的总效应值与这种领导方法对学生在标准化评估中的成绩的影响有关。META^{X}研究并没有直接评估其对召集教师、确保他们进入教室并参与某种形式的教学活动的影响。因此，如果这是你的主要目标，那么让领导者在社区和学校里挥舞着大棒，要求并鼓励教师遵守规定，可能会奏效，特别是在下文讨论的有社区监督的条件下，奏效的可能性更大。

然而，变革型领导的挑战在于，他们倾向于把课堂上发生的事情当作一个“黑匣子”来对待，把行政程序、资源管理、监督和遵守作为优先事项，而没有深入研究教师教学法以及探究其如何升级。这意味着，学校的改进往往止步于教室门口，学校领导不愿意跨过门槛进入教师的“私人领域”，或者是教师们自己把自己堵在了教室里面。

相比之下，专注影响的指导型领导更关注在课堂“黑匣子”里的影响。我们假设学校里发生的大多数重要的事情都与学校预算、时间安排、课程标准或我们在上一章中讨论的结构性问题关系不大，而与之最有关的是教师和学生在课堂上的实时互动。这不能从远处的校长办公室受到什么影响，而是需要学校领导层深入课堂与教师合作，共同促进学生的学习。

我们的想法是，让课堂“黑匣子”消失，让每个人都专注于理解他们当前对学生学习的影响，并且不断进行实验或问卷来对其进行改进。这其中的关键要素包括建立信任文化、集体查看学生成绩数据以确定优先举措、进行教师合作（包括同行观课），以及举行持续的形成性评估以确定“下一步该怎么做”。

尽管研究中存在一些分歧，但研究结果表明，专注影响的指导型领导对改善瓶颈4的效果最佳，也就是说，关注和提高教师的课堂教学法的影响对学生的成绩有最大的回报。我们将在下一章解读那些更有影响力的教学法的具体内容。诚然，在文化上，专注影响的指导型领导是一种“西方的”领导方式，可能无法很好地应用到全球其他的环境中，但是我们注意到在马来西亚、伊朗、中国、越南和基里巴斯等不同的教育体系中都有很有前景的案例研究。

然而，有关专注影响的指导型领导的影响的研究并没有为低收入和中等收入国家（地区）提供明确的方法来克服瓶颈1～3，即促使教师出现在学校并真正踏入课堂。然而，除了变革型领导，我们将在下文讨论的以“胡萝卜加大棒”为导向的干预措施也试图采取同样的措施。

教师绩效工资（即“胡萝卜蛋糕”）

绩效工资背后的假设是，如果教师达到某个先决条件或目标，就能获得现金奖励，如此就能激励他们以更高的标准履行职责。关于现金奖励影响的META[X]数据相对较少，主要是一项关于40项研究的元分析，但其总效应值极小，为d=0.05。然而，研究人员逐渐形成的共识是，在高收入国家（地区）的背景下，与绩效相关的薪酬往好了说，充其量只是浪费金钱，但往坏了说，它可能是一种恶性的干预形式。常采用的论据有：

- 要想准确了解教师个人对学生学习成绩的贡献非常困难：高质量教学的遗留效应可以持续3～5年。因此，我们可能由于之前教师的良好工作遗留下来的积极成果而奖励今年的教师，反之亦然。
- 许多绩效工资制度倾向于鼓励竞争而非合作行为——当给予表现最优异人员的奖金有配额限制时，情况更是如此。这可以说是鼓励了教育工作者之间的竞争而非合作。但是研究告诉我们，教师的集体效能对学生成绩产生的影响最大——这是一项需要高度合作的事业。
- 绩效工资也会激发教师的外在动机而非内在动机。教师的种种行为和表现都是为了得到现金奖励，而不是出于做好工作的内在动机。
- 以实验为主的认知心理学研究也有证据表明，当人们为了金钱奖励去完成复杂任务时，金钱因素往往会挤占他们的工作记忆和批判性思维能力。给从事常规工作的人发放奖金似乎可以提高其工作效率，但对于像教学这样复杂的专业工作来说，情况恰恰相反。

正如我们在第三章所强调的，在低收入和中等收入地区，绩效工资可以激励教师准时上班，进入教室，并可能做些看起来有点像教学的事情，即瓶颈1～3。但我们完全不相信这是一根有用的“胡萝卜”，也不相信它可以提供对克服瓶颈4至关重要的合作性专业知识，我们将在第八章中讨论这一点。

事实上，研究表明，除了在考试分数决定教师薪酬水平的情况下开设更多的考试预备课程外，绩效工资并没有引起任何教学方法的改变！我们还注意到，在部署了闭路电视型教师监控系统的情况下，也有类似发现，也就是说，全景监视效应提高了教师的出勤率，但没有提高教学绩效。

这也许就是一些教育体系实施社区监督的原因——由家长组成的机构来系统地监查学校，确保教师在课堂进行教学。如在巴西、智利、肯尼亚、马达加斯加、巴基斯坦和乌干达等发展中国家的研究表明，与教师奖金相比，社区监督的成本效益更高，具有更大的影响潜力。然而，这种通过家长和社区团体的监测来改善教学方法的潜力非常有限。除了关注具有高影响力的教学方法之外，我们仍然需要关于影响力的优秀教学领导力。

从精益教育的角度来看，我们显然不能把钱浪费在教师绩效奖金上。甚至可以说，或许那些需要额外报酬来激励其工作的教师并不是我们优先考虑的教学人选。当然，这是以教师能及时收到工资为前提，因为只有及时拿到工资，教师才不会被迫做其他工作来养家糊口。

问责制和校本管理

教育体系部署了一系列基于问责制的制度，旨在（或至少是打算）提高教师教学表现，从而提高学生成绩。这些制度包括：

- **关于学校领导和教学的国家（地区）级标准**，即一套能力评分标准或量表。其理念是，教育工作者收集证据以证明他们在教学方面的当前个人发展水平，然后对其进行独立评估和验证。
    - **对应理论**：它防止教学发展受阻——使教育者有动力来不断改进并展示他们在教学上的进步。
- **国家（地区）级学校检查**，即学校层面的领导/教学标准。由政府资助的检查组访问学校，抽查证据，观察课堂，并根据评分标准对学校进行评分。
    - **对应理论**：它解锁了“全景效应”（即学校永远不知道检查员什么时候会出现），使学校专注于提升自己的教学水平。
- **全国测试**，即定期进行标准化的国家评估，对不同学校和个别学校内不同教师的表现进行比较。
    - **对应理论**：它提供了一个衡量进步的标准，激励教师逐步提高学生成绩。
- **全国排名表**，即从上述的一些/所有的问责工具中获取数据，利用这些数据对学校进行公开排名。

○ **对应理论：**它对表现差的学校进行“点名批评”，进而敦促其改进教学表现。

• **校本管理**，即学校在预算、聘用和解雇教师、对学校进行端到端的管理和运作方面拥有部分或全部控制权。

○ **对应理论：**通过给予学校自主权，学校领导者只能将学生成绩差的问题归咎于自身，因此他们会极力改善学生学习情况。再则，他们也最清楚自己需要什么，并将拥有实现这一目标所需的所有自主权。

我们现在回顾一下这些说法的依据。

● 学校领导和教学的国家（地区）级标准

尽管学校领导和教学的国家（地区）级标准的使用相对广泛，但关于其影响的系统性证据并不多。这样的国家（地区）级标准如果没有相关的措施来提高教师的教学水平，那就只是纸上谈兵。国家（地区）级标准和相关措施这两者都是需要的，但同时还需要有重点和资源来证明实施这些标准会使整个行业更加团结，以及学生成绩可以得到提高。我们注意到，在某些情况下，国家（地区）标准更多用于衡量/验证行政活动是否成功实施，而不是用于教学和学习。因此，我们的建议是，在采用国家（地区）标准时，只关注与学习影响有关的教学领导和课堂教学法的改进，即关注直接导致提高学生成绩的活动。否则，我们可能会促使教育者关注与学生成绩毫无关系的事情。

● 学校检查

关于学校检查的影响，同样缺乏系统的证据。虽然许多国家设有国家性或地区性的学校检查机构，如英国、新加坡、新西兰、马来西亚和韩国，但也有很多国家缺少这样的机构，如芬兰、日本、卢森堡、墨西哥、意大利、澳大利亚和匈牙利。这两类国家（地区）中都有一些在国际学生评估项目中排名靠前或靠后的国家（地区），而且有的国家（地区）认为，是否有国家性或地区性的检查机构是其教育体系成功的关键驱动因素。需要注意的是，在检查制度存在的情况下，我们需要确保它们与其他政策保持建设性一致，否则它们就会产生破坏性影响。重要的是，如果学校教学和学生成绩没有明显改善，那么应该撤换这些监督机构。当然，一旦检查制度存在，就很难废除。有新的比较性证据表明，检查制度可能会激发不良动机。

通过收集到的数据，我们可以证实，建立和实施检查制度需要花费资金，但我们还无法证实这种支出是否会提高教育质量，或者检查制度在某些类型的学校教育/文化生态系统中是否比其他制度具有更大的影响。我们最佳的猜测是，检查制度可能可以解决瓶颈1。换句话说，对检查的恐惧可能会促使教师和领导到校。但是，除非几乎每天都有检查，否则，我们不知道它们是如何促使不称职的教师走进教室并进行教学的（即瓶颈2和3）。相反，由家长每天进行一次或两次检查的基层社区监督更有可能取得成效——而且成本大大低于建立全国性（地区性）学校检查组所需的成本。

我们目前不相信以问责制为导向的检查制度是解决瓶颈4——教学和学习质量——的最佳机制。第一个挑战就是使检查员具备“看到”好的教学和学习的技能，这在方法论和评分者之间的可靠性方面存在重大挑战——对此，目前还没有一个完全可靠的解决方案。不同的检查员/观察者在观察同一课堂现象时会“看到”不同的东西，因此观察者的评分/判断可能会有很大的不同。

确实，可以通过评分标准对观察员进行培训，而且，由不同的检查员对同一教师进行更多的课程观察可以提高他们判断的一致性。但仍有一个悬而未决的问题，即以问责制为导向的检查和纠错是否能提高教学和学习质量，或者真正的价值是否来自识别和利用教师优势的（基于信任的）合作性辅导对话？

● 全国测试

与全国测试相关的领域是META^{X}数据库能够提供系统性支撑的唯一

领域。亨德里克斯（Hendriks）和李（Lee）进行的两项研究都表明，定期性的全国测试存在一些有益影响，但其效应值都低于d=0.40的临界值（分别为d=0.31和d=0.11）。我们注意到，这两项元分析只综合了83项研究的结果，而且主要集中在美国和荷兰地区。因此，它们的可信度不是很高。全国测试可能有助于将底层的学校推向中等水平，但可能无助于甚至会阻碍中层学校走向顶尖。这是因为这些制度往往导致了对绩效目标而非掌握目标的极力追求，也就是说，全国测试沦为了分数游戏而非为了追求卓越。

我们也注意到，推出标准化全国性评估的成本并不低廉。诸多证据表明，这类制度可以推动低于平均水平的学校进步，但对高于平均水平的学校却没有什么影响，甚至往往有反作用。一些国家（地区）评估模式得到了教师们的认可，能为教育体系提供大量反馈信息。分层抽样和非群体抽样有很多优势，其价值在于如何帮助教育者提高教学质量——但这方面的例子着实不多。因此，我们对发展中国家（地区）教育方面的精益建议是，在推出全国性的评估制度前，要仔细试点和评估其影响和潜在的逆反作用。

艾迪-斯派塞（Eddy-Spicer）等人对来自低收入和中等收入国家（地区）的68项研究进行了叙述性回顾，这其中涉及进行高风险评估、监督和学校检查的影响。这项研究最终也得出了类似的结论。他们认为，可以证明通过实施以上措施能够促进教学质量、教育体制运行效率和学生学习成绩的提高的证据有限。事实上，在多数情况下，实施这些措施似乎导致了意想不到的不良后果。

● 校本管理

许多有关校本管理的论点和论据都与公私合作办学和特许学校的研究有交叉，所以接下来我们将讨论这些问题。同时，上文探讨过的学校领导的研究也仍值得注意，且研究表明，学校领导在众多影响因素中居于中心地位。如果校长的责任只是始终在办公室忙碌、修缮校舍、统筹薪资、园艺招标等，那么他们进入教室与教师合作的教学领导力就会大大削弱。

的确，学校领导需要掌握足够的管理技能才能使学校正常运转，但这只是担任学校领导并真正为师生的学习生活带来改变的基础。因此，（先前都热衷于学校自治和权力下放的）新西兰和澳大利亚的新南威尔士州都试图减少对非教育投入的校本管理——好让校长密切关注能够产生综合影响的教学领导力。

我们也注意到了卡尔-希尔（Carr-Hill）等人针对发展中国家（地区）教育权力下放影响的35项研究的系统评估报告。他们得出的结论是，在低收入国家（地区），预算管理、学校管理和教学决策的非集中化对提高教师出勤率、改善教学质量或提升学生学习成绩的影响有限。然而，在中等收入国家（地区），权力下放可能会产生更大的影响。在这些国家（地区），学校领导和教师有能力和信心有效地利用这些新自主权。不过，我们想再次强调，教育收益正是来源于这些在教室内外产生的教学领导力（或卡尔·希尔等人所说的教学决策），而不是诞生于更广泛的自治集权中。

公私合作办学和教育券制度

META[x]数据库中还有两个领域的一些数据可以从精益教育角度思考，即公私合作办学和学校教育券制度。

● 公私合作办学（PPP）

公私合作办学有多种模式，如：

- **私人主动融资**，即由私营部门资助、建设基础设施，由国家（地区）在一段时间内偿还有息贷款。
- **外包非教育服务**，如教学楼管理、信息通信技术（ICT）、学校食堂等。
- **外包“外围”教育服务**，如学校检查、教师培训和教师专业发展、员工招聘、课程和教学材料/教科书的优化，以及提供全国性或地区性的学生评估。

- **外包“核心”教育服务**，如学校的管理和运营（从外包学校领导层的混合管理到甚至教师也是私人签约的完全的私营管理）。

政府将私立教育的运营者引入教育系统的原因可能是多样的，比如想要获得融资（附带利息的先买后付）、风险分担、去政治化（也就是绩效不佳时可归咎他人）、削减成本，以及改善教育成果。

META^{X}数据库并不能帮助我们系统地回答公私合作办学能否真正获得经济收益——但从精益教育的角度来看，这是一个有趣的问题。然而，这个问题确实增进了大家对**特许学校**模式的认识，帮助大家了解外包核心教学服务对学生学业的影响。特许学校模式意味着，在政府为每位学生出资的前提下，由私立教育运营者负责教师聘用、学校管理等工作。同时，它还帮助大家了解学校教育券制度。我们在下文会针对这两个方面进行讨论。

● 特许学校

特许学校背后的理论创新在于，私立学校的运营者不受公立学校中官僚主义的束缚，可以利用自身的专业知识，以自认为合适的方式管理学校。相应地，他们也要对商业上的盈利需求负责。由于特许学校按学生人数收费，运营者们需要确保学校提供高质量教育以鼓励家长为孩子报名，并确保政府准许他们维持其经营特许权。

在META^{X}数据库中，关于特许学校教育影响方面，共有6篇系统评估报告，汇总了347项研究结果（主要是美国研究）。研究数据存在相当大的异质性，最低效应值为d=-0.27，最高为d=0.20。6项元分析的总效应值极低，为d=0.04。这也就意味着，有一个优秀的特许学校存在，必有一个糟糕的特许学校存在。这就是平均效应值接近于零的含义。

其中存在的挑战是：

- 特许学校与传统公立学校的师资来源并无差异。不存在什么所谓的“神奇等候室”，里面有更高水平的教师，只有特许学校才能聘用。

- 特许学校模式强调的许多企业化驱动因素（绩效目标、奖金、问责制）都来自那些已经得出研究结论、在教育领域效果不佳的驱动因素（即变革型领导和教师激励/绩效工资）。

- 虽然一些特许经营或公私合营学校领导者采用的运营模式着实不错，但随着他们开设或转换成此类经营模式的学校越来越多，他们很难在保持高质量标准的情况下，再扩大这些学校的规模（也就是说，与优秀国有企业一样，教育部也在努力扩大学校规模）。

- 需要有可以取缔毫无作用的特许学校的相关规定。这些特许学校面临取缔时，往往会叫嚷着要留下更多的资金，但往往产生不了什么积极影响。

- 残酷的现实就是，在设立特许学校的6个月内，大多数人会意识到他们正在“经营一所学校”，背负着其他普通学校一样的压力，而且与他们有关的所有研究的影响都是一样的。

我们对特许学校没有特别的偏见，就像有句话说的，“不管黑猫白猫，抓到老鼠就是好猫”。公立和私立教育体系似乎都以差不多的速度“抓老鼠”。因此，最好的方法就是坚持目前采用的模式，因为无论是取缔特许学校还是重新开办特许学校，所需的投资都不太可能获得特别大的收益。

戴·艾希莉（Day Ashley）等人对59项关于低收入和中等收入地区低成本私立学校教育收益的研究进行了系统评估，其结果在很大程度上支持了这个结论。该评估报告发现，最优秀的学生就读于私立学校比就读于公立学校更能有所收获，但一旦将学生的社会背景和经济地位排除在外，成绩不佳的学生在两种学校的学习收获的区别就不甚明显了。不过，该评估报告确实发现了更有效地利用教育资源的依据——特别是当学校经营者在基于商业规则的情况下开展工作时。罗密欧（Romero）和桑德弗（Sandefur）对利比里亚外包学校管理的审查也发现，学生的学习成绩只有小幅提高，但一些私人承包商通过大规模开除学生来实现学生成绩提高的目标，钻制度的空子。因此，承包商是谁很重要——就像国家决策者通过的监测和合同/激励过程的性质一样重要。

在政府提供的服务完全失败的情况下（例如，教师没有工资/不上班、教学设备遭受破坏、教育体系的“真正”目的是赞助和寻租），我们可以理解为什么有时很容易得出改善现有制度十分艰难的结论，所以，寻求改进的唯一途径是摆脱枷锁。不过，随着私营连锁机构规模的扩大，学校很快就会为自己创造新的枷锁。

● 择校/教育券制度

择校/教育券制度是一项经常与特许学校同时实施（但也可以单独实施）的政策。这一制度可以追溯到米尔顿·弗里德曼（Milton Friedman）提出的一个论点。他建议应由父母决定他们的孩子上什么样的学校。实施择校制度的地区有时采用“教育券”的形式（即标准化的每名学生教育资助的形式），学校的资助水平由他们在特定年份的招生总数决定（即他们能够收集的“教育券”数量）。其预期是，失去资金的风险将激励学校提高其竞争水平，提供更高质量的“服务”，并以此吸引新生并保留现有的学生。

关于择校/教育券制度益处的系统性依据不多。META^{X}数据库中有关于22项研究的单一元分析，得出总效应值为d=0.02。考虑到财务转移的行政管理费用，以及学校领导团队需要花费在向潜在的家长“推销”学校的时间（这种推销时间意味着学校领导团队留给教学领导的精力更少），这个数值是极低的。然而，我们注意到，摩根（Morgan）等人对哥伦比亚和巴基斯坦的教育券制度进行了综述，得出的结论是，学生入学率提高，提供教育服务的成本降低，但是这两项研究的证据来源太少，无法对其进行概括。

教育券制度还假定知情的家长能从学校获得关于学生进步程度的最佳信息，但实际上这十分困难。即使是专家也很难仅仅通过观察来区分好课程和一般课程，家长很有可能被错误的可视化指标蒙蔽。因此，从精益教育的角度来看，我们（目前）认为，择校/教育券制度没有足够的依据来确保其可以立刻被教育系统大规模采用。

教师本性中更美好的部分

在第一章中，我们讨论了萨巴瓦尔（Sabarwal）和阿布-贾乌德（Abu-Jawdeh）对16 028名教师进行的个人信念调查，这其中涉及8个低收入和中等收入国家（地区）。该调查表明，在某些情况下，教师根本**不相信**付出额外的时间、努力，或者改变教学方法会给学生的学习带来些许影响。例如，在巴基斯坦，超过60%的受访教师认为他们几乎无法提高贫困儿童的学习成绩。超过50%的教师认为，他们无法提高落后儿童的成绩。塞内加尔、桑给巴尔和乌干达的教师们也持有相似的看法。

这一结果产生的原因极有可能是心理模型或思维框架在驱动着教师的行为。毕竟，如果教师先入为主地认为来自贫困家庭的孩子，或者那些在学习上落后的孩子是“注定”要失败的，那教师为什么还要帮助他们呢？如果教师所在学校的学生的社会经济地位都不高，教师可能会认为自己没有必要教他们，因为所做的一切都不会带来丝毫的改变。即使教师真的到校上课，上述观念也可能会让他们觉得自己有责任教授既定的年级课程内容，但无须对学生是否学有所获负责。

换句话说，你可能认为自己有责任让马喝水，但可能不会对它们是否真的将水喝到肚子里负责。萨巴瓦尔和阿布-贾乌德的调查还表明，在某些情况下，教师认为他们的职责只是帮助那些之前就打下良好学习基础的学生。换句话说，关注那些已经在喝水的马，并帮助他们进一步补充水分。

是的，智力具有遗传性，学生的社会经济地位与其成绩密切相关，但是，教师能够且确实对所有孩子的学习生活产生了深远的影响。在第五章中，我们系统回顾了**教师集体效能感**的相关研究。再次重述一遍教师效能感的概念，教师集体效能感是指教师对影响学生成绩的集体信念，包括学校教师作为整体能够最大限度提高学生成绩的信念，以及教师作为整体，有能力、有机会通过适当的评估性调查来共同提高学生成绩的信念。在做到上述两个方面，并且教师利用其共同理念来制定、实施和评估以学生进步为导向的教学计划的情况下，研究表明其总效应值极高，为d=1.36。

我们还看到，META^{X}数据库中其他以教师观念为导向的影响因素也具有（相当）高的效应值，包括以下几点。

- **教师期望**。教师期望指的是教师对特定学生的看法与这一看法对学生后续成绩的影响之间的关系。教师会经常直接向学生表达他们的期望（“你可以做成任何你想做的事”或“你只适合回家挤羊奶”），或者通过身体语言或潜意识的暗示间接地表示其期望。研究表明，教师的期望会影响学生的学习效果和努力程度，形成一种自证预言。META^{X}数据库中收录的8项元分析汇总了674项研究的结果，产生的平均效应值为d=0.43。然而，这一数字掩盖了元分析的重点领域的显著异质性及其各自效应值的异质性。侧重于人际期望（即学生得到你期望的结果）的元分析产生了迄今为止最高的效应值，例如，罗森塔尔（Rosenthal）和鲁宾（Rubin）的研究得出的效应值为d=0.70；史密斯（Smith）的研究得出的效应值为d=0.82。鲁比·戴维斯（Rubie-Davies）的研究表明，自身期望值高的教师往往对所有学生都抱有很高的期望；同样，自身期望值低的教师对所有学生的期望都不高。由此可见，教师的看法真的很重要。
- **教师不要给学生贴标签**。这个由79项研究组成的单一元分析着重研究了以下两者之间的影响，即对一些阅读成绩落后的学生贴上医学标签和诊断（如学习障碍），而对其余阅读成绩落后的学生不贴上标签。

没被贴上标签的儿童成绩标准差的效应值为d=0.61，这一数值高于被贴上医学标签的儿童。对此，我们认为，低期待值的标签有可能是使得孩子们止步不前的理由。可悲的是，标签内容远不限于此。我们不难推测，像“愚蠢”“缓慢”“懒惰”这样的非医学贬义标签也有可能打击孩子们的自信心，阻碍其进步。

- **师生关系**。对351项研究进行的3项元分析探讨了师生之间的人际关系，以及师生关系对学生成绩的影响，共涉及541 157名参与者。多数情况下由教师带头建立师生关系，并确定课堂基调和课堂纪律。其中，科尼利厄斯-怀特（Cornelius-White）发现，高收入国家和地区的学生不喜欢学校的主要原因是他们不喜欢自己的教师。相反，如果教师表现出极大的同理心和热情，并鼓励所有学生学习，那么上述3项元分析的总效应值为d=0.48。仅需教师在课堂上对学生表达善意和关爱就可以达到如此高的效应值，这项投资的回报十分可观。更令人惊讶的是，在教师的教学方法没有任何改变的情况下，学生的学习成绩就有所提高。

在这些研究中，最让我们印象深刻的是教师观念对于驱动教师行为和提高学生成绩的重要性。确实，我们可以用闭路电视或全球定位系统监督教师的出勤情况，还可以为全勤的教师发放小额奖金，我们还可以引入国家评估和学校检查等问责制度。这些方法也确实可以有效地促使缺乏动力的教师出勤，并互相分享应对问责制度的最佳方法。但是，我们没有看到这些教师为提高学生成绩所做的工作的后续影响。相反，我们更有可能通过影响教师的集体观念、将集体观念转化为工作热情和积极行动来影响学生学习，就如我们在第五章所讨论的那样，通过释放教师的集体效能来提高学生成绩。

我们在本书中致力于推广一套有理可依的教师思维框架，该框架囊括了教师应该具有的优秀观念和行为：

1. 我是评估自身对学生学习影响的评估者；

2. 我将评估看作一种了解自身对学生学习影响的途径；

3. 我与所有人合作探讨我对进步和影响因素的看法；

4. 我是一个变革者，并相信所有的学生都能进步；

5. 我努力追求挑战，而不仅仅是“尽力而为”；

6. 我给予学生反馈，并根据反馈采取行动；

7. 我和学生的互动对话与我自己的单向输出一样多；

8. 我让学生了解成功的影响因素是何模样；

9. 我建立起师生间的良好关系和信任；

10. 我专注于学习和学习的语言。

这个相当于尼西亚信经（Nicene Creed）的“可见的学习”观念包含了实际行动（如不断评估自己对学生学习的影响，并利用评估数据了解如何加强这种影响）和以信念为导向的表态，如“我是一个变革者，并相信所有的学生都能进步”。当然，在这种情况下，这种观念得到了强有力的实证数据的支持。我们认为，教师的自我效能感和集体效能感的提高会使学生的学习和成绩得到显著提高，产生持续的正反馈循环。

我们还注意到了一些似有关联的现象，近年来，一些高收入国家和地区的教育体系大大加强了教育相关研究的普及和传播，例如，美国有效学习资料中心（What Works Clearing House US）、英国教育捐赠基金会（Education Endowment Foundation UK）和澳大利亚教育研究组织（Australian Education Research Organisation）将全球最有效的教育相关研究变成通俗易懂的语言摘要，然后在全国开展传播活动，通过自发传播来影响教师观念。这些办法类似于发展中国家（地区）为向家长和学生提供关于学校好处的信息而采用的办法，但这一次的核心重点是宣传教师影响力不断增长的好处。教师对学生学习有影响的依据仍在不断搜集中。但是，改变教师的观念，让他们接受这样一个事实，即**所有的**孩子都能够学习；教师能对学生成绩产生**最大**影响；所有的教师都必须了解并提高他们对学生学习的**影响力**。最后一点非常重要，也是“可见的学习”项目的核心所在。

总结

在本章中，我们探讨了关于如何最有效地促使教师出勤（瓶颈1），进入课堂（瓶颈2），认真上课（瓶颈3），以及努力提高教学能力（瓶颈4）的全球性依据。通过精益教育的视角，我们可以从META^X数据库关于增强教师责任感的研究中得出以下初步结论（以及相应的风险提示）：

精益教育初步结论	风险提示
• 对学校和教育系统领导者的培训和帮助应以使他们掌握影响学习的教学领导技能为导向，这样他们就能更好地开展我们在下一章中概述的高强度教学方法。	• 需要对领导者进行全面的在职培训和辅导，但是可能很难在保证质量的同时扩大规模。这也可能是一项花销巨大的干预措施。
• 绩效工资增加了教育服务的成本，但却没有提高学生学习成绩：可能少有适合实施绩效工资策略的情况。	• 在已经实行绩效工资制度的情况下，要扭转这种做法很有难度。 注意：在当地劳动力市场的标准内，教师的基本工资需要有足够的诱惑力才能吸引并留住高水平人才，而且工资需要以汇寄的形式发放。
• 鉴于基于问责制的驱动因素缺乏有力结论。在考虑将驱动因素的应用范围扩大到整个地区或全国之前，每一种驱动因素都应在当地进行试点和独立评估。在试验过程中要考虑到霍桑效应（即人们在被检查员或研究人员观察时，行为会有所不同）。同时要做出以下假设，即在大规模推广过程中，驱动因素对学习的影响会大大降低，而且会受到意外后果/不良诱因的影响。	• 教育者可能会因为没有实施“顺理成章的”干预措施感到不耐烦。但是，对那些更有可能在当地产生影响的措施延后实施并进行完整研究，要比实施那些会导致不良诱因、自身难以扭转，并可能在未来几十年内损害学生学习成果的制度要好。

续表

精益教育初步结论	风险提示
• 学生接受公立和私立教育所产生的学习成绩可能会相似。因此，在许多情况下，将教育私有化或国有化作为提高教育质量的主要政策驱动力，可能只是浪费时间。只要坚持已有的教育体系，并把精力集中在提高该体系的质量上就好。	• 围绕公私合作办学的好处进行的辩论可能带有意识形态色彩，而不是以确凿的证据为重点。 • 在少数情况下，公立教育可能因为其供应的有限而面临灾难性的、似乎不可逆转的失败，而/或私立教育补充、扩展了国家教育容量。
• 重新定位教师在学生学习中扮演的角色可能比利用绩效激励、问责驱动和公私合作办学更有影响力。	• 这一点说起来容易做起来难。现在有许多看似不错的方法，但并不能保证其结果万无一失，所以要谨慎地进行试点和迭代。教师集体效能感和“可见的学习思维框架”研究是一个很好的起点。
• 在许多研究中，我们都面临着“复制风险”，即由非政府机构开展的小规模研究展现出巨大的前景，但当政府机构在地区/国家范围内实施时，却无法扩大规模。	• 始终带着你所做的任何事情都不容易扩大规模的假设开展工作。悲观态度是为了增强长期影响，但不要悲观到什么都不做！

与之前一样，我们应该小心翼翼地搭建“积木塔楼”。

第八章 使用高效教学和学习方法

在第五章中，我们基于全球的研究，通过探索如何能最好地选择和培训教师开始了“精益教育”之旅。但我们的讨论明显缺少的是——培训应该是什么、为了什么、关于什么。换句话说，一旦我们把教师召集到研讨会上，安排了校内辅导，并启动了基于学校的专业学习社区，我们期望教师在学校能够做些什么？

这一章我们将给出答案。首先，我们将讨论教师可以用怎样的教学法来提高学生学习质量。然后，我们将探索如何将这些最有效的方法组合在一起，编织成能够有效提升教学与学习的综合项目。尽管本章内容并不存在争议，但我们仍怀疑读者在阅读本章时会产生分歧。

对于一些人来说，他们的反应会是：“太好了！我们终于开始深入研究那些真正有助于提高教育质量的重要内容，而不是仅仅研究教育券计划、问责制度和治理框架了。”然而，其他人的反应可能相反：“教育学的趣味程度就像看着油漆干掉一样无趣。毫无疑问，激发优质教学的最佳途径应该是通过教育券计划、问责制倡议和能有效影响教师教学的治理框架。”

是的，我们认可各种结构性驱动因素可以对传统教室里发生的事情产生**轻微**的影响，但也许轻微的影响并不够。事实上，也许（单纯的）催促是我们为提高学生学习质量所能做的最薄弱和最无效的事情。一个潜在的更强有力的改进理论如下所示。

改进理论

假设：

1. 学生的学业成功不仅受到个人特征和社会经济地位的影响，还受到一系列更广泛因素的影响。

2. 学生所接受的教学质量对提高他们的学习成绩有重大影响。

3. 教学质量在很大程度上取决于教师使用的教学方法，以及这些方法与特定问题的契合度（即与人类记忆、注意力和学习迁移方面的已知内容相一致的方法）。

因此，如果增加以下**投资**：

1. 对教师进行高效教学方法的培训（在本章的第一部分中已介绍）。

2. 开发和部署综合化、本地化、脚本式/框架化的教学、学习和形成性评估材料/程序——这些措施的提出是基于最有效的教学方法的相关证据（在本章的第二部分中已介绍）。

这项投资的**回报**将会是：

1. 提高教学质量。

2. 提高学生学习成绩。

与前面的章节一样，我们已经在第五章中讨论并确认了与假设1和假设2的主张相关的证据基础。所以，我们将在本章讨论假设3，即教学质量在很大程度上取决于教师使用的教学方法。

在前面的每一章中，你可能也注意到了这样一个现象。我们先是提出了表层上看起来行得通的改进理论，然后又展示了一系列与之完全矛盾的META^X数据。不过，这一次则不同。如果你翻阅本章中的表格，会注意到以下两个不同：

1. 本章列举的干预措施有很多，比前面四章都多。

2. 我们选择的所有与教学相关的改进措施，其产生的效应值都大于临界值d=0.40。有几项的效应值甚至达到临界值的两倍或三倍。

初次起草这一章时，我们希望能够吊人胃口、刺激读者。在本章开篇，我们简单地从META^{X}数据中摘取了20个最重要的教学策略，并将其罗列出来。我们的意图是："看看这些出彩的措施，看看它们产生的影响多么喜人。我们可以通过培训教师来一步步对其进行解锁。"我们希望此举能帮助教育政策制定者、部委、实施者和资助者得出以下结论，他们还没有找到真正能够解决教育**难题**的办法，一直在错误的道路上打转。

然而，像图书出版商列出的畅销书排行榜一样，简单地列出高效教学和学习方法就过于简单化了。尽管我们确定所有方法都行之有效，但实施者需要知道**何时**使用、**如何**使用，以及**对谁**使用。有些方法在一堂课或一个"探究循环"的开始阶段效果更好；有些方法在帮助学生表层学习时更有效；有些方法最适合深度学习；还有一些方法适合学习迁移，即把学到的东西应用到看起来很不同的新环境中。

我们罗列的所有方法都不应单独采纳。例如，尽管实施"成功标准"后会产生d=0.88的平均效应值，但是，如果你只告诉孩子们将要学习什么、他们学习的成功标准是什么，而不提供任何后续指导，那么这个方法不会产生长远的积极影响。相反，你需要**首先**告诉学生成功标准是什么，**然后**随着后续学习的展开，灵活加入其他策略。

高效的教学和学习方法

我们认为，明确说明我们所说的高效方法在学习过程的不同阶段具有不同程度的效果这一点至关重要。因此，在本章的第一部分，我们将探讨与以下方面有关的有效方法。

1. 开始一个课程、课题或探究周期。

2. 激活表层学习，包括：

• **习得表层学习**，即新信息在大脑中的最初储存；

• **巩固表层学习**，即增强储存记忆的持久性和长期检索能力。

3. 转向深度学习，包括：

• **习得深度学习**，即帮助学习者理解表层学习与深度学习的关系、相互联系和应用策略；

• **巩固深度学习**，即提高并加强记忆持久性，以便学习者能毫不费力地自动汲取新知识、新认识和新技能。

4. 实现学习迁移（又称可迁移的技能），能够将一个领域的知识应用到另一个领域。

5. 在各阶段都发挥作用的**交叉策略**。

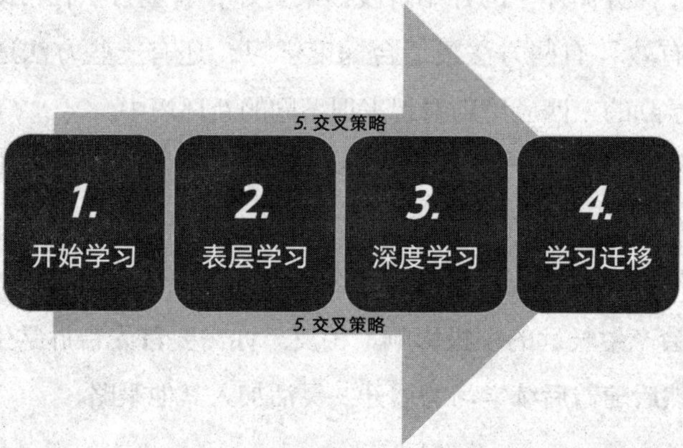

图8.1　高效教学与学习方法概述

你可能注意到，本章中，我们在META^{X}数据表中插入了一个额外的"描述"列，简要解释了每种方法的核心特性。我们之所以包括这一点，是因为本章与前面的章节不同。本章所提到的每个方法都能够详细展开讨论成一部著作。我们曾在之前的著作中更为详细地讨论过本章主题，对每个方法进行了详细解读和讨论，可参见哈蒂的相关研究著作。

与开始课程、课题或探究周期相关的方法（开始学习）

表8.1总结了在课程、课题或探究周期的起始阶段效果最好的高效教学方法。

表8.1涉及的所有内容都是为了确保学习过程不是一个奇幻之旅，确保学生知道应该在课堂上做什么，以及为什么要做这些。当然，“**他们为什么要做这些**”的原因远不止“因为它们是考试内容”这一个。

“学习起始阶段”类别的元分析告诉我们，当学生看到学习与更大的图景的联系时，当他们理解什么是成功时，当他们被给予明确的目标或目的时，当这些目标是现实的，并且建立在他们当前的知识、理解和技能之上时，当新学内容与他们已知和能够做的事情相联系时，当为他们展示成功范例时，他们更有可能在学习中取得成功。

所有这些策略都是为了给学生提供一个“框架”，让他们可以在“框架”上组织“表层知识”。然而，如何实施这些策略也很重要。以概念图为例。当教师说“大家请注意！这是一张概念图，我们可以利用这张图将当前所学与过去所学联系起来，并借此展示我们将要学习的新事物之间的关系和层次结构”时，影响相当微弱。但是当教师和学生合作制作概念图时，对学生成绩的影响要大得多。

与表层学习有关的方法（习得和巩固）

● 习得表层学习

一旦学生明确其目标和成功的标准，下一步就是开始学习。我们在下表中详述的元分析涉及学生如何学习新事物（表8.2），并巩固学习知识（表8.3）。

表8.1 与开始课程、课题或探究周期相关的方法（学习起始阶段）

影响因素	描述	元分析数量	研究数量	学生数量	效应数量	总效应值(d)
与开始课程、课题或探究周期相关的方法						
成功标准	简要概述将要教授或学习的内容和预期的学习成果。这通常由师生共同构建，并在从表层学习到深度学习再到学习迁移的过程中反复出现	2	163		163	**0.88**
规划和预测	教师和学生利用该策略来优先考虑如何在同一课程中和不同课程中分配时间，然后进行规划、评估和调整	4	399		420	**0.75**
目标难度/具有适当挑战性的目标	教师要确保学生学习目标的设定有足够的挑战性（既不太难，也不太容易，恰到好处）	6	375	23 886	473	**0.59**
目标意向	学生制定自己希望达到的进步/能力/熟练程度的目标。这与目标难度和教师在鼓励制定“远大目标”方面的作用一致	7	504	76 287	613	**0.51**
概念图	对主题材料、相互关系和层次结构进行图形化表述，以便学生能够看到其中的联系	11	1232	26 374	1324	**0.64**
行为先进的组织者	向学生展示之前所学与新的学习目标之间的联系框架，帮助他们建立新旧知识的联系，减轻学习压力	12	935	3905	2291	**0.42**
框架式学习和情景学习	将新学内容与已有知识联系起来，使学生能够看到新知识与已有知识的关系和联系。这涉及将学习示例进行背景化/本地化处理，因此与学生的生活经验有关。在学生的学习过程中，这些框架被逐渐移除	4	192	5326	431	**0.58**
范例	为学生提供部分已完成的范例，加深其对任务要求的了解	2	83	3324	179	**0.37**

表8.2　与习得表层学习相关的方法

影响因素	描述	元分析数量	研究数量	学生数量	效应数量	总效应值(d)
与习得表层学习相关的方法						
与原有知识相结合的策略	将新学内容与先前的知识联系起来，使学生能够把他们的学习放在现有的概念框架中。这将加快新知识从工作记忆到长期记忆的转移	1	10		12	**0.93**
记忆法	通过存储和检索提示将信息编码进长期记忆中的方法（例如，使用与单词或概念列表相关的心理图像或缩写）	4	166	4278	191	**0.80**
工作记忆训练	一种用来增加学习者在工作记忆中同时容纳的项目数量的方法，可能涉及嵌套概念、记忆法和检查表	8	232	14 596	1126	**0.49**
提纲和总结	以学生为主导的策略，侧重于从原始材料中获取主要观点，并将其融入自己的语言中	3	384	1914	384	**0.74**
下划线和突出显示	使用铅笔/钢笔或记号笔来突出文本中的关键事实和概念	1	56	2070	56	**0.44**
记笔记	在课堂上以系统化和结构化的方式记录关键的概念、想法和学习内容（即通过先前的学习技能培训）	6	155	6476	266	**0.51**
形象化描述	使用图像（例如，由投影仪显示或在教科书中插入图片）来强化学习（即一图胜千言）	2	147	2043	194	**0.51**
接受同伴辅导	接受另一个已经进入深度或下一学习阶段的学生的指导性辅导	3	113		127	**0.54**

表8.3　与巩固表层学习相关的方法

影响因素	描述	元分析数量	研究数量	学生数量	效应数量	总效应值(d)
与巩固表层学习相关的方法						
主动训练	以提高为目的的、具有挑战性的、审慎的、努力的练习。这种训练对认知能力的要求很高，通常只能在短时间内进行	3	161	13 689	316	**0.79**
管理努力	学生用来保持努力、坚持和专注的技巧（例如，实现目标的自我奖励）	1	15		15	**0.77**
背诵和反复操练	不断重复信息直至记住的技巧（例如，使用单词抽背卡）	3	132		132	**0.73**
重复阅读	通过重读将信息转移到长期记忆。这一方法与“背诵和反复操练”有关	2	159	1529	159	**0.53**
反馈	教师和学生之间的双向反馈，强化了学习过程	26	1201	45 800	1606	**0.64**
间隔练习vs密集练习	在主动练习/背诵和反复操练周期之间设置一个时间间隔，而不是在短时间内死记硬背	5	510	167 763	1115	**0.65**
交替学习	涉及教师在几周内对一个主题的间隔教学以及在一个主题和另一个主题之间的交替教学。这可谓是一个由教师领导的课堂版本的“间隔练习”	1	104	972	104	**0.47**
任务时间	用于某一特定学习片段/概念/主题的总时间	11	326	28 034	445	**0.44**
测试的影响	举行标准化测试对巩固/强化学生学习成果的影响	4	335	7 011 700	1052	**0.59**

在我们与教育部门的合作中经常听到这样的说法:“教育系统的问题在于，学生完全是在读死书。我们需要停止死记硬背的学法，转向更真实、更有趣、更以项目为导向的学习策略。”然而，当你浏览表8.2和表8.3时，你会注意到，在学习周期的浅层学习阶段，一些非常有效的策略，比如记忆法、背诵和反复操练、重读和测试，正是许多人向我们抱怨教师根本不应该做的事情！然而，我们对需要这样做的原因解释如下:

我们从长期的认知心理学研究中得知，人类的工作记忆严重不足。平均而言，我们脑中可以同时容纳7个（正负两种）信息块，这比你花几块钱就能买到的太阳能袖珍计算器的存储能力还要差很多。而且，如果在你试图记住一个陌生的电话号码、一个邮政地址或一些事情时有人和你交谈或问你问题，那么你就能感知到这些数据从你脑海中蒸发消失的速度有多快。

当学习新事物时，我们想让它从工作记忆变成长期记忆，这样以后就可以调动这个新事物，用它做一些有用的事情。但如果在我们把它首先储存到大脑中时，有一个明确的教学策略来整合先前的知识，这会有很大帮助（d=0.93）。你已经知道的知识就像你脑中文件柜里预先存在的“文件”。如果新学的东西可以明确地映射和标记到其中一个已经预设好的“文件”，那么你就有了一个相关的数据库，这样一来，你可以把新知识存储或连接到其中。

为了加速从短期记忆到长期记忆的初始转移，像记忆法（d=0.80）这样的方法非常有效。其他有效的方法包括画下划线和突出显示等（d=0.44）。用自己的话写下主要事实、概念或想法的简短摘要，这个方法效果更好（d=0.74）。一些有趣的成人教育研究探讨了通过笔记本电脑做笔记的学生与手写笔记的学生之间的知识保留率，其研究结果恰恰说明了上述观点。我们大多数人的写字速度不如教师的讲话速度快，所以我们不得不在头脑中解读要点，并将其总结为几个小标题。然而，许多人打字的速度能比得上说话的速度。研究发现，学生在通过打字做笔记的时候，并没有真正投入新知识中去，没有对知识进行整理或总结，也没有将知识与他们之前的学习联系起来。因此，新知识不会从短期记忆转移到长期记忆。但是，当他们以总结的形式手写笔记时，虽然速度更慢，但他们记住的东西更多。

然而，其他方法也同样有效，如接受同伴辅导（d=0.54）以及将适当的图像与特定概念配对（d=0.51）。我们在第六章中讨论了同伴辅导的作用，认为同伴辅导可能比减小班级规模更具成本效益，并能产生更大的影响。同伴辅导的好处是，提供辅导的学生在几周或几个月之前还在为这个主题、概念或想法而苦苦挣扎，而教师经历类似斗争的时间已经过去了好几十年，所以这些学生比教师更了解他们的同学正在经历什么。

在新型冠状病毒肺炎期间的教学中，我们引入了一个基于同伴辅导的概念，但并未假设能力更强或年龄更大的学生会成为私人教师。在此回顾一下第六章所讲内容——同伴辅导的最大影响因素是教师/辅导人员。教学反馈促使学生从教师处学习相关知识，目的是让他们为同学、教师和/或家长设计一节课。通过聆听教学，教师可以“听”到学生的思维，看到学生的优点和不足，学生所获得的知识和理解更有可能转移到长期记忆中。

最后对工作记忆训练做出一些评价（d=0.49）。有一些训练和应用程序是为了增加我们在工作记忆中可以同时容纳的信息数量而存在。虽然元分析数据表明，人们在训练或应用程序中保留信息数量的能力越来越强，但人们将这种技能或增强的“肌肉记忆”转移到其他活动上的能力目前几乎为零。相反，通过认知任务分析来减少课堂上对儿童工作记忆的要求可能会更好，我们很快就会谈到这一点。

● 巩固表层学习

一旦学生借用有效的教学方法将新信息从工作记忆中转移到长期记

忆中，那么接下来的挑战就是保持该新信息不退化、不淡忘。如果你回想自己的学生时代，你可能还记得通过表层学习列出的一些策略来为考试临时抱佛脚。这些策略可以让你记住知识、概念和想法，帮助你通过考试，但很可能几周后，你脑海中所有的学习内容都会变得模糊不清，最终消失。

布莱恩·卡普兰（Bryan Caplan）对美国高中公民课的学生记忆程度进行了纵向分析。在美国，学生每周花几个小时（持续几年）学习本国的历史和政治制度。十多年后，当对这些学生进行跟踪调查时，很少有人能记得美国国家建立的日期、内战细节或与三权分立相关的宪法原则。他们逐渐遗忘了所学的知识。

为了减少遗忘表层学习内容的可能性，学生需做好准备来巩固所记知识，包括定期回想，在工作记忆中运用这些知识。表8.3强调了支持这一学习阶段的高效方法。同样，你会发现许多方法都来自死记硬背、训练和测试。这提醒我们，“传统”策略有其适用的时间和地点，完全不在课堂上使用这些方法，很可能会适得其反。但是，如果仅使用这些方法，把它们作为教学上的“一招鲜”，这种做法同样有问题，因为它们不能帮助儿童将其所学应用到新的问题和情况中，而这恰是学校教育投资的目的所在。因此，我们需要进行深度学习（将在下一节和表8.4中进行讨论）。

与深度学习相关的方法（习得和巩固）

表层学习阶段更多的是学习内容和技能，而深度学习则是理解表层学习之间的关系、联系和应用（即从一个“事物”到多个“事物”，再到“事物”之间的关系）。在深度学习的习得阶段，高效的学习方法，诸如阐释和组织（d=0.75），这涉及教师鼓励学生在内容（微观）、主题（中观）和领域（宏观）之间建立自己的联系。元认知和自我调节策略（效应值分别为d=0.58和d=0.52）则鼓励学生思考自己应该如何学习，以及如何激励自己保持更强的任务专注力。

- **巩固深度学习**

有效巩固深度学习的方法多种多样。其中很多都利用了学生间的互助学习，例如，拼图法（d=1.20）、交互教学法（d=0.74）、给予同伴辅导（d=0.48），以及合作学习法（d=0.40）。而当重点放在学习的模糊性和应用性方面时，下列方法都有很大帮助，例如：提问（d=0.48）、课堂讨论（d=0.82）、问题解决型教学（d=0.67）。

与学习迁移和交叉策略有关的办法

- **学习迁移**

接下来是学习迁移。学习迁移可以说是教育的“圣杯”。关于“可迁移能力”，已经有大量政府报告和座谈会对此进行了讨论。这项能力是指儿童（以及成人）如何能将他们从一个环境中习得的深度学习应用到另一个环境中的能力。

我们从负面角度开始对此“圣杯”的探索。许多关于学习迁移的研究得出的结论是，要做到学习迁移非常困难。这似乎是因为当我们将信息编码进长期记忆中时，它会被储存在特定领域的模块中。如果新情境与你已经深入了解的现有情境相似，那么学习迁移就更容易实现。因此，将你驾驶红色汽车的知识迁移到驾驶一辆近乎完全相同的蓝色汽车上时是非常容易的。将驾驶红色汽车的知识迁移到驾驶小型货车上的难度稍大，但也可以做到。而从汽车转移到铰接式卡车或自行车上时，则极具挑战性。诚然，所有关于道路规则和交通流量预测的知识仍然有用，但是你所坐的座椅高度不同，驾驶的交通工具也不同（自行车更是如此），并且车辆的重量分布和转弯角度也不同，因此知识迁移很难实现。

这项研究中的一些关键原则是，在以下情况下，更容易实现迁移：（1）新情境与现有情境相似，即“**同元素论**”，而且学生已被明确告知

表8.4　与习得深度学习相关的方法

影响因素	描述	元分析数量	研究数量	学生数量	效应数量	总效应值(d)
与习得深度学习相关的方法						
阐释和组织	学生将概念和知识联系在一起的学习策略	1	50		50	**0.75**
元认知策略	思考自身认知过程及结果（即帮助学生思考自己的学习模式，并发展自己的学习策略）	10	637	1 278 311	1665	**0.58**
自我调节	努力（拥有承担任务的意志力）、刻意练习（执行）和元认知策略（评估自我表现）的结合体	11	1109	323 497	2087	**0.52**
仔细询问	专注于连续提出“为什么”的批判性思维技巧	1	254	2138	254	**0.56**
归纳教学法	要求学生从案例研究/观察/数据中得出一般原理的教学技巧	3	206	8263	212	**0.44**

表8.5　与巩固深度学习相关的方法

影响因素	描述	元分析数量	研究数量	学生数量	效应数量	总效应值(d)
与巩固深度学习相关的方法						
提问	教师提出问题，学生作答	8	241		301	**0.48**
课堂讨论	课堂讨论比教师提问所涉范围更广，涉及内容丰富且形式多变的全组或分组讨论	1	42		42	**0.82**
问题解决型教学	为学生提供具体的评估准则或快速表格，帮助他们解决特定类型的问题	12	714	17 656	1854	**0.67**
给予同伴辅导	为处于学习过程的早期阶段的另一个学生提供辅导。教学也帮助作为“教师”的同伴巩固其对知识的理解	3	113		100	**0.48**
自我批判和反思	教导学生根据评估标准/评分标准评价自己的学习，并知道如何进行改进	1	54		54	**0.75**
自述接下来的步骤	字面意思就是独自一人讨论一项困难的任务——这可以通过为学生布置关于特定任务的问题来实现	11	521	10 352	1624	**0.59**
合作学习策略	这是指由两名或两名以上学生共同负责同一目标/项目/调查的策略，要求学生之间进行团队合作，且通常用于单个学生可能难以完成的复杂项目	23	630	34 127	1191	**0.40**
交互教学法	双向辅导，学生和教师通过四个步骤轮流引导对话；也可以让更优秀的学生参与其中	2	38	677	53	**0.74**
探讨式教学	要求学生利用科学方法进行小规模的项目/调查或探究	8	353	15 728	553	**0.46**
问题解决型教学	教师提出问题，并为学生提供解决问题的工具。这些工具通常是从以前的学习中提取而来	12	714	17 656	1854	**0.67**
拼图法	学生们被分成几个小组，每个小组的任务是让组内成员成为某特定概念或内容区域的专家。然后每个小组向其他小组传授其所学的知识	1	37		37	**1.20**

这些元素是什么；（2）重叠元素的数量较多；（3）迁移与“**拥抱**”（引导学习者理解并在迁移所需的表现水平上进行实践）和“**桥接**”（使用更抽象的思维作为类比，寻找两个看似不同情境之间的相似之处）相伴随。迁移中的一项关键技能是发现新旧问题或情况之间的相似性和差异性，这种识别模式可以用来提高迁移技能。

虽然META^{X}报告表明，迁移策略的效应值为d=0.86，但这是从涉及7315名学生的211项研究汇总而来的。对我们来说，这个数值太小，所以无法对处于不同年龄段和不同课程领域运用这些方法的最佳方式满怀信心。但是，鉴于全球经济在就业岗位创造和淘汰方面的速度不断增长，迁移能力将变得日益重要，因为成年人越来越需要重塑自己。

表8.6　与学习迁移相关的方法

影响因素	描述	元分析数量	研究数量	学生数量	效应数量	总效应值(d)
与学习迁移相关的方法						
学习迁移策略	这是指将当前所学与新的主题、情境、领域相关联的方法，通常涉及帮助学生在看似不同的背景下区分表层特征与深层结构（和相似性）	5	211	7315	234	**0.86**

● 交叉策略

最后，META^{X}数据库中收录的一些方法是交叉性的（如表8.7所示）。这意味着它们可以在整个学习过程中被使用——从开始一节课，到表层学习，再到深度学习，最后到迁移“圣杯”。

例如，认知任务分析（d=1.29）是一个教师评估过程。基于我们从认知心理学中了解到的工作记忆的局限性（和脆弱性），认知任务分析的核心是分析每一个被提议的课程活动，计算学生在工作记忆中需要同时处理多少个新的项目、组块或概念。考虑到工作记忆的局限性，我们并不希望学生同时兼顾的项目数超过5个——任何类型的学习都是如此（即开始、表层、深入或迁移），否则会使他们的认知负担过重。

第二个交叉策略是差异化（d=0.68），这涉及开展不同难度水平的活动——因此，虽然学生在同一主题领域工作，但他们被分为几个个班内小组，在不同的挑战水平中探索这些问题。另一种形式的差异化涉及学生采取个性化的学习途径——以学生自己的节奏独立完成学习活动。公文式学习法和计算机辅助教学就是其中的例子，我们将在下一章再次讨论这些内容。

测试也是一种交叉策略（d=1.07），可以在学习周期内的各个阶段使用。归根结底，它是指评估问题，以及它们是否要求你**描述**（表层水平）、**解释**（表层到深度）、**分析**和**评价**（深度），或者**比较**和**应用**（转移）。当然，这也与布鲁姆和观察学习结果结构分类学等学习层次分类法有关。如果没有反馈来指明下一步的方向，测试就毫无意义。在教学周期中使用测试策略会有所帮助，希望教育工作者不仅是出于责任原因进行测试。

最后就是家庭作业（d=0.28）。这似乎是由一个极其普遍的交叉实践所带来的超低效应值回报，它是此部分谈及的举措中唯一一个效应值低于临界值0.40的干预措施。然而，家庭作业对不同年龄组的影响有**很大**异质性。库珀（Cooper）发现，家庭作业对高中生的影响比对初中生的影响大一倍；对于初中生的影响又比小学生大一倍。若用效应值来比较，家庭作业对小学生的影响为d=0.15，对中学生的影响为d=0.64。问题的关键似乎在于，要布置方便学生练习已学内容的家庭作业，不要布置要求学生产生新信息或完成他们在课堂上尚未接触到的任务的家庭作业。从精益教育（时间管理）的角度来看，减少小学的家庭作业量，使之成为更少、更短、更舒心的学习巩固活动，可能是一个好的选择。但是在中学和高中阶段，家庭作业仍是非常重要的交叉策略。

表8.7 与交叉策略相关的方法

影响因素	描述	元分析数量	研究数量	学生数量	效应数量	总效应值(d)
与交叉策略相关的方法						
认知任务分析	教师分析可能出现的学生出现认知负荷与课堂各个方面的关系。这是一个教师元认知策略，重点是减少学生在学习过程中的工作记忆负担	2	27		95	**1.29**
差异化	提供不同难度的内容/任务，满足不同能力水平的学生的需要	1	49		80	**0.68**
测试	这里指测试对学生后续成绩水平的影响。由于测试可以评估表层、深层和迁移学习，因此适用于所有级别	2	63	1489	323	**1.07**
家庭作业	给学生布置课外家庭作业	8	217	106 144	386	**0.28**

将所有内容组合在一起

先说好消息吧。在本书第二部分审查的所有干预措施类别中，我们对高影响力教学方法对低收入和中等收入国家（地区）儿童的学习生活产生积极影响的潜力有着最大程度的信心。这些教学方法之所以有效，是因为它们与认知心理学和学习科学的实验结果相一致。认知心理学研究告诉我们人类如何处理信息，短期记忆如何工作，学习如何被分块并巩固到长期记忆中，间隔重复如何增强记忆力，疲劳或低卡路里如何降低学习速度，专业知识如何发展，我们是如何艰难地将知识从一个专业领域转移到另一个专业领域等等。

是的，本章回顾的META^{X}研究主要来自高收入国家和地区。我们认为，高影响力的教学方法确实可行，但它们必须尊重并遵守当地文化规范和价值观以及当地语言和计数习惯。

接下来是不太好的消息。在对高效教学方法的文献综述中，我们概述了40多个有效策略。就像“煮鸡蛋”包括许多步骤一样，必须在正确的时间掌握和实施这些步骤，如灌满水壶、烧水、把鸡蛋放进锅里、往锅里加水、点火等等，这40多种策略中的每一种都有分层的子步骤、子步骤之下的子步骤。假设一个教师在实施每一种高效方法时都需要掌握25个“球”（即工具），合计共需要1000多个“球”，教师需要从中选择，并在正确的时刻灵活运用这些要领。但实际数目远不只这些。这40多种策略中的大多数都至少有一本与本书篇幅相当（或更长）的书来解释其理论，每种策略都包含将其付诸实践的复杂步骤和子程序。

除了知道何时在学习过程中使用每个“球”外，还有一些“球”的影响因学生年龄不同而有所差异。上一节末尾提到的家庭作业就是一个例子。除此之外，我们还有一个例子，即基于问题的学习。它对已经获得特定领域高水平专业知识的高年级学生更为有效。对于大学水平的学生来说，基于问题的学习的效果（相当）好，而随着年龄的增长，其效果就会相应降低。注意，它往往在学生有足够的表层知识来参与问题导向学习之前被引入学习过程。

然后，教师需要将所有的“球”与学科知识结合起来。正如我们在第五章中所概述的，小学和初中教师不需要在他们所教的学科上成为学位水平的专家，但他们需要知道在1000多个“球”中，哪些“球”对不同的课程主题最有效。与任何一位精通数学/科学/语文的教师交谈（或观察他们之间的讨论），你会发现，其大量对话不仅涉及与学习周期阶段有关的教学方法，还涉及对分数、原子结构或过去完成时等最有效的教学方法。

教师需要在学习周期的各个阶段、学生年龄和课程内容中灵活运用这些“球”。这些被灵活“杂耍”的“球”有三个，所以，在这过程中有“球”会掉下来并不奇怪。正如我们在本章的第二部分所阐述的那样，这表明我们需要使用相同的方法来释放教师的专业知识，就像我们期望教师对学生使用的方法一样！这也（似乎）表明，我们需要将教学上的繁重工作自动化，以便教师能够专注于课堂上每时每刻的互动。

减少教师认知负担的综合化方案

我们可以从其他受尊敬的行业中学到什么

其他行业也以各种方式应对“杂耍球”的挑战。在航空领域，飞行员要兼顾发动机、转向系统、机翼襟翼、导航、通信、紧急程序等。他们需要在正确的时间按下正确的按钮并说出正确的话语，否则就会引起人员伤亡。整个航空领域行业选择将驾驶舱的语言和飞行协议进行标准化管理，以此来应对“杂耍球”的挑战。这一标准化管理的关键是使用经过精心构建的强制化清单来帮助飞行员管理认知负担，就相当于在玩“杂耍球”时能够在正确的时刻接住正确的球。

这方面对另一个受尊敬的职业的影响更深远。只有演员中的佼佼者才能加入皇家莎士比亚剧团，但是，该剧团的规定之一是，演员不能更改莎士比亚的任何一句台词。当然，这一规定目的并不是减少演员的认知负担，只是一个传统旧俗而已。但世界著名的演员因其在剧团的表演而备受尊敬和赞誉：他们因这些原著台词而光彩焕发。

教育可以从中汲取什么为己所用

对我们来说，从上述例子中可以学到的是，（一些）地位高的行业已经明确要将流程进行系统化、标准化和自动化管理，即使是其行业的精英也在使用这些流程。反过来，这些专业人士似乎也接受这样，并认为事情本应如此。

如果我们能将同样的原则应用于教育，那么也许我们可以克服教师培训的种种挑战，玩转1000多个“球”。或许，我们可以帮助他们更好地将正确的方法纳入正确的学习阶段，为年龄合适的学习者提供帮助。或许，我们还可以帮他们解释为什么某些方法对水循环、共价键、元素周期表、电和电阻等更有效。或许尽可能多地将繁重的工作自动化是实现上述目标的最好方法。

好消息是，在全球教育体系的某些领域，我们已经有较大进展。表8.8和表8.9总结了META^{X}数据库中与三个不同级别（或程度）的标准化和自动化有关的数据。

级别1：通用框架——这些框架通过汇集各种高影响教学方法，提供了一个建议流程图/路径，概述了“杂耍”的最佳方法、步骤和顺序，但它们只是线框。教师仍然需要制定课程、课程内容、教学计划、课程计划、学生工作表和体现（选定的）总体框架的形成性评估工具。

级别2：支架式课程——这些课程较级别1更进一步，为教育者提供了特定科目的额外教学、学习和评估材料，而不是寄期望于教师自己开发这些材料。但教师在授课方面仍有很大选择余地。例如，指导意见是以要点形式提供的“建议”，教师对其进行解释并将其与学生的情况联系起来。如果教师不喜欢这些被提议的活动，他们可以利用自身的专业判断力将其换掉，或者甚至将不同课程支架的素材进行混合、匹配、融合、编织。

级别3：脚本式课程——这类似于皇家莎士比亚剧团的方法进行教育。教师们会得到一份完整的“剧本”，里面详细说明他们应该说什么、做什么。有些是线性“剧本”——教师就像话剧中的演员一样，从开始到结束均按照剧本“表演”。其他是分支式“剧本”。剧本作者试图预测学生的不同反应，为教师提供支点，这样一来，无论学生做出任何反应，教师都可以选择相关的备选“子剧本”。这有点像一部多结局的小说，如果你决定杀死这条龙，那么你必须翻到第56页，面对穿越荒野的漫长行走，但如果你决定与这条龙成为朋友，就要翻到第907页，这时你会发现自己正骑在龙背上前往下一个目的地，如此类推。当然，不同之处在于，是学生而非他人通过自身对故事的反应决定了龙（或者更确切地说是课程）的命运和方向。

表8.8 综合课程——（主要是）级别1

影响因素	描述	元分析数量	研究数量	学生数量	效应数量	总效应值(d)
综合课程——（主要是）级别1						
翻转课堂教学法	学生在家里独立学习新课题的基础内容，然后师生在课堂上进行讨论和分析。这个方法对高年级学生更有效	42	1359	209 926	1331	**0.59**
掌握学习	为学生提供形成性测验以测试其学习水平和学习内容，然后衡量他们是否已经“掌握所学内容”。学生按照自己的节奏重复学习内容，直至将其掌握	14	742	11 383	595	**0.61**
明确的教学策略	这是一种高度结构化的策略，包括以学生为导向的教导/教学，和反馈/形成性评估，然后是更多的教学和指导性练习，直到学生掌握所学知识	16	5784	1 491 369	13 186	**0.57**
介入反应模式（RTI）	这指的是采用系统级别的分层方法，尽早识别有学习困难或问题行为风险的学生，并随之提供逐渐升级的预防干预措施——一种相当于医疗分流的教育方式	5	107		332	**1.09**
概念转变	这是一种侧重于诊断/识别学生在特定课程领域的错误概念，并重新调整/改变他们的理解	2	112		168	**0.99**
服务式学习	学生参加与其正在学习的课程有关的社区服务。这既增强了他们对课程内容的理解，也为社区做出了贡献	3	39	5020	45	**0.58**

表8.9 综合课程——（主要是）级别2和级别3

影响因素	描述	元分析数量	研究数量	学生数量	效应数量	总效应值(d)
综合课程——（主要是）级别2和级别3						
视觉感知课程	这是一种结构化的阅读理解方法，与组织和解释页面上的字母有关	13	497	11 531	1254	**0.63**
语音课程	这是一节阅读理解课，重点是教学生对书面单词进行语音解码，通常与具有指导性并分级的阅读材料相伴而行	29	1102	79 368	7906	**0.60**
重复阅读课程	学生重复阅读简短而有意义的段落，直至达到令人满意的流利程度	66	2301	457 069	6673	**0.48**
综合阅读课程	该课程的核心重点是信息处理策略（例如，推理、总结和对文本进行分块，以便更深入地理解文本，并从长期记忆中进行更强的检索）	38	1258	288 225	3288	**0.52**
阅读校正体系	这是一种结构化的1∶1阅读干预计划，针对阅读能力不佳的学生。不过，这些干预措施属于资源密集型措施	3	68	5685	1496	**0.53**
拼写课程	一种专注于提高拼写能力的系统性课程——包括每周一次的单词背诵清单，以及每周一次的测试和反馈	1	91	9341	153	**0.58**
科学课程	一种结构明确的科学课程，具有差异化和支架式教学材料，且形成性评估材料会为其提供支持	19	1157	405 573	2815	**0.54**
综合课程项目	围绕一个话题或主题构建课程，并专门运用数学、识字、科学等来解决此话题/主题。研究数据表明，该课程对小学/初等教育阶段的学生影响更大	3	89	13 298	108	**0.47**
创新课程	一种教授创造性思维技能，并为学生提供支架式策略以将其应用于不同的课程/领域的课程	16	853	49 621	1032	**0.64**
智能辅导系统	一种基于计算机的教学。学生接受诊断性测试，然后系统为学生提供其最需要的领域的内容	5	299	22 700	304	**0.51**
脚本式直接教学法（DI）	涉及7个主要步骤：1.教师指定学习内容；2.教师了解并告知学生成功标准；3.建立学习任务承诺，规定学生的参与度（挂钩）；4.课程设计，即输入、示范、检查理解情况；5.指导性练习；6.结束；7.独立练习	6	652	42 618	4691	**0.59**

然而，我们需要强调，现实要比表8.8和8.9中展示的内容更混乱。META^{X}数据库中的大多数相关影响因素都有许多元分析，这些元分析汇总了数百项，有时甚至是数千项研究的结果。但是，并非所有特定影响因素下的对应方案都在我们建议的三个级别中的某一级别内。对于某些对应方案而言，其不同部分跨越了不同的层次，因此我们在解释时需要非常小心。

● 级别1：翻转课堂

级别1为教师提供了一个线框图，用于设计课程、课程计划、学生活动和评估方式。翻转课堂就是一个例子，它有一套明确的教学和学习方案，学生在课前学习由教师设计或选择的材料，如观看课堂视频、阅读课文、观摩实验等。接下来，教师带领学生在课堂上更深入地研究这个主题。由于此种模式与常见的教学模式流程相反（常见流程是在课堂上学习，然后用家庭作业巩固），因此被称为翻转课堂。

翻转课堂被许多人誉为教学中的一场革命。现有基于1359项研究的42项关于翻转课堂效果的元分析，其平均效应值为d=0.59（这是一个相当不错的数值）——尽管这42项元分析的效应值范围从d=0.19到d=2.29变化不等。这表明，不同翻转课堂线框图的不同设计特征和实施程度至关重要，以及在不知道程序开发者所说的翻转课堂的意思、不知道如何实施翻转课堂、不知道教师是否对学生的课前学习效果进行了评估并修改课堂教学内容、不知道教学效果的提高是否主要因为学生有双倍时间了解相关知识（即课前＋课堂体验）等情况下，编写教学策略有多困难。

从这42项元分析中我们发现，那些关于翻转课堂之所以有效是因为它们使用了更深层次的方法（例如，基于问题、发现、课堂的探究式教学）的这一解释并没有找到要点。事实上，翻转课堂的教学效果低于使用明确的教学指导的效果。我们从中得出的结论是，我们需要解构能产生更好的教学效果的翻转课堂的要素，并重新构建与学习周期的特定方面相关的方法。换句话说，现有的线框图（目前）不足以作为级别1的指引框架，不足以让教师在开展翻转课堂时保持其真实性和影响力。

一个更好的级别1指导框架需要首先认识到，学生在接受一个新的课题时，往往带有各种概念和误解，以及理解上的错误，或者根本不了解这个特定的课题。学生不知道是常态——事实上，如果他们什么都知道，那教学就太容易了，就不用低效地花费大把时间教他们已经知道的知识。诚然，在先前的学习基础上提供支架至关重要。正如奥苏贝尔（Ausubel）所说，影响学习的最重要的单一因素是学习者已经知道的内容。翻转课堂的第一个目标是激活相关的先验知识，哪怕学生会找到次优或不正确的解决方案；第二个目标是帮助学生注意到先验知识和新知识的不一致，了解到他们自身对知识的误解，这反过来又会帮助学生意识到自身知识的局限性；第三个目标是激活学生的先验知识，帮助学生在后续学习中比较他们自己的解决方案与正确的解决方案，从而增加学生注意和编码新概念关键特征的可能性。最后，除了认知上的益处外，在教学之前解决问题也有更多的情感效益，即学生有更大的主体性，其学习目标概念的参与度和动机也会增强。因此，这是一个分为四步的翻转课堂模式：

1. 失败——为教师和学生提供机会来诊断、检查和了解已经掌握了哪些内容、哪些内容还不太理解。

2. 翻转——在随后的课程中提前展示这些想法（这就像提供课程视频一样简单）。

3. 告知——在课堂上探讨这些误解，并找机会重新学习这些概念。传统的讲课方式能够实现这一目标。

4. 反馈——向学生和教师反馈学生理解的程度和下一步的方向。

如果你对上面的讨论感到困惑，那么这就是问题所在。因为它虽然强调了级别1通用框架有增加教学价值的潜力，但这是有前提的：

- 你选择的具体框架有能够产生影响的证据（我们绘制了超过29种

翻转课堂类型，其影响程度各有不同）。

- 所选框架中的阶段、步骤和子步骤清晰明了，易于理解和遵循，并且不容易产生误解（几乎需要像杰米·奥利弗所写的烹饪书一样容易上手操作）。

- 最好还有关于如何将这些过程与你所教的目标课程领域和学生的年龄范围联系起来的额外指导。

因此，如果我们想让教师迅速掌握教学技巧，仅仅以（松散的）级别1的技巧和窍门的形式为教师提供培训和支架，然后让他们在学习过程中找出适当的阶段来嵌入这些技巧，那么可能会适得其反。这就可以说是级别2和级别3的用武之地。

● 级别2：支架式课程

下一个层次涉及很多关于教与学活动顺序的规定、课程衔接，或者与课程相关的指引和联系。最受赞誉的发展中国家（地区）教育干预措施之一是由印度非政府组织布拉罕（Pratham）首先发起的**"因材施教"**。巴纳吉等人发布的报告、巴纳吉（Banerji）和查文（Chavan）发布的报告、全球教育证据咨询小组（Global Education Evidence Advisory Panel）发布的报告都对个性化教学的各种迭代发表了积极性评价。虽然它的各个应对方式之间存在差异，但个性化教学让我们离级别2更近了一步。不过，即使是在其最新的迭代中，它的不同部分也跨越了不同的级别——包含不同级别（有更高和更低程度）的支架式课程和"处方"，我们在下文也会对这一点进行阐释。然而，支架式课程（通常）专门为提高3—5年级儿童的阅读和数学技能而设计。其关注的重点是那些落后的孩子，因为他们的理解力和能力水平与其年龄不匹配，之后可能无法赶上学习进度。这意味着，随着其年级越来越高，落后程度就会越来越大，最终走上辍学之路。

个性化教学协议包括：

1. 使用形成性评估工具来诊断孩子在读写和数学方面的知识储备和

能力水平。其目的是（精确地）确定各学生在基础知识方面的差距，并基于此来确定他们在数学和读写能力方面的实际“年龄”。

2. 按理解力水平而非年龄进行分组。在每个在校日的部分时间里，学校都会根据孩子们当前的理解力水平而非年龄/年级/形式，对其重新分组。

3. 在正确的水平上学习。这意味着3—5年级的混龄学生一起学习——所学内容知识（和教学材料）与他们当前的集体理解水平相一致。

4. 重新评估。重新回到第一步，使用形成性评估工具来判断下一步方向，即分到哪个小组和学习什么内容，然后将孩子们（再次）进行重新组合，让其（再次）学习与当前理解水平相适应的内容。

在实施过程中，标准化学校和教师激活过程为教育工作者提供了很大帮助。

我们不应该对个性化教学的积极性评估结果表示惊讶，因为它与“失败”“告知”“反馈”相差无几，而且与表8.8中概述的“介入反应模式（RTI）”相当接近。在针对107项研究的5项元分析中，介入反应模式的总效应值为1.09。与个性化教学一样，介入反应模式涉及使用形成性评估工具来识别有可能落后的学生，并为他们提供额外的有针对性的支持。而且，它还将有类似需求/进展水平的学生汇聚在一起，用一天的时间来解决其共同需求，为落后的学生提供进一步的一对一辅导。个性化教学和介入反应模式是独立发明的产物，但两者又很相似。这一事实表明，能够产生影响的设计特征可以跨越文化障碍。正如本章前面所说，在认知、工作记忆、注意力等方面，人类大脑在全世界范围内大致相同。

但在个性化教学的第三阶段（即教师讲课阶段），教师仍有很大的自主决定权。他们虽然已经拿到教学材料的范例和建议，但仍然（经常）自己从头开始开发课程。这意味着，尽管个性化教学的一些元素和方面更倾向于级别2（例如，评估和分组协议、学校激活和培训系统），但教师在课堂上所做的事情（更多）归属于级别1的通用线框模式。

● 级别3：脚本式课程

最后一级是皇家莎士比亚剧团的教育模式。数以百万计的教师每天晚上都会对第二天的课程计划做出重要决策——这些计划通常是从头开始制定。这种行为真的会浪费时间、精力和资源，是教学事业中最低效/反精益，且无凭无据的家庭作坊吗？是的，（对于那些能够上网的人来说）互联网上已经有了大量的课程计划，但许多教师认为他们的班级是独一无二的，因此他们需要自主开发自己的课程计划和学习资料。我们理解这种说法，因为时刻调整教学计划是许多教学成功的核心。

但是，如果存在一个课程证据库，该证据库对课程的一致性、课程的严谨性、对知识的了解度和/或关注度进行评级，并让使用该资源的教师对学生的影响进行评价，那会怎么样呢？美国的《教育报告》有这些评级的一些组成部分。在其他国家（地区）建立这样的证据数据库可以节省大量时间和精力，还能将教师聚集到一个专业的社区，让其在这个社区里相互学习他人课程的严谨性、价值和影响。这样一来，教师的注意力就可以集中在适应他人课程特点、调整自己的教学计划、关注每时每刻的决策上，这些都是教学成功的核心。然而，即使这种方法也只能带我们走到级别2.5——仍然由教师选择施行哪些课程计划，按照哪种顺序讲课，以及需要增加或删减哪些内容。将其与航空公司做比照的话，相当于是将清单列为“推荐但可选的最佳实践”，而不是“一些强制性方式”。

研究表明，一个更有影响力（也更符合级别3）的方法是，专家们为每个课程领域精心制作一个通用的（但同时又在文化方面本地化的）脚本，在适当的时候将正确的教学法融入其中，然后在课堂上与师生一起测试、完善并不断对其进行迭代，即脚本式直接教学法。这种脚本式教学法最早是由西格弗里德·恩格尔曼（Siegfried Engelmann）在

20世纪60年代的美国开创的。它将学生分成众多课堂内能力小组，而教师则遵循一本经过实地测试的脚本手册，为他们提供准确无误的课程内容——这些内容既适用于整个班级，也适用于教师与不同能力小组之间的不同程度的互动。尽管这种方式有更多的限制和更多不同的应对方法，这听起来还是很像在**正确的程度**上进行教学。

尽管人们普遍反对似乎在照本宣科的脚本教学法，认为它使教师变得非专业化——把他们变成了只会读台词的演员——但有证据表明，在高收入国家（地区），这种做法对学生考试成绩有积极影响，因为想要高质量实施手册内容，教师需要“读懂手册的言外之意”。

我们已经确定了6项与脚本教学法有关的元分析，它们汇总了652项研究的结果，涉及42 000多名参与者。这6项元分析的平均效应值为d=0.59，这一点不容忽视。我们在第三章列出的系统评估报告也发现了强有力的证据，证明了在低收入和中等收入国家（地区）的背景下，有脚本的（或至少是）结构化的教案和统一的学习材料对学生的影响。而在撒哈拉以南的非洲地区，我们知道有几个私立学校的经营者已经接受了脚本式直接教学方法，为其学校的教师每人配备了一台预装好的平板电脑，里面装有教师的“台词”。因此，相关研究人员可以搜集更多有关低收入和中等收入国家（地区）影响潜力的证据。

然而，简单地从一个国家（地区）或文化中提取课程并将其移植到另一个国家（地区）或文化中不太可能有效。这些材料需要在当地改进理论的背景下进行审查、拆分、重新调整，并将其与当地背景重新组合在一起，使语言和举例/呈现教材的方式与当地文化背景保持一致。这一过程还需要谨慎进行试点——包括收集可用于迭代实施方法的形成性评估数据。这也与一种叫作“**宜家效应**”的认知偏见有关：我们更喜爱自己参与建造的东西，或者至少是本地化的东西。我们将在下一章再次探讨脚本式教学方法——因为我们可以通过技术来提高其使用的便利性，或者至少减少一些使用当中的摩擦。

● 但是，综合课程也需要进行各级别的教师培训

下一个挑战是我们如何培训教师忠实地开展这些（级别1、级别2或级别3）课程——因为我们在第五章中已经强调过，许多教师培训的效率很低。

为了将这两个研究领域概括并联系在一起，我们的解释是：

• 脱离学校环境进行的教师职前培训项目对教学质量和学习成果的影响不明显。从精益教育的角度思考，要么可以停止这种培训，要么将其数量大幅减少，如果需要让它继续存在，那就需要将它和学校环境紧密结合。

• 教师不需要拥有其所教学科的学位证书，只需要了解对应的教学内容知识并达到可以教授它们的水平即可。从精益教育的角度思考，这意味着没有必要邀请获得学位证书的科学家在校任职，成为科学教师（至少对小学和初中来说，没有必要）。

但是：

• 在职培训更有可能有效地为教师提供教学内容知识、技能，并能够让他们以热情的态度实施（本地化）综合课程，前提是：

○ 这些培训之间需要有间隔。

○ 这些培训能够让教师理解具体化综合课程发挥作用的原因。

○ 这些培训包括课程示范、实践、听取专家教师在教学时的思考和评价判断，以及这些培训包括同行协作和进行（高质量的）辅导。

• 如果提供教师培训的主办方也是综合课程开发的本地化/设计团队的一员，那么在职培训的效果会更好。

表8.10总结了教师专业知识持续发展的四种模式。

表8.10　教师专业知识的持续发展模式

模式	模式A	模式B	模式C	模式D
又称为	渗透式	脚本式	专业知识式	系统研究式
行为方式	教师在工作中潜移默化地学习	教师遵循一个由专家制定的课程脚本进行授课	教师对很多课堂教学方法都有所了解，并根据实际的课堂情况，凭直觉来混合使用这些方法	教师利用科学方法提出假设，并以实验形式衡量和加强其影响
训练方式	不提供训练，仅需有限的个人反思	针对如何有效地开展分支脚本进行培训，最终成为一名“脚本编写者”	培训教师使用新教学法，使其将新教学法加入实际授课过程中——教师在很大程度上要凭借自身的专业判断进行授课	进行科学研究培训，使教育者能够（在实际教学过程中）进行“探究循环”以增强其影响
思考方式	狭义、模糊	对“演员”来说，这一方式狭窄、明确，但对“剧作家”来说则广泛、深入、依据十足	广泛，但往往是直觉式思考；模式识别	广泛、深入、具有评价性，且需基于证据

这些方法中的每一种都在某种程度上发挥了作用——但是我们期望脚本式（模式B）和系统研究式（模式D）的效应值会更高一些。这也强调了为了取得进展，有时你会在前进途中后退一步（模式C）。事实上，17世纪的外科医生自认为他们在治疗中展示了专业技能，但如果没有系统的研究来评估他们的治疗效果，他们就无法知道自己使用的汞和铅基酊剂含有剧毒。

我们可以引用“可见的学习”项目中对7项有效教学策略的解析（效应值大小）来帮助引导教师关注积极的教学方法，包括以下7个重要方面：

1. 教师共同开展教学影响的评估工作d=1.22
2. 教师对所有学生都拥有高期望值d=0.90
3. 教师和学生都在朝着明确的成功标准前进d=0.77
4. 成功标准的设置难度应该适中d=0.74

5. 学生要把错误和教师的高度信任视为学习的机会d=0.72

6. 学生要最大限度地向教师反馈学习情况d=0.72

7. 教师要注重平衡表层学习和深层学习的比例d=0.69

因此，我们必须寻找合适的时间和资源使教师和课堂教学脚本作者能够共同评估他们对教学的影响——包括三个问题，即对什么的影响、对谁的影响、影响的程度如何。这一数值与教师对学生学习成果的期望本质有关，并且需要围绕不断增加的证据进行积极讨论（需要经常回顾学生的学习进度、使用效应值显示可以促进学生进步的教学方法等等）。这些专业技能强调了教师的评估性思维、适当的高期望值以及丰富的专业知识（该种知识有着超越了共享资源之外的独特见解，帮助教师更善于为学生着想，关注教学的影响而非教学本身）。当学生通过教师设置的成功标准了解到教师的这些高期望值时，他们就拥有了目标，知道如何解释课程并给予反馈，明白他们学习的进展并体验到挑战带来的兴奋。从学生的角度出发，这些成功标准应该被设置得十分恰当，既不应该太难也不应该太容易。

在课堂上使用这些成功标准时，学生就会知道现在做的事情与他们需要到达的目标之间存在差距，而且我们必须将这种差距视为积极性差距。因此，学生犯错、没学会、寻求帮助应被看作学习进步的机会，而不是失败的指标。事实上，对教师有着高信任度的学生会把失败看作最好的朋友。学生需要知道如何进行一个愉快又努力的学习过程——教师需要教授他们特定的学习策略，让他们知道什么时候是使用各种策略的最佳时机。当教师在聆听、评估、提问、收集学生的意见时，教师能够听到更多他们对学生影响的反馈，从而做出更好的调整，进一步增强他们对学生学习进步的影响。

上述7个方面超越了学科领域、学生年龄、学生能力（聪明与否）、地界（低收入、中等收入、高收入国家和地区），显示了教师评估性思维的重要性。如果不对这些具有高效应值的方面进行投资并大力发展

(或通过级别1至级别3类型的框架为其提供教学支撑)，那么我们获得教育回报的可能性就小得多。确实，我们已经解决了较容易的问题，但是困难的问题仍然存在。

总结

本章探讨了全球关于高影响力教学和学习方法的研究的应用。我们在前四章中找到了多个可以移除、部分挖空、不添加的“积木块”。不过，本章与前文不同，我们发现了许多值得添加的“积木块”。我们希望META^{X}数据库能够点燃一束火把，可以照亮一条通往目的地的最精益的道路。这条道路始于我们对大脑学习机制的了解，映射到具有高影响力的教学方法，然后进一步映射到我们如何支持教师和学生发展关于有效策略的专业知识，最后映射到能够支持、扩展和维持影响的学校/系统功能层面。换句话说，这条道路的前进过程是：大脑→学习策略→教师→课堂→学校→系统，而不是相反的过程。

通过精益思想的视角，我们可以从META^{X}数据库的研究中得出以下初步结论(附带风险提示)。

精益教育初步结论	风险提示
• 当教师知道何时采用这些方法、按照何种顺序使用这些方法时，高效的教学方法才会发挥最大的作用。	• 有效排序极具挑战性，因为它需要在不同年龄和不同课程领域的学习中兼顾表层知识、深层知识和迁移学习。 • 将教学顺序的决策权留给教师有利于他们提升自身的专业能力，明晰自主性概念，但可能不会达到最优结果。因此，综合课程可能会是更好的选择。

续表

精益教育初步结论	风险提示
• 综合课程在提高教学和学习质量方面有很大的潜力，而且成本适中（特别是在以下情况下：它们是脚本式/框架式课程，且里面包含明确的指示供教师参考，同时还允许在实施过程中进行即时评估思考和调整）。	• 请勿尝试即插即用。仔细研究该课程应如何适应当地的生态系统，如果有证据表明它并未达到预期效果，那就将其放弃。
• 选择在类似环境中具有可靠的证据证明其有影响力的项目。	• 我们无法保证该课程在您所处的情境中有效。但是请注意，如果它是根据认知心理学的研究结果构建而成，那么它能够产生影响的可能性会比其他课程高得多，因为人类的大脑都是通过大致相同的神经过程来存储和检索信息的！
• 成立本地设计小组，将这些课程逆行拆解，进行本地化处理后再将它们重新组合起来。	• 如果当地尚无课程设计骨干，那就需要对当地人员进行能力建设，培养一批骨干。
• 在尝试向全国/地区推广之前，需要仔细进行试点、反复评估，要特别注意引导和提高教师技能的最有效的方法。	• 跳过评估并假设你的课程会成功，或挑拣暗示该课程能够成功实施并产生影响的逸事和证据，可能很有诱惑力。形成性评估对迭代改进至关重要。

第九章 改进教育技术

在前面的章节中，我们探讨了与教师、学校结构、问责制驱动因素、高影响教学方法有关的各种“积木块”。我们可以将这些“积木块”移除、挖空，或者不再添加新的“积木块”。然而，我们讨论的许多措施并非新事物。国家对教师招聘和培训的管理已有300多年的历史，其对学校建设项目的协调亦是如此。各种问责和激励机制的源头至少可以追溯到罗马时代——这些机制包括授予表现优异的教育工作者以荣誉称号、发放奖金。也有减少高校教育学院的数量、公开批判表现不好的学校和教师。

不过，本章讨论的重点是一种1960年后才真正问世的教育干预措施——教育技术。更具体地说，这是指电子数字设备和/或在设备上运行的软件。我们将继续测试和探索一个潜在改进理论：

改进理论

假设：

1. 学生的学业成功不仅受到个人特征和社会经济地位的影响，还受到一系列更广泛因素的影响。

2. 学生所接受的教学质量对提高他们的学习成绩有重大影响。

3. 教学质量可以通过技术辅助手段来获得显著提高：(a) **监测**教育者是否在班教学；(b) **改善**其教学方法；(c) **节省教师时间**，使其能够将节省的时间用于自我评估和刻意练习。

4. **学生直接使用一些合适的科学技术**（即补充/增强学生与教师的互动），也可以显著提高学习成果。

因此，如果增加以下**投资**：

1. 师生**均有机会**在教学和学习中使用科技手段；

2. 利用高科技来监控教师行为（又称“技术问责制”）；

3. 使用能够提高教学质量的教育技术工具（例如，技术强化型教师培训和技术增强型教学——包括支架式或脚本式解决方案）；

4. 为学生配备能够自我访问的智能辅导系统，加强和扩展课堂教学效果和/或弥补教师缺勤带来的影响；

5. 使用能够提高**过程效率**的技术（例如，实现人力资本密集型流程的自动化，如学校时间表、作业批改、家长监督和为学生开发个性化学习路径——请注意，我们之前所确定的数据中没有一个明确探讨过节省教师时间的问题）。

这项投资的**回报**将会是：

1. 提高教学质量。

2. 提高学生学习成绩。

发展中国家（地区）的技术

在我们探讨最有效措施的相关数据之前，需要请大家注意，我们将讨论的所有与技术相关的干预措施都离不开电力支持，而且许多还需要使用互联网。虽然许多国家（地区）将要实现电力全覆盖，但撒哈拉以南非洲地区电力的普及率仅为47%。在尼日利亚、埃塞俄比亚和刚果民主共和国，能够获得电力供应的人口比例分别为55%、48%、19%。仅在这三个国家就有大约1.75亿人无法获得电力供应。下一个面临的挑战就是互联网，截至2020年全球仍有50%以上的人口未能联网。

在电力和互联网普及的司法管辖区，学校仍然经常缺少数字设备。例如，印度只有不到20%的学校拥有供个人使用的硬件设备。教育技术中心（EdTech Hub）的数据表明，在非洲的4.5亿多名儿童中，只有1900万名儿童在使用数字教育技术，而且其中大部分仅限于观看教育类电视节目的儿童。

然而，我们也不必过于悲观，因为：

- **成本下降**：1965年，英特尔（Intel）联合创始人戈登·摩尔（Gordon Moore）注意到集成电路板每平方英寸上的晶体管数量每年都在成倍增长，他预测这一趋势至少会持续几十年。这一定律现被称为摩尔定律。这也使得计算处理能力呈爆炸式增长，且成本越来越低。
- **“免费”电力**：低收入地区并不会突然奇迹般地安装好发电站或配电网。但可再生能源/太阳能和电池技术的最新进展意味着安装这些设备已不再是使用电的必要措施。而且，根据摩尔定律，我们预计太阳能发电机的成本将会下降，其产生的电能会显著增加。
- **卫星互联网**：亚马逊（Amazon）、太空探索技术公司（SpaceX）等几家公司已经开始发射大量卫星群，打算利用它们从太空提供高速5G无线互联网，而且该网络可以从地球任何地方进行访问。然而，在2030年之前，这一系统不太可能进入全面可运行阶段。

更便宜的设备以及无须铺设昂贵的基础设施即可接入电力和互联网的融合，为教育技术的民主化提供了前景。然而，从精益角度来看，此时此刻的问题是，教育技术是否值得在当下投资。

META^{X}数据库中的教育技术数据：概述

表9.1展示了相关的META^{X}数据库数据。我们将数据划分为两个版块：硬件使用，以及与改进理论相关的各种使用环境。我们共找到关于

14 000多项个体研究的206项元分析，涉及超过400万名研究参与者。因为这些研究主要来自高收入国家（地区），所以我们在解释这些研究时必须**非常谨慎**。

表9.1　关于教育技术的META^{X}数据

影响因素	元分析数量	研究数量	效应值(d)
硬件使用			
一对一笔记本电脑	1	10	0.16
计算器的使用	5	222	0.27
点击器（信息反馈）	2	81	0.22
手机/触控设备/平板电脑	8	368	0.48
教室里的智能手机	1	39	−0.34
教师问责制相关技术			
—	—	—	—
提高教师教学水平的相关技术			
微格教学/视频复习课	4	402	0.88
脚本教学法	6	652	0.59
提高教师教学水平和学生成绩的相关技术			
网络研讨会	1	15	0.33
游戏/模拟	27	1634	0.34
交互式视频	6	372	0.54
在线数字工具	9	344	0.33
远程教育技术	2	28	0.01
使用演示文稿	1	12	0.26
智能辅导系统	5	299	0.51
基于网络的学习	4	163	0.33
视听教学法	8	452	0.36
程序教学	8	1889	0.23
视频通话和社交媒体	3	72	−0.07

续表

影响因素	元分析数量	研究数量	效应值(d)
使用环境			
适用于小学生的技术	6	264	0.44
适用于高中生的技术	9	681	0.30
适用于大学生的技术	16	2636	0.45
数学教学中应用的技术	19	898	0.33
科学教学中应用的技术	6	391	0.23
阅读和识字教学中应用的技术	15	652	0.29
写作教学中应用的技术	3	70	0.42
其他学科中应用的技术	3	96	0.55
适用于有学习需求学生的技术	4	114	0.57
适用于小组学习的技术	3	193	0.21
家中的电视	3	37	−0.18
远程教育	18	1143	0.14
流程效率技术			
—	—	—	—
	元分析数量	研究数量	平均效应值(d)
总计	206	14 229	N/A

好消息是，在表9.1中列出的30种技术干预措施中，只有3种可能会产生负面影响，即可能会对学习造成损害或使学习成绩倒退。它们分别是：

1. 课余时间过度看电视。它对青少年的危害似乎比对低年级学生的危害更大，这也许是因为前者被布置的家庭作业更可能会受到看电视的干扰。不过，我们注意到，许多低收入家庭很少有机会在家中看电视。这也许是个好消息，也是一个“少即是多”的例子。然而，在新冠肺炎疫情期间，电视和电台广播是低收入和中等收入国家（地区）在学校停课期间提供教育的为数不多的手段之一。

2. 将社交媒体用作教学和学习工具。它可能会分散学习者的注意力，并成为网络欺凌的一个渠道。不过，我们需要注意，这只是社交媒体的一种常见用途，我们将在下文继续探讨这一点。

3. 在教室里使用智能手机。和上文提到的一样，它也会分散学生学习的注意力。我们注意到，许多低收入和中等收入国家（地区）中使用智能手机的人数日益增加。如果使用得当，这些设备可以用来传输高质量的教学与学习的内容和评估，以提升学习效果（而且教育系统无须为所有的这些支付技术费用！）。但是，如果学校不计划如何以积极的方式利用学生的设备，那么危险就显而易见——学生会用这些设备下载很多猫咪视频，从而导致其学习任务专注度降低，学习成绩下降。

$META^X$数据库中列出的其余27种教育技术干预措施都不会使学生学习成绩倒退。每个措施的实施效果或多或少都有一些。然而，聊胜于无并不是正确的基准，因为这些技术通常会应用在现有的学校生态系统中，并且在许多情况下，采用并实施这些技术所投入的时间和基础设施成本意味着，我们将不得不撤除一些学校生态系统中的现有活动和干预措施。然而，被取代事物可能会产生比取代它的技术更大的效应值。

表9.1中列出的干预措施的平均效应值为d=0.31。这一数值与20世纪60年代研究的平均效应值相比有所提高。该效应值自20世纪70年代以来就没有明显增加，但在那个年代，可用的教育技术十分简陋。你还能记得有绿色屏幕和附加磁带卡座的终端设备吗？它们产生的学习成果竟与用现代设备产生的学习成果类似。而且，当我们对效应值高于d=0.40的干预措施总数进行统计时发现，30种干预措施中只有11种达标，具体原因会在下文说明。

META^{X}数据分析对低收入和中等收入国家（地区）的影响

在本小节中，我们首先回顾了设备使用产生的一系列回报（即如果你只是把设备给学生和教师，让他们自己去使用这些设备，会发生什么？）。再则，我们探讨了用于教师监督和问责制目的的相关技术研究。之后，我们讨论了有关利用设备提高教师在课堂上的表现的问腿。以及最后，让学生在学习中独立使用这些设备的相关问题。

硬件使用

在此部分共有17项元分析，汇总了720项研究的结果，涉及近19.5万名参与者。从广义上讲，这些研究探索了将不同类型的电子硬件分发给学校供师生使用后的学生学习成果。调查结果整理如下：

- **为学生配备个人笔记本电脑**

郑等人综合了10项研究的结果。这些研究探讨了向美国学生提供个人笔记本电脑的影响，即一个班级、年级、学校或地区的所有学生人手一台电脑，学生在校期间会使用这台电脑，有时还会在家里使用它。学生电脑主要用于写作、修改作业、在网上进行学业研究，以及使用教育软件或工具进行个性化学习，其总效应值为d=0.16。虽然该措施的效应值为正值，但明显低于临界值d=0.40。

讽刺的是，我们注意到，为每个孩子都配备电脑的投资已成为许多捐助者和低收入和中等收入地区政府的优先事项。然而，与郑等人开展的高收入国家（地区）元分析一致，来自低收入和中等收入国家（地区）的影响评估也没有特别令人鼓舞。在拉丁美洲，有关哥伦比亚、秘鲁、乌拉圭和哥斯达黎加等地的研究发现，仅分发设备并不能显著提高学生成绩。在洪都拉斯，人们仔细核算了实施成本，结果发现，配备笔记本电脑不仅对学生学习成绩没有统计学意义上的显著影响，而且每位学生的资助成本比先前使用的印刷练习册和活动表高出近50美元。这也许并不令人惊讶，因为分发笔记本电脑，然后期待奇迹出现，就像建造教室然后希望实现伟大的教学和学习一样荒诞。这一想法非常神奇，但重要的不是给学生分发电脑，而是我们如何利用这些电脑。

● 提供计算器

META^{X}数据库中包含5项关于在数学中使用手持计算器的元分析。这些研究汇总了222项关于探索计算器的存在与否和学生成绩之间关系的研究结果，其平均效应值为d=0.27，虽然该数值低于临界值d=0.40，但实施这项措施每位学生所需成本不到1美元。然而，我们注意到，这些元分析之间的效应值存在显著的异质性，最低的效应值为d=0.14，最高为d=0.49。造成这种差异的原因可以解释为教师教学方法的不同——这可能会在提高教师数学教学内容方面带来额外投资。然而，即使没有额外的教师培训，我们也看到学生的学习成果有一定程度的改善。这是因为，计算器可以帮助学生减少认知负荷，让其大脑有空间思考解决数学问题的最佳方法，而不必为进行手动计算（和计算检查）而备受困扰。然而，与其他形式的教育技术不同，计算器在理工科（STEM）教学环境之外的效用比较有限。

● 点击式反馈工具

基于81项研究的2篇元分析研究探讨了学校内点击器硬件的部署情况，共涉及26 000多名学生。点击器是分发给教室里学生的手持远程设备。学生可以使用这些工具在教师进行的测验或调查中进行投票，投票结果可在交互式白板和教师的个人计算机上查看。点击器以一种快速而不引人注目的方式来收集课程中的“脉冲数据”。

这一措施的总效应值为d=0.22，很明显，它仍旧低于临界值d=0.40。有三件事让我们对投资点击器不感兴趣：（1）每单位20美元以上，单位成本相对较高；（2）实施这一措施需要投资类型更广泛的硬件设备，即教师笔记本电脑、电子白板、数据投影仪；（3）我们从第八章中了解到多种有效的教学方法，这些方法没有任何成本，或其成本只相当于点击器的一小部分，却能达到相同（或更好）的效果。比如，让孩子们举手示意，并举起为他们发放的交通信号灯卡，通过举起的卡片颜色来显示他们目前的理解水平（绿色=我准备好继续学习新知识了；黄色=我掌握了窍门；红色=我学习遇到了困难），或者问一些开放性问题并故意停顿，以此衡量学生当前的理解水平。

● 教室中的手机、触控设备、平板电脑和移动电话

我们确定了基于368项研究的8项元分析数据，涉及19 735名参与者。这些元分析审查了课堂环境中移动设备、平板设备的使用情况。其平均效应值为d=0.48，高于临界值d=0.40。这表明，从表面上看，触控设备可能值得投资。

然而，我们仍然怀疑是否因为我们仅调查了这些设备的相关资料，所以才达到这一效应值。这项技术与笔记本电脑几乎完全相同，而后者产生的影响非常小。诚然，设备尺寸较小会增加运输的便利性，但较小的屏幕、物理键盘的缺失也会对其使用环境带来限制。我们还注意到，这些元分析的效应值具有显著异质性，最高的效应值为d=0.73，最低为d=0.29。我们认为，不仅仅是手机、平板设备的存在对效应值直接带来了影响，更是如何使用它们的问题带来了影响。当它们被用于进行探究、协作、合作学习和智能辅导软件的部署时，其产生的回报更大。但所有这些都可以在不使用平板设备或任何数字科技（甚至是智能辅导软件，我们将在下面探讨这一点）的情况下实现。

如前所述，我们还注意到，教室中移动电话的存在会严重阻碍学习进度。凯特（Kates）等人发布的元分析报告回顾了39项研究，共涉及149 000名学生，最终得出的效应值为d=−0.34。当学生在课堂上使用移动科技设备时，这些设备会对其学习造成干扰，他们的关注点会在社交媒体信息而不是学习上。我们从多任务的研究中得知，人类的工作记忆一次只能处理一项任务。当我们不断地在不同任务之间切换时，大脑的生产力就会相应地下降，这也就是巨大的负面影响产生的原因。

总结：硬件使用带来的学习回报

根据我们对17项关于教育技术应用的元分析的研究，我们认为想要仅通过分发设备来改善学生学习成果的想法很神奇。为了使对数字设备的投资取得成果，我们必须跨越以下6个障碍：

1. 设备最终能够到达预期接收者的手中；

2. 接收者知道如何使用设备；

3. 接受者确实在使用它们；

4. 设备是以教育为目的而使用（而不是看猫咪视频或社交媒体）；

5. 教育目的能够在该设备上被利用并显著促进高影响力的教学方法；

6.（从精益的角度来看）实施成本不能高于现状。

简而言之，设备的使用情境至关重要。现在，我们继续探讨不同类型的教育回报的相关数据。首先从教师问责制开始，然后到提升教师教学水平的相关技术，最后到由学生独立使用的相关技术。

教师问责制相关技术

在第七章中，我们讨论了教师缺勤这一棘手问题——瓶颈1是教师不到校上班，瓶颈2是教师不到教室上课。我们还审阅了有关激励导向制的证据资料，期望能鼓励教师更多地参与到儿童的学习生活中。问责驱动机制的其中一部分是使用技术来鼓励教师提高出勤率——无论是通过监督还是行为上的劝导。不过，META^{X}数据库无法帮助我们回答这些方法是否有效，因为我们甚至无法找到相关的元分析。然而，我们确实从一些较小规模的低收入和中等收入国家（地区）的研究中找到了一些相关的影响证据。部分证据如下：

• 阿克（Aker）和科索尔（Ksoll）审查了尼日尔随机性移动电话监督倡议的影响力。实验为期6周，共分为实验组和对照组。实验期间，教师、学生、村长每周都会接到“监督电话”。最终得出的结果是，实验组学校的学生读写能力提高到d=0.30的效应值，数学成绩提高到d=0.15的效应值。

- 迪弗洛（Duflo）等人评估了在印度摄像头监控对教师出勤情况的影响，以及将教师工资与其在学校和课堂的出勤情况挂钩的影响。实施这项措施需要一名指定学生在上学和放学时使用具有防篡改数据/时间水印功能的相机给教师拍照。在为期30个月的项目中，教师缺勤率下降了21%，学生考试成绩提高了d=0.17的效应值。在印度尼西亚开展的类似试验也表明，开展试验后，教师在课堂和教学的时间比例有所增加。

- 瓦基斯（Vaski）和法凡（Farfan）分析了向秘鲁教师手机发送定时短信的影响力。这其中包括截止日期提醒的信息和激励性信息。然而，这一举措对课堂行为和学生学习成果的影响尚无定论，因为该研究的主要衡量标准是教师观念的变化。

我们认为，扩展和维护在尼日尔研究中实施的人力资本密集型移动电话监督项目可能挑战性太大。相比之下，秘鲁研究中使用的短信提醒功能的时间成本和经济成本要低得多，每条消息的成本为0.03美元，并且该措施可扩展到任何使用个人设备的教师身上。然而，我们需要更多地了解教师会在多快的时间内对这些信息免疫并忽略这类信息、最佳沟通频率、语气/行动号召等。印度的摄像头监控研究也应如此——这个研究中的一个风险是，它只会对教师产生不正当激励，让他们在课堂开始和结束时在场，而不是在上课期间在场，或者会使其虽然出现在课堂上，却不认真教学（瓶颈3）。而且，正如第七章中所讨论的，关于这些方法在释放教师的协作专业知识、显著提高其课堂表现的影响方面，我们仍持非常悲观的态度。为此，我们（或许）需要更多地关注下那些成功案例的策略。

提升教师教学水平的相关技术

在第八章中，我们介绍了教师专业知识的持续发展的四种元模式，如表9.2所示。

表9.2　教师专业知识的持续发展的四种元模式

模式A	模式B	模式C	模式D
渗透式	脚本式	专业知识式	系统研究式
教师在工作中潜移默化地学习	教师遵循一个由专家制定的课程脚本进行授课	教师对很多课堂教学方法都有所了解，并根据实际的课堂情况，凭直觉来混合使用这些方法	教师利用科学方法提出假设，并以实验形式衡量和加强其影响

最右栏的教师发展模式（模式D）是**系统研究式**，指的是教师利用科学方法/评估性方法提出假设，然后进行“实验”，并收集证据来衡量它们的影响。这种方法（或至少是对它的渴望）在高收入国家（地区）的背景下很常见。这一方式的理念是，教师像研究者或科学家一样思考，并不断进行（临床）探究循环来增强其影响力。这与我们在第五章中探讨的教师集体效能感相一致。教育技术也可以帮助解锁模式D，特别是使用基于视频的教师教学表现分析，我们接下来会讨论这一点。

● 微格教学/基于视频的教师教学表现分析（模式D）

在META^{X}数据库中，有402项研究审查了录像对职前教师培训和在职的有经验教师的影响，得出的总效应值非常高，为d=0.88。事实上，利用视频来记录和回顾教学是我们已确定的有最大影响的技术干预措施。

然而，准备好对自己的课程进行录像并观看回放需要很大的勇气。当你第一次在小屏幕上看到自己时，你会感到非常尴尬，因为你意识到，你对自己的站姿、走路、说话、表情和行为的自我概念往往与你在视频中看到的情况截然不同。许多好莱坞演员都明确表示他们会刻意避免观看自己的作品，因为他们担心自己会不喜欢作品中的自己。所以，对于教师来说，第一个挑战是愿意拍摄自己，第二个挑战是愿意观看拍摄的视频。同样，审查视频的人需要注意，不要让对声音、服装等的偏见干扰到对学生学习的教学质量评估。

还有第三个挑战。研究告诉我们，虽然录制和私下审查课堂教学视频可以提高教师教学技能和学生学习成果，但当教师互相对彼此的视频进行审查，并发表意见时，带来的好处会更大！不过，这需要学校内部具有非常强烈的信任文化，需要每个人都承诺会利用这些数据来进行集体改进，而不是借此问责。这种合作信任与自我效能感和教师集体效能感有关，我们已经在第五章和第七章中讨论过这一点。我们的预感是，视频分析技术更多的是对已经很高效的教师起到一种促进作用。

实施教师视频分析/微格教学有着最大影响的方法包括：

- **定期收集并自我审查视频片段，并重复播放视频**。如此一来，教师可以从不同的角度（例如，教师谈话时间、开放式与封闭式问题、学生投入任务的时间、学习目标的清晰度、对课堂问题的反应等）进行审查和再次审查。
- **多角度拍摄**，特别是从学习者角度进行拍摄，从而推断他们的参与程度，以及对教师选择使用的课堂教学方法的反应。
- **协作审查视频**。使用提问工具或课程观察评分标准来帮助开展同行评审和反馈。

实施微格教学最有力的方法包括定期收集视频片段、暂停视频并一遍遍重复播放视频，如此一来，教师可以（合作）对具体的微观实践进行归纳和审查。“可见的学习”是教师通过学生的眼睛观看学习过程，所以，当录像的对象是学生和教师时，这也是合理的。

实施这项措施需要技术保障，不过，现在这已经不是什么难题，因为即使在撒哈拉以南非洲这样的低收入地区，估计有三分之一的手机用户拥有配备了视频录制功能的智能手机。现在更切实可行的做法可能是思考如何利用这些移动技术来更好地对教师进行培训、指导并扩展其专业知识，以及如何使各地区的教师共同努力来提高对学生的影响。除了技术之外，教师还需要有合适的评估标准，以便能够促进协作式课程评估和教师培训的发展，从而建立教师之间的信任，彼此分享教学视频。因此，我们认为这项措施具有很高的影响潜力，但在快速扩大规模方面的潜力要小得多。

● 数字化脚本直接教学法（模式B）

第八章讨论了高影响力教学方法对学生成绩的证据。研究中明确而一致的发现是，充分利用认知心理学关于记忆、记忆留存、遗忘、强化、注意力、认知负荷和领域特异性的教学法更有可能帮助儿童获得更深入、更持久的学习成果。

然而，问题在于，不同的教学方法适用于学习周期的不同阶段、不同的年龄组以及不同的主题和子主题。如果任由教师自行决定教学方法，那么教师要始终如一地挑选和组合最佳方法是极具挑战性的（即专业知识的持续发展模式中的模式C）。研究表明，更有效的方法是让专家为每个课程制定一个通用的（但同时又在文化方面本地化的）脚本，在正确的时间整合正确的教学法，然后在课堂上与教师和学生一起测试、完善并不断更新迭代（也称为脚本式直接教学法）。这属于教师专业知识的持续发展模式的模式B。

正如我们在第八章中所说，这种脚本式直接教学法（DI）是由西格弗里德·恩格尔曼首创于20世纪60年代的美国。它将学生分成众多班内能力小组，而教师则遵循一本脚本手册为他们逐字逐句提供准确无误的课程内容——这些内容既适用于整个班级，也适用于教师与不同能力小组的互动。虽然对脚本教学法的一个常见反对意见是，它使教师变得去专业化——教师成了仅念台词的演员——但有极其有力的证据表明，它对提高学生的考试成绩有积极影响。

如第八章所述，我们已经确定了6项元分析，这些元分析汇总了652项研究的结果，涉及42 000多名研究参与者，且都与实施直接教学法有关。经分析，它们的平均效应值高于临界值，为d=0.59。第三章中来自发展中国家（地区）的57项系统评估报告也发现，在低收入和中等收入国家（地区），有强有力的证据证明脚本式/结构化课程计划和统一的学生学习材料的影响。

自从（相对便宜的）数字设备出现以来，我们见证了脚本式直接教学法从纸质手册到教师手持平板电脑的转变。而且，数字化脚本教学法有可能通过以下方式显著提升过程效率：

- **使教学脚本能够定期快速更新并推送到所有联网设备**，而无须再打印新的脚本或使用传统物流派发新脚本。
- **通过教学内容监视教师教学进度**，确保其速度适中，并确保他们确实出现在学校并进行课堂教学（可以通过全球定位系统或在每节课开始和结束时拍摄带时间水印的照片来监控教师的行踪和教学）。
- **用视频内容或**（预先录制的和现场直播的）教师直播来改善教师教学效果。这意味着，教师在课堂上的角色有点像“电视主播”，充当不同“记者”之间的联结和策划人。
- **自动获得并汇总学生成绩数据**，例如，通过智能手机摄像头对多项选择题的回答进行光学字符识别（然后脚本编写者可以利用该数据来得知学生表现不佳的地方，并借此知晓脚本在下一次推送更新中可能需要增强之处）。
- **教师能够在同一教学应用程序中无缝记录学生出勤情况。**

我们将这些数字过程视为“进化”而非“革命”，并且我们注意到，至今仍缺乏有关数字化与纸质化脚本教学法是否能使学生的成绩明显提高的系统数据。但我们认为，在忠实开展纸质化脚本教学法的前提下，它没有理由会降低纸质化脚本教学法的效应值。我们还注意到，最近对危地马拉、巴基斯坦、巴拉圭和印度的类似于数字化脚本教学法的方法进行了评估，结果显示发展很有前景，且印度的名为“思维火花项目”（Mindspark program）的项目也包含了计算机辅助教学的内容。

提高学生成绩的技术：智能辅导系统

让学生按照自己的节奏通过个性化课程取得进步的纸质课程已存在70多年，比如日本发明的公文式学习法和伦敦学校使用的“中学数学个性化学习实验”（SMILE）。这些项目首先会对学生做一个初步评估，了解孩子们已经知道什么。然后，教师从1000张活动卡中选择合适的活动卡，让孩子们独立完成卡片上的任务。阿伦是“中学数学个性化学习实验”的一个实验对象。5年来，他除了活动卡之外，没有接受任何的数学指导！

中学数学个性化学习实验和公文式学习法都主张进行高保真教学——很像前文所述的脚本式直接教学法。它们还能使学生按水平而非年龄或年级取得相应进步。尽管教师如何通过卡片设计学习过程是一门“艺术”，但这属于人力资本（或教师）密集型措施——教育工作者必须对初始诊断测试的结果做出假设，然后选择活动卡，不断评估学生的进步情况，从而决定每位学生的下一步学习方向。

智能辅导系统的功能与公文式学习法、中学数学个性化学习实验一样，教师不需要投入太多精力。学生通过平板电脑或者笔记本电脑访问这些系统，进行初步诊断评估，以便系统（而非教师）确定儿童的读写能力或算术水平。然后，系统决定应该为学生提供哪些学习对象或课程，并根据学生对持续的形成性评估测试的反应，推断学生是否已经学习过这些概念或主题，进而决定学生下一步的学习方向。

最好的系统还会认真监测学习任务对学生的难度是否过大，然后根据情况来决定是提供精心设计的提示，还是将学习对象换成难度较低且更合适的内容。一些（甚至）更好的系统还借鉴吸收了关于记忆和遗忘的认知心理学研究，要求学生在大约6周后重新学习之前的学习内容，借此巩固他们对所学知识的理解，加深记忆（这与第八章中讨论的表层学习巩固策略有关）。教育工作者还能够通过教师数字仪表盘来衡量学生的进步，该仪表盘能够深入了解特定学生在哪方面有困难，以及学生通常在哪些方面存在共同误解或误读。

来自299项个人智能辅导系统研究的5项（高收入国家和地区）元分析共涉及22 700名研究参与者，产生的总效应值为d=0.51。这表明该措施值得投资。而且，由于更便宜的数字设备和更易获取的太阳能发电，智能辅导系统比以往任何时期都更加可行——即使在低收入国家（地区）也是如此。此外，还有越来越多的低收入和中等收入国家（地区）研究能够提供智能辅导系统的影响证据，比如，智利、印度、厄瓜多尔、柬埔寨、马拉维。第三章中的许多系统评估报告也强调，计算机辅助教学（又称智能辅导系统）是非常有效的干预措施。

目前，智能辅导的影响证据在数学、科学方面最具有说服力，接着是读写能力方面。除了需要将学习内容和当地语言和文化背景相融合之外，这些系统的实施难度与其他措施相比更小，而且有可能比我们迄今为止讨论过的任何或者许多干预措施见效更快（且保真度更高）。它们可以作为平行/独立的倡议与传统教学方式并行，只需要教师在学校里腾出时间让孩子们登录系统、参与活动，然后再切换回传统的教学方法。

如果该措施能得到教师专业发展项目的配合，它对学生学习的影响可以显著增强。学校可以对教师进行培训，使其能够在学生个人和班级/小组层面上解释系统生成的诊断数据，从而确定他们如何以及在何处进行改进。在教师有条件使用平价投影仪的情况下，许多智能辅导系统还包含一种“教学模式”，使师生能够共同完成系统的一个学习片段。

随着生物识别技术（可以测量心率、皮肤电反应，甚至脑电波的平价穿戴式设备）的进步以及深度学习人工智能的改进（持续评估其有效性并迭代其协议进行自我学习的算法），我们预计未来10年内，智能辅导系统将得到进一步显著改进。学生们可以戴上便宜且不显眼的微小设备，将实时数据传回系统。系统能够借此推断学生的状况，比如他们是否感到无聊、兴奋、认知负荷过重等。在未来，人工智能还能跟踪呼吸率；通过设备的内置麦克风，跟踪记录孩子在学习时大声说出的内容；通过利用平板电脑或智能手机中内置的数码相机中的眼球追踪软件，追踪学生在设备上所看的位置及相应的内容。所有这些都将帮助人工智能推断如何进行个性化学习，以及如何改进学习者的通用内容库。

在未来几十年，深度学习人工智能或许可以提高智能辅导系统的发展潜力，使系统能够在学生进行研究和构思论点时提供实时指导（通过口头讨论进行指导），并根据评分准则和模型/范例答案进行形成性评估。最后，我们认为，随着软件平台的发展，这种互动和反馈可以（通过持续的改进）变得与最优秀的真人教师一样好。

教育技术：下一步是什么

虽然我们对当前**大多数**教育技术类别的学生影响数据不太感兴趣，但一些现有的和实验性的技术有望在未来几十年对学生和终身学习（者）产生深刻影响。表9.3中总结了部分未来教育技术。

表9.3　教育技术的未来之路

技术	现状	描述
5G	已经发明，需要推广	第五代无线互联网提供高达每秒20GB的数据传输速度
智能眼镜	已经发明，需要改进	包含增强现实/虚拟现实显示器的隐形眼镜或眼镜。这项技术可以将互联网世界从你的手上（即智能手机）转移到通过“平视”显示器与你的视网膜直接且持续地接触
虚拟触觉技术	已经发明	一种振动的可穿戴设备，能够给人以触摸感、阻力感和其他感觉
生物识别技术	已经发明	通过微型设备监测心率、皮肤电反应、呼吸频率和脑电波。这些设备可以与人的身体相连接并进行远程监测
脑机接口	处于开发初级阶段	将数字电路嵌入大脑以实现双向数据传输
基因工程技术	处于开发初级阶段	例如，使用CRISPR-Cas9基因治疗法对胚胎和人类进行基因改造，增强人体性能（如工作记忆、智商、寿命等）
深度学习人工智能	已经发明	通过查看训练数据、重新校准和评估来进行自我学习的算法——包括语言学习/翻译等领域

从近期和长期来看，表9.3中包含着一些有趣的精益教育的技术应用，例如，虚拟学校教育、外语学习的终结、基因工程和脑机接口。我们将在下文讨论这些内容。

虚拟学校教育

随着宽带的价格越来越便宜、速度越来越快、质量越来越好，以及虚拟现实眼镜和触觉可穿戴设备的出现，我们也许很快就能进入与现实几乎没有区别的虚拟世界。这使数字校园的创建成为可能——孩子们足不出户就能学习。并且，随着学校的虚拟化，入学的支出成本会显著降低。不过，短期内仍需要真人教师的指导。在很长一段时间内，一位温暖、有爱心、善于教学的教师仍然是学生所需要的。

现有的面对面教学的缺点之一是，它常使学生变得顺从，尽力把每件事都做“对”，而且不好意思说明自己在学习中遇到的困难。然而，学生似乎更愿意在社交媒体平台上和教师以及同伴们谈论他们不知道的东西、他们的错误和误解，并通过社交媒体澄清误解。使用社交媒体可以减少丢脸，例如，网络上可以有一个教育界的“忏悔室”，学生可以匿名进入电子“房间”，在困难之处寻求教师或同伴的帮助。

外语学习的结束

深度学习人工智能在语言翻译方面做得非常好，有望在2030年达到母语者的流畅程度。在许多中等收入及高收入国家（地区），智能手机应用程序已经用于实时翻译。通过将这种不断改进的技术与智能眼镜和耳机相结合，我们预测，很快就可以使用增强现实技术进行语言同步合成语音模式，从而产生与你交谈的人和你用的是同一种语言的错觉。我们想知道，随着这项技术的进步，是否有人还会努力学习外语？我们还从中看到了强大的全球化潜力，因为语言将不再是各地年轻人进行参与、合作和创新的阻碍。

基因工程技术

从长远来看，我们预见到基因工程有提高工作记忆、智商和毅力方面的潜力——尽管监管/道德约束以及如何分离出正确的基因组合以进行编辑/操作的实际挑战意味着，至少几十年内，我们不太可能看到基因工程的广泛应用。根据其部署方式，理论上它可以“提升”每个人的生物学习能力。但是，这听起来像是我们在制造我们想要的学生，而不是培养现有的学生。

脑机接口

未来，脑机接口植入的风险可能会降低很多，并能够与大脑更多部分进行有意义的连接。这使得脑—脑，以及脑—云的蓝牙连接最终有可能实现，这有可能（从字面上）导致学校教育的终结，因为我们可以在几秒钟内从应用商店获得新技能。然而，我们预测，这项技术在2070年之前不会广泛使用，而且，我们担心，这项技术会在发达国家（地区）与发展中国家（地区）之间形成一条新的鸿沟。

总结

本章探讨了技术对提高发展中国家（地区）儿童学习成绩的当前影响和潜在影响。从精益教育的角度来看，我们可以初步得出以下结论（附带风险提示）：

精益教育初步结论	风险提示
• 仅通过采购和分发数字设备就希望加强教学和学习效果，这是一种神奇的想法。 • 只投资于那些能构成证据驱动的改进理论的一部分的设备。注意，（通常）基于纸张的系统可以产生与数字设备相同的影响，而成本却很低。	• 大规模采购数字设备提供了吃回扣的机会，因此，在腐败盛行的系统中，无论是否有关于其效用的证据，它都可能是一个诱人的政策选择。 • 除了缩减班级规模、加强学校基础设施建设之外，设备也将成为学生学习不好的另一个借口。
• 教师问责制相关技术可以提高教师的出勤率。	• 仅靠监测不太可能改进教师在课堂上使用的教学方法。
• 使用微格教学或教师教学表现视频分析可以显著提高“模式D”教师的教学表现，提高学生的学习成绩。	• 本地需要有可用的拍摄视频的技术。 • 需要努力培养教师间的信任感，使教师有信心对其课程进行录像并进行同行协作审查，否则在新鲜感消失后，技术就会被搁置一旁。 • 当其用于问责时，模式D的积极效益可能会减少。
• 数字化脚本直接教学法有可能显著提高模式B教学的质量和一致性，减少学生成绩分化。	• 需要认真对待教师对教学职业性质的看法（即担心被降为演员的地位）。 • 虽然技术可以提高分发或更新的速度，也可以与智能辅导系统整合（见下文），但是这些方法不需要技术也能起效，纸质脚本也很有效。
• 智能辅导系统有很大潜力能够提高学生的计算能力和读写能力。	• 需要认真将其与目标语言和文化相融合。 • 还需要制定缓解战略，以确保这些设备留在学校内并用于预期目的。 • 目前，这些方式在补救和强化学习方面比教师更能发挥作用。 • 需要小心把握“度”。许多研究证明，如果学生每周使用系统的时间超过90分钟，效果就会递减。
• 从长远来看，（目前的）实验性技术远比本书第二部分所确定和讨论的任何改进措施更有可能对教育成果产生变革。	• 技术规划表总是比预期时间长。 • 一些更具争议的技术，如基因工程和脑机接口，可能（最终）会淘汰整个学校教育。

读者朋友们，本书第二部分到这里就结束了。第三部分会展示所有实用的、探索性的工具和流程，你可以使用它们来将研究证据转化为行动，从而对教学和学习产生深远而奇妙的影响。

·第三部分·

将实证转化为行动

第十章 从倡议到行动

在本书第一部分我们提到，教育的全球普及是现代最伟大的成就之一。学校的建成，教师的招募，让接受教育的儿童比例快速增长。然而，在获得教育的机会问题（较容易的问题）和教育质量问题（较难的问题）上仍然有许多空白，特别是对低收入和中等收入国家（地区）来说。虽然加大资源投入可能会有所帮助，但我们认为更应该考虑从低投入中获得高成效：让教育变得精益。如果希望教育系统领导者拥有精益理念，他们需要从其他国家（地区）获得有关低成本高产出的干预措施的高质量数据。

然而，来自低收入和中等收入国家（地区）的可用研究相对较少。据我们统计，共有汇总了3912项研究的57篇系统报告。剔除重复研究后，高质量研究的净数量大约不超过2500项，包括各类不同的研究主题。因此，我们建议将“可见的学习META^{X}数据库”作为一种“权宜之计”。META^{X}收录了基于10万多项研究的1700多项元分析，总共涉及3亿多名学生，可以说是世界上最大的关于“什么教学法最有效”的教育数据库。然而，其中大部分数据来自高收入国家和地区，我们必须谨慎地解读与应用。因此，我们将重点聚焦到基于5万多项研究的856项元分析，它们都是与发展中国家（地区）的情境背景最相关的研究。这样一来，当把所有发展中国家（地区）的研究也纳入其中之后，我们总共分析了基于53 219项研究的913项系统报告。

在本书第二部分中，我们把教育比作叠叠乐游戏，利用META^{X}来确定那些可以被移除、挖空、不能添加或可以偶尔加入的教育“积木块”。

我们提出了一些挑战性的建议，包括减少对教师职前培训的投资；不要求教师拥有所教学科的学位证书；缩短上学时间/学年，强调质量而非数量；不缩减班级规模；实施混龄班级；设立关于影响变量的教学领导；按能力分级教学而不是按年级；实施支架式或脚本式课程；加强教师专业发展和实施智能辅导系统。

实证能转化为行动吗

在本书第二部分的五个章节中，我们提出了30多条关于停止/避免启动、削减和（偶尔）投入更多新资金的倡议。然而，有一个问题我们非常清楚，那就是如何将这些倡议转化为行动，并在随后通过这些行动对教育产生影响。当我们审视赞助方、非政府组织和各种智库制作的各种精美报告中的建议清单时，我们不断地感到，要把这些清单转换成真正有意义的行动有多么困难。

只知道某个建议会“有成效”是不够的。我们需要确定它是否与我们的本地实际环境相关，即它是否有助于解决我们的问题或有助于实现我们的目标。然后，我们需要了解实施过程所需的详细的、具体的步骤，以实现大致的预期效果。显然，我们在本书上文中讨论的内容基本不涉及实践操作，不能帮助教育部门因地制宜地选择、实施、评估、完善、维持和扩展应该采取的有效措施。

在一定程度上，教育改革工作极其复杂。大约40年前，拉里·库班（Larry Cuban）将教育改革比作一场海上的风暴：“海面动荡激烈，而海底十分平静（甚至几乎不受影响）。表面上，政策剧烈变动，发生着重大变化。而在体系深处，生活一如既往，几乎没有变化。”

正如表10.1所示，库班所说的“平静的海底”至少包含六个层级，它们都需要真正从精益角度去推动，将证据转化为能够产生深刻影响的

表10.1 “平静的海底”的六个层级

层级	说明
层级1： 目标	当地的教育目的，可能包括以下方面： • 崇高驱动力（例如，基本人权、缩小公平差距、国家繁荣、人类健康和福祉等） • 灰色驱动力（例如，国家建设、人力资本开发等） • 基于本地的特殊优先事项（例如，入学率低、文盲率高、女童教育、土著居民的特殊需求等） 也就是说，这一层级涉及主要决策者想要实现的目标是什么，以及为什么
层级2： 工具选择	选择实现层级1宏观政策目标的工具，包括但不限于： • 教育资金 • 设施 • 课程 • 学校管理结构 • 评估系统 • 教师招聘和培训流程 • 数据监测系统 • 班级规模 • 在校时长 • 教师专业发展 • 集中化和分散化的程度等
层级3： 实施过程	在实践中如何使用选择的工具，包括： • 设计特征和设置水平 • 实施用量，比如规模、频率、对象 • 实施思路，是完全复制、借鉴，还是完全本地化 • 实施和扩展的方法
层级4： 影响	实施措施对学校运作和教师在课堂内的活动产生的影响（例如，教师信念、行为和教学方法的改变）
层级5： 结果	层级4中的措施所导致的变化程度，提高了学生的入学率、参与度和学业成就。以及最终还需确定学生的认知水平是否有提高
层级6： 长期影响	与其他正式或非正式学习机制（例如，环境影响、家庭影响、同伴辅导、自愿帮助等）相比，学校教育在培养孩子生活技能方面的长期影响的水平。以及，随着时间的推移，学习能力的逐渐消失/退化程度如何（即孩子们在学校学到的多少东西是有用的？）

行动。

我们在本书第二部分提出，教育系统不是在真空中运作的。我们的精益建议只有在这些建议能够帮助到政策制定者和实施者确定他们在第1层级“目标”中的地方宏观政策目标时才有意义。然后，这些建议将进入第2层级“工具选择”中运行，决定使用哪些措施及使用细节，这些选择会影响到后面所有层级，包括第6层级“长期影响”。例如，如果我们决定实施脚本式课程（DI）的话，那么在第3层级“实施过程”中将有许多实施设计的细节问题需要解决，包括：

- 需要为每个主题引入脚本式课程吗，还是仅挑选出某些主题?
- 课程材料是本地开发、依靠进口还是两者兼有?
- 教学过程是完全脚本式还是仅仅是支架式?
- 是使用纸质版材料还是基于电子平板电脑?
- 是否有统一的学生学习和形成性评估材料?
- 使用以年级为基础的系统（学生按年龄分类），还是以能力水平为基础的系统（学生按能力分组），还是混合系统（学生坐在按年龄划分的教室里，但会在需要时进入另一种系统的班级以寻求补习性质的支持）?
- 在实施过程中，是否会解决教师的信念问题，如果会，将如何解决?
- 什么样的教师培训会支持实施（例如，级联培训vs.辅导、学徒模式vs.零培训）?
- 教师是否会受到激励，从而忠实地执行所需实施的内容，如果是，规模和频率如何？此外，如果有教师监测的话，监测模式又是怎样的?
- 将会采用哪些有着高影响力的教学方法，以及在学习过程的哪些阶段采用?

以上每一个问题都有多种答案或层级设置的组合，其范围涵盖了从最大值到零的所有范围。所有的组合都可以发挥作用，这取决于本地情境以及与其他更广泛系统的层级设置与相互作用。然后，一旦我们商定的脚本式教学方法得到实施，我们需要确保它会在层级4中促使教育者进行课堂教学的方式的变化；在层级5，我们要确保它改变学生的学习效率；在层级6，确保它帮助儿童更好地面对学习和生活。我们需要做好改革也许不会一次成功的准备，沿途会有很多阻碍，也将会获得很多帮助。

最后，值得强调的是，这里讨论的"脚本式教学法"只是在特定的背景下可能适用、实用和可行的一个例子，还有许多其他非常不同的理论创新，比如"因材施教"项目和"新学校教育模式"，它们都在发展中国家（地区）产生了强有力的影响。我们在这里指出这一点，是因为在第十一章中，我们将再次回到脚本教学法，并使用它作为例子来说明我们提议的活动设计和实施工具。但是，我们不希望你认为我们偏爱脚本教学法，或者我们试图向你进行隐性推销。什么措施最适合你，这很大程度上取决于你的层级1策略目标以及你当前的信念和能力，这些是你改变和成长的基础。

向教育实施科学前进

在卫生和国际发展的平行领域，"实施科学"已有相当长的历史。自20世纪60年代以来，医疗改革框架一直伴随着我们。国际发展也是如此，美国国际开发署（USAID）在同一时期创建了"逻辑框架模型"。这些方法的出现是因为政策制定者和资助者意识到，仅仅说出"所有儿童都应该接种脊髓灰质炎疫苗"或"所有成年人都应该接种新冠疫苗"然后期盼它会奇迹般地完成，这是远远不够的。即使是像接种疫苗这样（看似）简单的事情，也需要强有力的、通常是反复迭代的实施过程，才能从层级1的政策目标，到层级4的吞食方糖/注射疫苗，最后到层级6

的“不再有脊髓灰质炎”。

来自医疗保健和国际发展领域的研究表明：

1. 在确定是否有影响时，实施过程通常与正在实施的内容一样重要。所以，如何实施真的很重要。

2. 在医疗保健领域，医疗保健专业人员的信念与实施结果之间存在着强有力的关系。如果一种新的干预措施与已有的信念相一致，则它更有可能被热情地实施。这或许可以解释为什么在19世纪60年代，约瑟夫·李斯特（Joseph Lister）[1]很难说服他的同事在手术前洗手，因为他们不相信细菌理论。

3. 在只有一线实践者独自工作的情况下，实施不太可能成功。当研究人员、项目开发人员与一线人员共同合作时，才更有可能取得好的结果。

在教育领域，实施科学的研究历史要短得多。2012年，凯利（Kelly）和珀金斯（Perkins）编辑出版了《教育心理学实施科学手册》。这是第一本专门针对教育方面的心理学实施方法的著作。不过，目前已经发展出了几种教育实施科学的框架，我们在表10.2中总结了其中的一些。

当我们试图对表10.2这些实施方法的异同进行分析时，我们发现区分以下维度很有帮助：

- **加法和减法**。加法过程是引入一些新的东西来提高结果，比如插入一块新“积木块”。减法是指对现有流程进行改善或去除，使其更高效。“精益法”是属于减法的一个例子。我们在表10.2中列出的其他所有方法都可以提高效率，但更有可能用于新事物的引入和开发。
- **创新规模驱动和本地需求驱动**。创新规模驱动是指该方法侧重于新产品的开发创新。一旦开发出来，实施过程就是说服教育者需要这

[1] 约瑟夫·李斯特(1827—1912)，英国维多利亚时代的外科医师，外科消毒法的创始人及推广者。

表10.2 实施框架一览表

实施方法	说明
逻辑框架法（LFA）	该方法于1969年由美国国际开发署创建，用于（1）设计、（2）管理、（3）通过像是世界银行这样的机构评估国际发展项目。逻辑框架法详细说明了项目设计的投资、活动、效果和（预期）影响 **结论**：该方法要求项目设计者明确说明项目成功的中介与调节的条件，但也有可能成为一个（笨重的）静态线性工具，无法在项目实施期间对项目设计进行快速迭代和调试改进
关注结果法（GTO）	该方法聚焦于预期成果的实现，包括10个阶段：（1）聚焦、（2）目标、（3）采用、（4）调整、（5）资源、（6）设计、（7）监测、（8）评估、（9）改进、（10）维持 **结论**：这是一种高度结构化的方法，倾向于假设干预措施应建立在适应当地环境的现有方案之上。相比于较小规模、局部的变化，它更适合大规模、系统范围的改进。与其他模型相比，对教育者的信念关注较少。该框架开发人员认为，详细的说明手册、培训、技术援助和外部质量保证对于准确地实施过程十分必要
问题驱动迭代自适应法（PDIA）[构建状态能力（BSC）]	一种以设计思维为导向的方法，包括5个步骤：（1）将工程师的重点从问题/目标转而聚焦到工具上、（2）开发（多个）设计方案、（3）实施、（4）评估、（5）迭代升级。这种方法特别为国际开发项目而设计 **结论**：该方法从（合理的）假设开始，即最初方案可能无效，需要大量迭代才能真正发挥作用，并重点关注从高级决策者那里获得、维护“上游”授权的流程。但是，对“下游”的认同、信念的关注有限，对具体实施、监测或评价进程的关注也有限。此外，该方法倾向于问题/赤字理论，而非基于优势或基于欣赏的思维
实现学	该框架重点关注已商定的决策措施的大规模实施，并认真贯彻，主要用于跨部门领域的合作（即教育界内外领域） **结论**：该框架重点强调治理、实施、扩展、监测和项目管理流程，较少关注如何选择适当的问题或目标，如何设计适当的干预措施，以及如何在实施过程中进行迭代完善和调整。此外，该框架以自上而下为导向，较少关注信念和习惯改变方面的心理过程
正向偏差法	该方法主要通过基层探索和事实调查，以发现那些阻碍教育者寻求解决的任何问题的正向的“异常值”或“偏差者”（比如一群营养不良儿童中的健康儿童），其想法是对可以复制和推广的“正向偏差者”进行分类 **结论**：该方法有助于识别社区中已存在的创新方案，将其进行试点并大规模推广，但对教育者首先如何选择焦点领域或问题重点以及他们随后应该如何扩大规模的关注有限

续表

实施方法	说明
螺旋调查法	该方法为教育工作者提供了6个可以提高学生学习成果的过程：（1）扫描、（2）聚焦、（3）预判、（4）学习、（5）采取行动、（6）检查评估 **结论**：该方法专为教育部门开发，为本地教育改革优先事项和行动项目的实施和评估提供帮助。它重点关注教育者的信念及其在启用/禁用改进措施时的作用。该方法更适合由学校主导、自下而上的改进，而非自上而下
减少改变以增加改进法（开放学习对话）	该方法提出了一个高选择性的改进重点，并提供了参与和理解一线教育者关于改进的信念的协议。该方法表明，如果协议中提出的改进预期与现有的一线教育者的信念在“什么方法有效”方面不一致，则改进就不太可能成功 **结论**：该方法强烈关注“少即是多”（less is more）和有效的方法，强调了参与而不是忽视教育者的信念。不过，该方法对实施、评估、扩大改进的明确流程方面的关注较少。它主要在高收入国家（地区）背景下开发和实施
六边形工具法	这是一种由6部分组成的规划工具，用于学校确定本地的需求，然后评估已有方案对当地情境的适用性。其焦点分别是：（1）需求、（2）适合、（3）资源、（4）证据、（5）准备情况、（6）能力 **结论**：这是一个有用的成本效益分析框架，可以支持个别学校选择已预先建立的基于证据的项目。但该方法不具体涉及执行和评估细节，也不涉及全系统的规模
学习改进法（LTI）（网络改善社区）	学习改进法为以下需求提供了一个框架：（1）确定需要改进的领域、（2）改进开发的假设方案、（3）敏捷的改进周期 **结论**：这是一组强大的工具，重点关注了如何从本地开始然后逐步推广。它还建议让外部研究人员、教练参与进来，与实施改进的人员一起工作
精益法	如第二章所述，它为迭代改进周期的效率提升提供了一种方案 **结论**：该方法更适合提高现有流程的效率，而不是开发新产品、新服务或新的干预措施
基于欣赏或优势的调查法	该方法重点在于识别、赞赏、利用现有优势，而不侧重于寻找要解决的问题或赤字理论问题。它提出了一种“4D”模式：发现（discover）、深思熟虑（dream）、设计（design）、命运（destiny） **结论**：该方法提出了关于心理启动或心理框架的重要哲学和心理学问题。它更侧重收集一线教育者的见解，并以此设计未来的替代方案的过程，而不侧重实施、评估、迭代和扩展的过程。目前，该方法的成效好坏参半

种新的“锤子”来解决当地的“敲钉子”问题。表10.2中的方法都不是从创新产品的开发或大规模扩展、销售出发，以解决教育者自身可能没有意识到的问题。相反，它们都是从当地需求的角度出发，提出以下问题——“我们需要解决什么问题，达到什么目标”以及“做这件事的最好方法是什么”。

• **自下而上和自上而下**。前者由社区驱动，由当地的一线教育者确定当地目标，然后根据当地具体情况进行设计和实施活动。后者是关于准确地扩大预先商定的国家优先事项的规模（例如，为教师推出标准化的教师绩效薪酬办法或建立国家或地区的学校检查监督机构）。表10.2中的“实现学”是自上而下的政策驱动的一个例子，而大多数的其他框架都可以与这两种立场兼容。

• **线性实施和调试性实施**。这一维度讨论的重点是该方法是否有明确的反馈循环，以便在实施过程中不断评估和迭代，以及实施协议是否更加严格、是否有较长的实施周期、有无总结性评估。“逻辑框架法”（可以说）更加线性，而“问题驱动迭代自适应法”和“学习改进法”则是明确的迭代式实施。它们会假设初始方案可能不太有效，在真正产生深刻影响之前需要完成几轮大量改进。

• **从零开始和本地化借鉴**。这一维度讨论的重点是强调从零开始建构全新方案，以满足本地的特殊需求，还是从别处搜寻预先构建好的产品或程序，然后加以本地化。“学习改进法”（更多地）向从零开始建构的维度倾斜，而“六边形工具法”和“关注结果法”更依靠预先构建好的解决方案并在本地化改造后实施（即根据本地需求，寻找合适的“锤子”“锯子”“钻头”等工具）。

• **以治理为中心和以信念为中心**。以治理为中心的框架更关注建立专门的实施结构、责任和问责机制，以及获得高级决策者授权的过程。以信念为中心的框架关注的是改进预期是否与现有的教育从业人员的信念一致，还是绕过现有的信念（就像约瑟夫·李斯特的洗手建议与人们关于感染如何传播的流行信念不一致）。尽管薇薇安·罗宾逊提出的“减少改变以增加改进法”明确属于以信念为中心的框架，但这两种实施立场本质上并不相互排斥。

- **细致分析和敏捷反应**。在实施可能性高的干预措施之前，细致分析型框架花费大量时间收集数据、权衡选项，并审查其他情境中的影响证据。而敏捷反应型框架则选择避开论证分析可能带来的弊端——经过漫长的审查过程，每个人都可能在开始实施时失去了变革的兴趣和动力。“逻辑框架法”“关注结果法”和“学习改进法”更侧重论证分析，而“螺旋调查法”则更加灵活。这一方法的设计针对于学校层面，拥有更快和基于预判的改进周期。
- **问题驱动和优势驱动**。问题驱动的方法主要聚焦那些已经出现的且迫切需要解决的问题。他们首先识别确定问题，然后了解出现功能障碍的原因，设计可以缓解或改善的干预措施或治疗方案。而另一方面，优势驱动的方法则首先评估并欣赏现有的优势能力，然后利用这些能力为现有需求和最终实现目标建立行动过程。表10.2中的大多数框架都隐含地采用了问题驱动的方法。“问题驱动迭代自适应法”明确选择了这一立场，而“基于欣赏或优势的调查法”则明确摒弃了对问题的搜索。

总体而言，表10.2列出的这些实施方法在哲学理念和工作重点上都呈现较大差异。

但我们能找到一些共性吗

在上一节中，我们调查了11种不同“风格”的方法，来确定优先目标，以及高概率计划的设计、实施、评估、迭代和调整。虽然这些实施框架各自强调了不同的成功因素或重点领域，但不必担心，我们已经确定了在所有方法中（相对）常见的23个关键过程。我们会在下面将这23个过程分为5个活动阶段：

阶段1：问题/需求/目标识别

1. 对问题、需求、目标进行诊断评估。

2. 思考问题、需求产生的原因，并建立理论（即思考因果驱动因素/思考现有优势）。

3. 对实施的“成功”达成一致（又称为“成功地图”或“结果框架”）。

4. 制订与上述“成功”相关的评估方案。

5. 获得授权和资源，准备进入阶段2。

阶段2：解决方案/活动设计

6. 归纳解决方案/扫描现有机会（即确定可以直接借鉴的现有方案或程序）。

7. 使用演绎法制订新的方案/开发新的机会（即使用逻辑推理从零开始构建多种干预措施或活动模型）。

8. 将解决方案/机会排序。排序主要考虑以下因素：实施能力、成本效益、实施难易度、信念是否契合、可适应性、采用时间与潜力的关系等。

9. 通过例如详细列出个中可能的设计特征、设置级别、实施规模、预期效果等，对首选设计进行压力测试。

10. 在首选的解决方案上达成一致，包括设计特征和级别。

11. 思考实施过程中潜在的促成因素和障碍，以及环节这些因素带来的风险。

12. 建设实施能力（例如，招聘并培训一支核心骨干队伍）。

13. 制订全面的监测与评估计划，包括开发评估实施准确度的方法，并特别关注当地的适应性及其影响。

14. 获得授权和资源，准备进入阶段3。

阶段3：实施

15. 创建实施计划

a. 制定项目管理流程。

b. 制定产品或输出描述和验收标准。

c. 确保评估持续进行。

16. 创建实施团队，确保研究、评估、项目管理、本地化专业知识四个因素能够互相融合。

17. 实施。

18. 监测实施情况（例如，重要节点、产品、预算、时间表、产出、成果）。

阶段4：评估

19. 项目实施期间持续收集影响数据。

20. 识别并确定迭代部分（或确定中止项目），包括规模、精确性、适应性和质量（使用阶段2流程）。

21. 返回阶段3或进入阶段5。

阶段5：重复迭代、完善、持续

22. 制定重复迭代、完善、持续的项目规划，这里可以利用步骤18～20中收集的数据，以及步骤6～13中的工具和流程。

23. 回到阶段3。

以上5个阶段和23个核心流程可以产生极为积极的影响！

总结

由于担忧本书可能成为另一份根本无法实行的“政策建议”清单，所以在本章中，我们扩大了研究范围，希望可以找到将数据转化为行动的可行方法。

我们首先研究了“海底”的6层结构，任何新的活动或干预措施都需要通过这6个层级才能产生影响——从选择适当的目标，利用合适的工具到忠实地实施，这将极大地提高我们的教育质量，有希望对学生产生短期或长期影响。

为高效率、高质量地完成这6层流程，我们研究了教育界内外的实施方法，确定了一系列高度规范的方法，包括“实现学”“关注结果法”“螺旋调查法”“问题驱动迭代自适应法”，当然还有“精益法”。每种方法关注的重点不尽相同，有一些关注问题本身，有一些则强调长远目标；有些是自上而下，有些则是自下而上。大多数方法都强调做加法，只有“精益法”明确强调做减法。

更令人困惑的是，目前几乎没有系统数据可以证明这些实施方法中哪一种最有效。主要的困难是将实施的**过程**与正在执行的**项目**分离。因此，作为一项临时任务，我们绘制了所有11种实施方法的共性区域，确定了（相对）常见的5个阶段和23个流程。

但我们认为，这还不足以支持教育工作者将数据转化为行动：这些方法仍有难度。因此，在下一章中，我们将更深入一些，介绍“**GOLD精益教育模型**”。这是我们提出的一个框架，它将帮助教育者在教学中实践前文的23个流程。我们希望，这可以帮助教育者确定值得推进的目标和值得开展的活动或干预项目，并得到切实的影响。

第十一章 GOLD精益教育模型

在第十章，为有效地大规模实施教育改进项目，我们论述了现有的实施框架、流程和工具。虽然这些方法之间存在明显差异，但它们都明确、系统地强调了以下过程的重要性：

1. 选择一个适当的改进领域。

2. 确定或发展可以产生积极改变的活动。

3. 利用项目管理系统和工具，实施商定活动。

4. 对实施产生的影响进行评估，以决定如何进一步增强或终止实施。

5. 完善并持续目前的成功，以产生系统化影响。

用兰特·普利切特（Lant Pritchett）、萨利马·萨米（Salimah Samji）和杰弗里·哈默（Jeffrey Hammer）的话来说，这些过程体现了“缓慢爬行般的设计并推进”，即稳扎稳打“做加法”的思想——不急于推进，而是经过测试、迭代，最终调整出可行性较高的方法。然而，我们认为稳扎稳打“做减法”（至少不再增加新事项）同等重要。认真审视当前措施，谨慎地移除那些可以中止的部分，评估移除的影响，然后再扩大移除的规模。这个过程其实就是：

6. 正如我们在第二章中所说，精益改进过程就是识别低效或无效措施，并将其移除的过程。

因此，为帮助教育者将数据转化为行动，最终产生深刻影响，本章中我们将这6个过程整合为一个清晰的教育改进模型，称之为“GOLD精益教育模型”，见表11.1。

GOLD精益教育模型包含两部分：GOLD改进与精益改进。GOLD改进的核心思想是向前看、做加法。它包括创建（或借用）、使用与部署新工具和新方法来实现具有挑战性的目标。此部分来源于我们之前的论文《GOLD模型建构》（Getting to GOLD）。精益改进的核心思想是向后看、做减法。它主要关注中止或削减现有措施，评估削减的影响及后果，用我们之前的比喻就是——玩叠叠乐积木游戏时，谨慎地移除积木块。

表11.1　GOLD精益教育模型

GOLD改进				
→				
1. 目标确定	2. 机会搜索	3. 实施落实	4. 评估影响	5. 规模推广
商定一个值得开展且一致同意的目标	系统地研究改进机制，以找到因地制宜的最佳方案	实施落实之前确定的改进策略	明确且科学地衡量实施影响，商议下一步的方向	扩大实施的规模，以产生持续的系统化影响
精益改进				
←				
E.商议未来方向	D.评估未来状态	C.试点未来状态	B.分析未来状态	A.分析当前状态
扩大/缩小规模，并寻找新的无效措施	仔细评估移除无效措施后产生的影响	有计划地开始移除无效措施	识别、确定低效或无效措施	分析现有措施的价值分布

虽然表11.1展示了两个指向不同方向的箭头，但人的思维和行为不太可能是线性的。我们试图使用波浪线而非直线来说明这一点，但即使这样可能也无法表现出现实实施情况的复杂与混乱。我们还需承认，从哲学上讲，许多被展示出来的实施过程都是问题驱动型。这些方案通常从问题出发，倾向于识别危机或灾难，并激发以解决问题为导向的行动。这种思维方式可以大大激励系统领导者和资助者实施行动来解决紧

急问题，并从危机中吸取经验，不过它对基层教育者的激励作用可能要小一些。在当地资源或能力水平相对较低的情况下，仅仅关注“问题”只会带来更多沮丧和绝望。然而，从正确的事项入手，欣赏其正确性，寻找在这些事项上发展和成长的机会，这样可能会让人更有动力和希望。因此，在实施过程中，我们的团队和合作者为更好地平衡两种思维付出了大量努力，包括但不限于以下两方面：与部长、领导、资助者谈话时，重点论述“教育**危机**”；与学校、社区谈话时，重点论述“教育**机遇**”。

值得注意的是，同时从做加法和做减法的角度来思考和行动在认知上是极具挑战性的。你可能需要两个单独的团队：一个负责GOLD改进部分，另一个负责精益改进部分。不过，两个团队定期开会交流非常重要，否则一方可能会拆除另一方要规划利用的基础设施。

最后，我们必须澄清一下，GOLD精益教育模型绝不是革命性的。我们只是从我们在第十章中回顾的改进和实施方法中“借用”了最好的工具和流程，并将其与我们在第二章中介绍的精益过程相结合。同时，我们还融合了我们团队及合作者获得的试错经验，这些经验都来自低收入、中等收入和高收入国家（地区）直接参与的大规模教育改善项目。

在本章下一部分，我们将详细分析GOLD改进的五个过程，并提供一系列可以帮助实施项目的工具。详细内容见表11.2。然后，我们将重新介绍第二章提出的精益思想，并使其融入低收入和中等收入国家（地区）的教育改善项目中。

表11.2　GOLD改进的详细步骤

GOLD改进				
1. 目标确定	2. 机会搜索	3. 实施落实	4. 评估影响	5. 规模推广
商定一个值得开展且一致同意的目标	系统地研究改进机制，以找到因地制宜的最佳方案	实施落实之前确定的改进策略	明确且科学地衡量实施影响，商议下一步的方向	扩大实施的规模，以产生持续的系统化影响
1a：组建团队 **1b**：分析教育现状 **1c**：确定最终目标 **1d**：构建一个关于当前的理论 **1e**：设定临时的改进目标	**2a**：在设计空间中搜寻机会 **2b**：开发逻辑模型 **2c**：迭代该逻辑模型 **2d**：制定成功路线图	**3a**：组建交付办公室 **3b**：使用项目管理工具，开发实施规划 **3c**：开始实施 **3d**：收集监测与评估数据	**4a**：审查监测与评估数据 **4b**：重复步骤2a ~ 2d，确定下一步行动 **4c**：完善逻辑模型，完成项目提升	**5a**：从开始就建立起扩大规模的意图 **5b**：实施推广策略 **5c**：回到步骤2c，再次推进 **5d**：评估规模效果，确定下一步行动

关于GOLD改进的探究

GOLD改进阶段1：目标确定（也就是找到一个一致同意的目标）

GOLD改进部分的工作始于目标确定，也就是商定一个值得开展且一致同意的改进目标。这个目标值得每个人为之投入时间、努力和精力。需要注意的是，我们所说的“目标”是指使命、目的、目标、活动、探索等。因此，**一个令人信服的目标**是一个大规模的积极、持续的改进项目。它会消耗你大量精力和体力，甚至是全部的精力和体力，你全身心地投入，因为你相信它非常重要。相比之下，它不能是你抱着三心二意的态度提出的某种你希望别人都会忘记的教育方案，也不能抱着一种无所谓的态度，随便它以后是被遗忘还是会成为其他教育工作者的麻烦。

在下面的小节中，我们将概述在目标确定阶段可以详细考虑的流程：

● 步骤1a：组建团队

教育的提升很少是潜移默化地自然发生。更常见的情况是，它需要一个骨干团队共同商定需要改进的优先领域，设计能够满足该区域改进需求的活动，然后加以实施、评估、推广和持续重复这个流程。然而，骨干团队的建立有点像先有鸡还是先有蛋的问题。一方面，高级决策者不太想在这方面进行投资，除非他们已经"嗅到了危险的味道"（意识到了问题），或者他们深受类似"登月计划"这样的伟大工程的启发。另一方面，具有多样性是一个团队强有力的价值，他们可以凭此实践并验证赞助者提出的改进方案。这意味着，要给团队充分的自由空间，要让他们敢于自信地说："我们知道您想让我们乘船北上，但我们认为乘坐热气球向东南进发可能是更现实的策略。"

我们现在假设，你的骨干团队，以及团队拥有的资源和职权范围，都已经获得了国家、地区、本地教育系统中最高级别赞助者的授权。在目标确定阶段，你的团队可能包括一位负责全面指导工作的赞助商代表，以及一个执行实际工作的调查组。调查组可能包括部委官员、大学研究人员、外部技术援助人员等。我们认为，你所需要的是擅长全球-本地教育研究、项目设计、项目评估，并深入了解当地实际情况的人才。如果这些人员接受过如何使用各种工具的培训，或者他们在教育改进和实施方面有共同信念，这也将大有益处。

我们还想强调，一个团队的成功不仅依靠合理的治理模式和对人员、岗位人尽其才地安排，也与团队如何运作有关——团队是否对认知偏见以及学习和实施过程中混乱的迭代情况有着明确的理解，以及是否对这个世界的各种奇妙可能有着积极的思考。

● 步骤1b：分析教育现状

为实现教育事业的提升，你需要设立一个全身心投入的目标。关键的第一步就是教育现状分析，正确认识并深入了解现有教育体系的开端和优势。一种常用的方法是收集度量数据并加以分析。目前，已经出现了教育管理信息系统和数据指标的全球产业，你可以从这些数据开始着手分析教育现状。例如，学生入学率、学生成绩、学生覆盖率、教师出勤率、教师利用率、教师培训的类型和频率、每名学生补助水平等。将这些发现与全球平均水平或与区域或是相似的系统的平均水平进行对比，也有很高的价值。世界银行推行的“教育成果提升系统方法”（SABER）项目十分鼓励和支持这种对比，因为这可以帮助教育部门了解当地系统在制定政策、实施过程中的有效性。同时，开源的课程观察工具也具有这个作用，比如世界银行推行的“教学观察”（Teach），它是专门为揭示低收入和中等收入国家（地区）的教学实践而设计的。

不过，进行这些评估的一个挑战是，当你的国家（地区）或学校的数据出现在一份对比图表中时，数据对比的结果可能会让你感到沮丧，尤其是如果它显示你的教育系统处于政策、实施、活动、影响的“潜伏”阶段（其实就是初级阶段）。也许你还记得我们在第七章进行的讨论，我们强调了当教师们相信他们可以改变孩子们的学习成绩时，他们就能做到；当学生们相信他们可以通过刻苦学习和努力奋斗——而不是命运或天赋——获得成功时，他们就能做到。

库珀里德（Cooperrider）等人在不同部门和背景下的组织改进工作中也发现了同样的情况。他们发现，当调查的出发点是不停追问“系统存在什么问题？”这个角度，它会一直催生受访者的消极和防御心理，而持续地思考“错误”“不足”“破碎”等字眼会让一线教育者认为他们**自己本身**无能为力，并且这也会成为他们为什么在当前制度的约束下不能有所作为的辩解。这些都不是有效或有意义的讨论。它们使得人们封闭在自己的思想中，封闭在自己的课堂中，进一步封闭在他们自己的固有模式中。

相反，当你的调查团队同学校、社区、家长、教师和企业交流时，询问以下方面的问题，就更有可能得到有价值的对话：

- **个人精彩时刻**：教育者在组织内感到**活跃**和**充满活力**的时刻与情境。
- **价值**：他们最看重自己工作、学校，以及所处的教育系统中的哪部分。
- **关键优势**：他们认为什么是赋予他们学校和教育系统生命，并可以进一步利用发展的关键优势？
- **渴望与抱负**：他们渴望自己的学校或教育系统在10年后发生什么变化。以及**他们**可以为这种变化做出怎样的贡献。

通过让基层员工关注和欣赏那些美好、强大的东西，往往会出现积极的故事和叙述。即使在最具挑战性的情境中，也可以抓住一些积极和鼓舞人心的东西，并加以利用。我们的团队和合作者已经采用了这些基于优势的方法。例如，在太平洋岛屿土著地区，使用戏剧、舞蹈、艺术和讲故事等主题来收获和建立自豪的社区叙事。这些积极和赞赏的讨论也会让你的骨干团队充满活力，并参与到充满无限可能性的世界中。

● 步骤1c：确定最终目标

一旦你完成了现状分析，你很可能会得到一长串的现有“问题”和发展“机遇”，前者来自你的经验、数据驱动，后者来自你的积极调查。然而，这一长串清单的问题在于，如果你试图全部取得进展，那么你往往会一事无成。这种情况我们已经见过许多次，比如参加部长级的蓝图发布会，其中有20～30个优先事项，有时甚至会预计同时实施多达100个预先设计的项目或倡议。解释、交付、监测、评估或迭代清单如此多的工作太复杂了。很快，每个人都会因为工作疲劳而感到厌倦，最终决定只是走走过场，随便挑选一些数据，试图表明教育情况已经有所改善（即使只是把学校重新粉刷了一遍）。而且，随着实施的推进，所有人都忘记了改进的初衷是什么。

为了避免过度承诺和交付不足的风险，最好的解决方案是谨慎地确定最终目标。请注意，我们这里说的“目标”是单数，而不是复数。这个步骤的关键是要确定一个单一的中心关注领域，每个人（或至少大多数人）都可以积极地支持。你可以从“问题驱动”和“积极调查”两种角度来寻求答案。

问题驱动角度

如果你采取了问题驱动角度，你想知道的是在你已经发现的诸多“问题”中有哪些是确定值得“解决”的。对于每一个潜在的目标，你需要认真地、慎重地、发自内心地思考以下问题：

- 这真的很重要吗？它真的值得我们为之奋斗吗？
- 如果我们什么都不做，最坏的结果是什么？
- 我们对此真的应该关心吗？

要尽可能多地**消除**潜在的目标的这一想法可能会让你震惊（而且需要你极其谨慎地对待，以免冒犯了相关教育工作者）。在充满挑战的背景下，许多有价值的目标都在争夺非常有限的资源，我们必须提出棘手的问题。尽管这些问题可能让人感觉不舒服，但如果不思考它们，那就是一种疏忽。

如果你询问：“有19%的15岁孩子没有读写能力，这值得我们关注吗？”大对数对象都会对这一描述表示彻底的怀疑。那么你可能已经考虑到了一个人们足够关心且想要对此采取行动的目标。其背后体现的理念是把可能目标的数量降到最低，直到你确定出大多数人都无法忽视的那个特定目标。在表11.3中，我们举例说明了这个也许并不容易的过程如何实施。

有价值的精华部分

当然，正如我们已经强调的那样，量化数据与令人绝望的“缺陷”问题的潜在挑战之一是，尽管它们会激发人们的干劲，但也会增加人们的沮丧和无助。通过了解有价值的精华部分，你可以询问在未来10年人们对他们的学校或教育系统有什么期望。从他们的回答中你肯定会得到丰富、有力和积极的叙述。此外，将许多面向问题的表达转化为带有赞

表11.3　从问题驱动角度确定一个目标

目标确定			
潜在目标选项 （问题驱动视角）	**这真的很重要吗？ 即通过反问激发推进**	**如果我们什么都不做，最坏的结果是什么？ 即我们必须要做的证据是什么，这些证据的可信力度有多大？**	**我们对此应该关心吗？ 即这是我们最重要的重大挑战吗？**
平均每个教学日都有22%的教师不在学校	教师的出勤率或教学时间与学生的学习成绩有很强的联系吗？	• 如果没有教师监督，学生平均每天只会在校学习1.6小时 • 教师在缺勤时仍可领取的工资总额可达8.3亿美元	有没有可能是这样的，即使每个孩子每周都有8小时的教师教学短缺，但也已经得到了足够的学习指导？这需要更深入的调查
27%的孩子在五年级就辍学了	也许接受四年时间的教育就足够了？	在我们所在的情境下，小学辍学的学生： • 从事低收入工作的可能性高出5倍 • 入狱服刑的可能性高出3.2倍 • 在60岁前去世的可能性高出3.4倍	答案是肯定的，但我们需要更多地了解，在五年级辍学时已经有读写能力的学生和那些未掌握读写能力的学生，后来有什么差异
19%的15岁孩子是功能性文盲	让每个人都具备读写能力是否有必要？我们可以接受79%的受教育率吗？	在我们所处的情境中，成年人文盲： • 从事低收入工作的可能性高出4倍 • 被判刑事犯罪的可能性高出2.7倍 • 在60岁前去世的可能性高出3倍 • 这些人有高出6倍的可能性是五年级就辍学的学生	这的确是一场灾难，不过也可能是其他已经发现的问题引起的，比如教师低出勤率和学生高辍学率
学校的建设非常破旧	基础设施的质量和学生的出勤率或学生的成绩之间是否有必然的联系？	数据显示，学习成绩或出勤率与学校建设新旧与否没有明显联系	现在不必担心，但我们需要向社区和家长解释为什么对此他们也不需要担心
很难招聘到有资格的数学和科学教师，76%的教师没有他们所教科目的高级资格证书	教师真的有必要拥有他们所教学科的高级资格证书吗？	有高级资格证书的数学和科学教师按时出勤的时候的效应值为d=0.1	不行，这个效应值不够理想，不足以保证投资

赏的期望也非常容易。比如，可以将“19%的15岁儿童是功能性文盲”之类的问题表达成充满期望的表达——“我们渴望建立一个面向所有儿童的教育系统，帮助他们具备成年生活所需的读写能力和算术技能”。此时，关键的下一步是确定你要选择的**重要的目标**。

目标的综合分析与选择

我们并不会提供硬性的、快速的原则，告诉你应削减多少**重要的目标**。但总的来说，你应该秉持的理念是“少即是多”。只有一个清晰的目标是最好的，超过两个或三个都（可能）让你感到厌倦。如果调查小组和更广泛的实践者正在试图努力缩小选择范围，那么社区投票或寻求配对共识等方法可能有助于打破僵局。坦率地说，如果你不能找到一个清晰的可能目标，并顺利地通过问题驱动角度的几个问题测试，那么你应该解散你的团队，让当地学校自己负责改进他们的教育系统。

如果你成功地确定了一个具有高度共识且值得开展的目标，那么我们建议你更精确地定义这个目标。例如，如果你的目标是解决“19%的15岁学生是功能性文盲”这个问题，你应该确定这个问题中的热点，并将它分解成更小的部分，找出问题的难点和漏洞。表11.4对此进行了说明。

表11.4　清晰目标的分解结构

<table>
<tr><th colspan="2">清晰的目标</th></tr>
<tr><td colspan="2">我们渴望建立一个面向所有儿童的教育系统，帮助他们具备成年生活所需的读写能力和算术技能。
现状：19%的15岁儿童是功能性文盲。</td></tr>
<tr><th>当下结构分解</th><th>评论</th></tr>
<tr><td>具备“功能性读写能力”指的是在国家素养测试中获得三年级学龄水平或以上</td><td>外聘顾问最近对我们的国家测试进行了基准评估，指出这些测试的有效性和可靠性较低。事实上，情况可能会更糟</td></tr>
</table>

续表

当下结构分解	评论
统计的这些儿童中，有52%的人没有参加过国家测试	那些没有参加国家测评的52%的学生，一定不会在国家测试中获得三年级学龄水平或以上的成绩吗？我们也许不能这样假设
没有参加过国家测试的学生中： • 女生占比高达68% • 农村学生占比高达74% • 社会经济地位较低的学生占比高达83% • 超过4年未上学的学生占比23%	这到底是因为农村地区学校质量较差，还是因为社区参与度和期望水平较低
参加过国家测试而未取得三年级学龄水平的学生中： • 男生占比高达57% • 农村学生占比高达63% • 社会经济地位较低的学生占比高达83%	我们是否可以找到教师的人口统计数据？例如，这些学生更可能由经验不足的教师授课，或者他们的教师总是频繁地缺课

步骤1d：构建一个关于当前的理论

为了实现你的重要的目标，你需要设计和实施能够产生预期改进效果的活动。不过，只有这些设计十分契合当地情况，它们才可能会奏效。因此，你需要建立一套关于本地情况的理论。这与你在步骤1b中已经进行的现状分析有些类似，但关注范围较窄。在这一步，你不是从整体上全面地探索和规划整个教育体系，而是专注于规划如何实现已经确定的清晰目标。你可以从问题驱动角度出发，也可以从积极调查角度出发，或者两种角度同时采用。

如果你采取的是问题驱动视角，你需要为你商定的重点“问题”寻找“解决方案”。但你需要了解问题的驱动因素，然后才能制订方案。通常，系统改进者和本地改进者会跳过这一步，并用基于直觉的（隐性的）通俗理论来解释问题出现的原因。这个方法不够完善，因为如果我们不能有效地诊断问题的原因，我们很有可能会开出并实施完全错误的“治疗方案”。

一种简单而有效的诊断方法是“五个为什么”理论，它由丰田佐吉

（Sakichi Toyoda）发明，也被丰田汽车公司使用。这个方法的核心是进行五次追问“为什么？”表11.5对此进行了说明。

表11.5　“五个为什么”方法

目标：我们渴望建立一个面向所有儿童的教育系统，帮助他们具备成年生活所需的读写能力和算术技能。 **现状：19%的15岁儿童是功能性文盲。** 五个为什么 **为什么1**：（为什么他们是文盲？）因为他们辍学了。 **为什么2**：（他们为什么要辍学？）因为他们不喜欢上学。 **为什么3**：（他们为什么不喜欢上学？）因为他们觉得学习非常无聊。 **为什么4**：（为什么他们觉得学习无聊？）因为教师没有提供他们觉得有意义又令人愉快的指导。 **为什么5**：（为什么他们的教师没有提供有意义又令人愉快的指导？）因为教师没有接受过培训或教学支持来帮助他们实施更有效的教学方法。

这个方法的基本理念是，调查团队尽可能多地提出“为什么”，并用得到的答案建立一个因果模型。根据团队和一线实践者的世界观和信念，很可能会提出多个“为什么”，它们都讲述了不同的潜在问题。有些可能是关于教师缺乏动力，另一些可能是关于劣质教材，还有一些可能是关于家长送孩子上学的经济成本。在图11.1中，我们举例说明了如何将这些不同的问题编织在一起进行路径分析。然而，你会注意到，在我们的插图中，我们只在任何给定的方向上回答了三层“为什么”。因此，这不是一张完整的图。

需要注意的是，这些路径呈现出的仅仅是一个未经检验的理论或一些“也许可能”的方面。接下来，你需要收集经验数据来验证你所绘制的路径图是否是关于问题的合理解释。你的数据来源可能包括教育管理信息系统、教学实践、教师访谈和调查。这非常类似于在法庭上出示证据之前，警探用来检验每一条证据的过程，我们在表11.6中对此进行了说明。

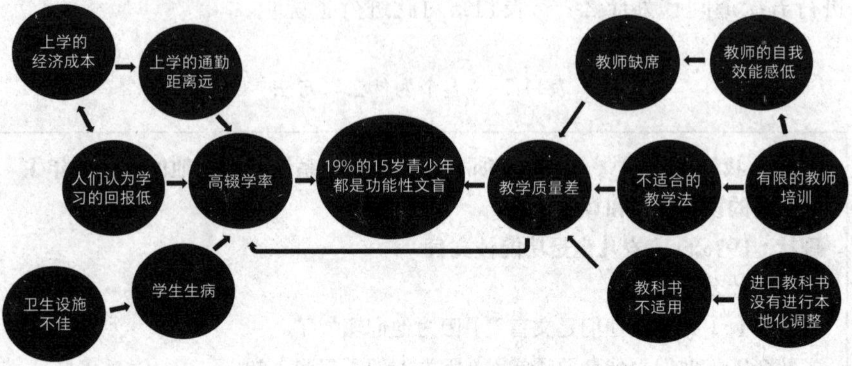

图11.1　问题驱动角度的路径分析

表11.6　路径分析验证

影响变量	因果假设	验证数据来源	验证结果	变量是否仍存在
教师缺勤或缺课	学生在课堂上无人监督，因此无法高质量学习	随机抽取该区域内25所学校进行现场统计	已证实，在实地统计中，平均22%的教室有教师在学生学习期间缺课	是
教学质量低	学生不去上学，因为他们认为课堂非常无趣并且所学的东西对未来用处不大	学生评论、课堂观察，以及课程回顾	已证实，持续有学生反映课堂没有吸引力；课堂观察也证明课堂参与率低	是
人们认为学习的回报低	学生和家长并没有真正意识到教育可以改变人生的力量	学生评论和对已经辍学学生的家长的访谈	未证实，大多数父母和孩子都意识到教育的回报，并且他们中的87%还参与过教育普及宣传活动	否

如表11.6所示，团队需要重新绘制路径分析，以消除那些得不到证实的变量的影响，增加从实地研究中产生的影响，并重新调整各个影响变量之间的关系箭头。

这不是一门精确的科学，它更像是一门通过系统数据收集而获得信息的艺术。然而，最终的路径分析的结果是一项至关重要的基础工作，在此基础上，才能确定那些对影响变量起到减缓、阻止，或逆转作用的计划措施。需要补充的是，如果你是在社区层面绘制路径分析图，一张图就可以做到。然而，在地区或国家层面的话，最终可能会需要多张地图，这样才能反映出城市与农村、当地文化与主流文化背景之间的差异。

如果采取的是积极调查角度，你可能会得到与问题驱动法类似的研究内容和驱动因素。只不过，你的调查方式会更加积极、更有驱动力。你的团队可能会在这两种方法之间来回切换，但后者的积极框架更适用于与基层工作者共同参与、沟通和验证。

● 步骤1e：设定临时的改进目标

现在你已经确定了你的重要目标，分析了驱动因素。目标确定阶段的最后一个步骤就是制定成功的标准。表11.7对此进行了举例说明。

在这个阶段，目标细节只是临时的。它们将在第二阶段（机会搜索阶段）得到进一步完善。不过，它至少给了你一个（最初的）明确的基础，为你进入第二阶段做好了准备。

表11.7　设置临时改进目标

当前状况	目标状况	目标时间	目标衡量方式
19%的15岁孩子都是功能性文盲	88%的15岁孩子都具备一定的读写能力	2025年12月	考察在国家素养测试中达到三年级学龄水平的人口百分比
目标状况的设置依据			
不同区域的比较数据表明，其他地区平均90%的人口拥有读写能力			

GOLD改进阶段2：机会搜索（也就是设计实施活动）

机会搜索是指确定合适的实施内容，从而推进你在第一阶段设置的目标。你需要在设计空间中的所有可能机会中选择影响潜力最大的一项（或多项），将其作为出发点进行测试、迭代、推广。在下面的小节中，我们将讨论你在此阶段可以考虑的明确的流程和活动。

● 步骤2a：在设计空间中搜寻机会

第一个任务是回到步骤1d的路径分析图（图11.1），确定“地图”上标记的每个路径中所有不同类型的改进机会或选项。你至少可以从三个方面来确定合适的干预路径：

1. 教育系统外部

在这里，我们的想法是寻找在其他领域为实现类似的目标已经成功实施过的干预措施，并且它们（理论上）可以在你所在的情境中发挥作用。除了META[X]数据库，其他优秀的数据来源包括：

- **以发展中国家（地区）为关注重点**：坎贝尔—联合国儿童基金会儿童福利元数据库（The Campbell-UNICEF Child Well-being Mega Map）、英国伦敦大学学院教育研究所决策与实践证据信息协调中心（EPPI-center）、完善教育制度研究项目（RISE Program）、阿卜杜勒·拉提夫·贾米尔贫困行动实验室(The Abdul Latif Jameel Poverty Action Lab)、非洲教育研究数据库(African Education Research Database)。
- **以发达国家（地区）为关注重点**：WWC有效教育策略资料中心（美国）、教育捐赠基金会（英国）、迭代最佳证据综合计划（新西兰）、最佳证据百科全书（美国）、教育资源信息中心（美国）。

这些数据库可以帮助你对好的实施措施进行概率估计，但是它们很少提供详细的蓝图。

2. 教育系统内部：优秀案例

在这一步，你需要寻找那些优秀的学校、教育工作者甚至更广泛的基层工作者，无论出于什么原因，他们似乎做得非常好。用我们前面提到的例子来讲的话，这些学校可能已经达到甚至超过了你在步骤1e中设定的“目标状况”。你可以使用定量的方法来找到这些优秀案例，然后进行深入分析，使用定性的方法来了解他们的工作有何不同、在多大程度上可以被你借鉴。表11.8对此进行了说明。

表11.8　分析优秀案例

优秀案例的参与者	优秀案例的优秀之处	优秀案例的工作内容	借鉴可能性
参与者都是谁?	他们的数据为什么与总体趋势不同?	他们的工作有什么不同?	借鉴这个案例的难易程度如何?

3. 教育系统内部：现有实践项目

这个环节的理念是，对教育系统的当前实际发生的事情进行细致分析与分类，并思考这些当下行为、过程、活动与那些优秀案例或者失败案例相比，究竟有什么不同。

综合三个方面全面筛选设计空间中的机会

现在来进行综合工作：通过分析第1点中教育系统外部的高效实践、分析第2点中教育系统内的优秀案例、分析第3点中教育系统内的现有的实践项目。完成这个工作后，就可以为每一个确定的问题（如图11.1）设计一系列可以开展的活动路径。例如，如果问题是“学生健康”，那么可以设计的活动路径包括接种疫苗、驱虫、完善卫生设施和学校层面的健康检查等。如果问题是“教学质量低下”，那么可以设计的活动路径包括智能辅导系统、脚本式直接教学、教师培训计划、监控系统以及按水平而非年级划分班级等。

这些路径都有不同的改进理论。智能辅导系统可以避开低质量的教学；脚本教学和教师培训计划旨在提高教师的教学质量和效率；使用监控系统的目的是可以确保教师按时在课堂上进行教学，但这并不能保证他们真的在教学；按水平划分班级是为了孩子们不会落后和辍学，因为他们每个人的节奏都是不同的。因此，虽然这些活动中的每一项（理论上）都可以支持路径分析中的一个特定方面，但它们具有不同的实施方式和改进理论。

你不太可能有足够的资源来同时实施所有的可能选项，因此你需要关注那些影响潜力最大的路径。你可能会需要一些评判标准（见表11.9）。

当你对可能的机会进行排序时，可能会有一小部分的影响高于其他的，这些干预措施和活动将被推进到下一阶段。

表11.9　可选机会排序

排序因素	评判标准
证据的影响力	• 在其他领域取得的成就（例如，效应值） • 涉及的研究数量和研究总体（例如，在可见的学习META^{X}中，我们对每个影响变量的可信度进行了排名） • 研究背景与当地环境之间的相似性
可复制性	• 这些措施是已经产品化的，还是需要自己从头开始构建？ • 这些步骤是只需要简单遵循，还是可以有不同的解释和应用？ • 它的发展适应你的文化和语言背景吗？还是它已经被本地化了？
当地实施能力	• 你是否可以获得高质量的内部支援或第三方技术援助来帮助实施？ • 你是否有基层工作者的支持？改革模式是否符合当地教育者的信念？有没有具体的行动理论？ • 教育者是否有足够的时间参与到成功实施项目所需要的水平上？ • 当地的教育者是否具备实施新方法的能力？提高他们的技能的难易程度是多少？
实施成本	总成本 ÷ 直接受益人总数

可选机会名称	影响力数值1～5（5=最高影响力）	可复制性数值1～5（5=最高可复制性）	当地执行能力1～5（5=最高执行能力）	实施成本1～5（5=最低成本）	总计
智能辅导系统	5	3.5	2	3	13.5/25
脚本式直接教学	5	2.5	1	4	12.5/25

● 步骤2b：开发逻辑模型

当你确定了具有更高影响潜力的机会之后，为发挥其影响力，你现在需要规划如何将它们融入一个有凝聚力的项目设计中去。有一种工具被称为程序逻辑模型（program logic model），它是在1969年为美国国际开发署创建，见图11.2。该模型提供了一个结构化的框架，帮助回答以下问题：

1. 我们为之奋斗的重要目标是什么？（例如，我们试图解决的问题或我们努力寻求的积极结果。）

2. 要实施已经商定的路径，我们需要部署哪些资源？（例如，人员、时间、预算等）

3. 利用这一资源将实施哪些活动来改善事业领域？

4. 问题2和问题3如何起作用，为什么会起作用，我们对此做了哪些假设？

5. 这些活动将带来什么产出？（例如，教学资源的增加、培训教师的增加、智能辅导平台的使用、驱虫片的配备，等等。）

6. 就短期、中期和长期的实施干预而言，可以得到哪些具体可测量的结果？

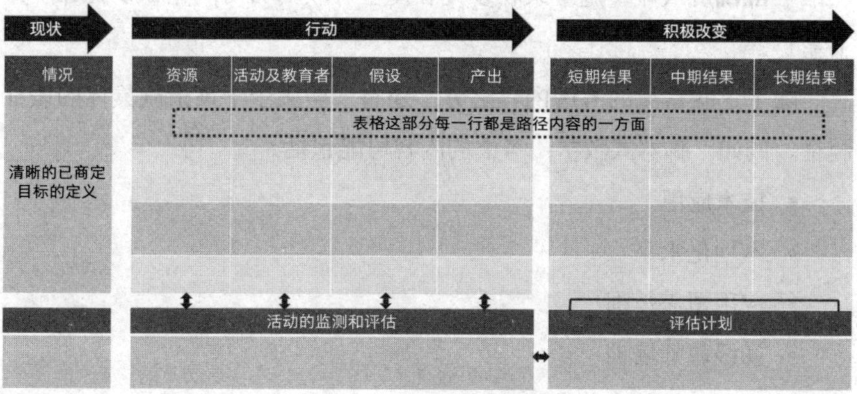

图11.2　程序逻辑模型

我们将如何收集数据、衡量监测、管理评估？我们将收集哪些类型的数据？

然而，与设计一个程序逻辑模型然后开始实施相比不同的是，同时开发多个模型有很大的好处，这样你就可以（仔细）同时思考设计和实施改进计划的所有不同方式（即你需要进行迭代思维实验），我们将在下面概述。

● 步骤2c：迭代该逻辑模型

设计特征和细节设置

自20世纪70年代以来，程序逻辑模型在国际发展项目中得到成功应用，并在过去10年中，在高收入国家（地区）的教育改善计划中也颇受欢迎。但逻辑模型本身无法使我们揭开和了解更深层次的联系。每一项活动或干预措施都有一系列的设计特征，其中一些细节是所有项目都要考虑的，包括：

- **程度**（即要实施多少措施）
- **持续时间**（即项目预计持续多久）
- **目标群体**（即实施措施的对象）
- **交付小组**（即谁来实施）
- **准确度**（即实施结果在多大程度上与预期相同，允许多大程度的偏差）

除了这些常见的考虑内容之外，还有一些关于干预措施具体的设计特征。例如，脚本式教学，考虑的内容可能包括：

- 技术应用
- 本地化水平
- 应用覆盖范围
- 初级教师培训
- 持续的教师专业发展
- 教学方法选择

- 课程内容

每个设计特征通常对应多个**设置选项**。有一些设计特征可以完全关闭，所以面临的选择是激活还是禁用该设计特征。对于所有可激活的设计特征，接下来要做的是确定该特征的实施范围。

在我们的工作中，我们发现尽可能详细地确定所有关键**设计特征**和**设置选项**、非常有用。在表11.10中，我们概述了如何确定这些选项。

这只是一个案例。通常，一个项目大概包括25项或更多的设计特征，每个设计特征又包括10个或更多的设置选项或级别。这意味着，这些“开关”的数量至少在250个左右（即25×10）。此外，你的逻辑模型可能包括多个计划（例如，你可能选择了脚本式教学+教师监测+教师激励+家长现金支持），你所有的措施的可组合数量会变得非常多。

你永远不可能实地测试所有这些不同的设计特征和设置选项的组合，但重要的是，你要明确地确定你的组合，然后在实施之前仔细考虑每种组合的意义。即使看起来很小的决定也可能有强大的潜力来影响实施效果。例如，你选择将脚本式教学材料以活页夹的形式分发给教师，这样做的理由可能是，方便他们拆卸上课需要的那几页材料，然后带着这几页材料上课。与带着一本笨重的材料合集去上课相比，这更方便实施。但是，教师们也可能在课后忘记把这几页材料放回活页夹，这些材料在两年后就会变得混乱无序。这也代表着这项项目基本可以停止了。

很多项目设计者只能设计出一些较为抽象与宽泛的程序逻辑模型。但是，考虑到每个模型设计特征和设置选项的复杂度，我们认为，细节决定成败。你应该明确地记录下来你选择的选项以及做出这些选择的原因。如果你发现项目在某些方面未能实现预期影响效果，还要思考是哪些设计特征和设置选项出了问题。

表11.10　确定设计特征和设置选项

活动：脚本式直接教学					
	设计特征1：实施范围	**设计特征2：脚本设计程度**	**设计特征3：分发策略**	**设计特征4：学生材料内容**	**设计特征5：学习评估**
设置1：	全部课程	教师灵活发挥，教学材料只提供引导作用	纸质手册	无	无
设置2：	数学，科学和语文	有一定的脚本，但依旧保持灵活性，会明确划分教师可以灵活发挥的区域	纸质活页夹，可以灵活抽取需要的材料	与教学资料配套的教科书	多项选择题测试
设置3：	语文	完全脚本化	平板电脑等设备	练习册	多项选择题测试，以及对教学材料的不同反馈
设置4：	数学				
设置5：	科学				
分析					
	我们需要先在一门学科进行试点，读写能力是当前提升计划的重中之重	我们的教师需要有高水平的指导和引导能力	缺乏支持和维护信息通信技术设备的本地基础设施	试点的经费有限	设置3可能产生最大的影响效果，但是从设置1开始可以有效降低复杂度和成本
结论					
	语文	完全脚本式	纸质手册	无	无

压力测试

我们天生持乐观态度，因为我们相信教育具有改变生活和整体生活质量的力量。然而，当你选择了一些设计特征和设置选项之后，适度的悲观会更有帮助一些。你要谨慎地寻找所有措施中可能出错的每一个环节，换句话说，你需要对整个设计进行一些“压力测试”，包括：

1. 教育者的信念。从医疗和教育领域的实施科学研究中，我们了解到，你的项目逻辑模型是否会产生影响，这在很大程度上取决于相关人员对项目的信念。在上一章中，我们讨论了约瑟夫·李斯特在说服外科医生洗手时遇到的挑战，因为他们不相信李斯特的细菌理论。教育干预措施也是如此，如果你计划实施脚本式直接教学，教育工作者可能会说“教学不是表演”或“脚本使我们的专业知识去专业化”。相反，如果你打算实施以学生为主导的探究模式，家长们可能会说：“我们付出了很多才能送孩子上学，但这种新方法使教师不会做任何教学！”在教育者的信念和干预措施不相符的情况下，整个项目不太可能产生很多影响。此时，你需要思考是否要抛弃那些与当前信念不符的措施（当前信念即目前教育者认为有效的、可接受的措施），或者考虑增加新的设计特征来重新定位这些信念。

2. 动机。如果你提议的项目活动需要教育者们做一些事情，而且这些事情与现有实践完全不同，那么你需要借鉴我们在第五章中讨论的研究。在教师职业生涯的早期，当他们还是新手时，他们非常积极地学习有高影响力的教学方法。然而，当教育者掌握了足够的技巧来支持教学后，再花费大量时间和精力去学习那些做事情的不同方法就看起来得不偿失了。所以，你需要假设处于职业生涯中期的教师以及后期的教师可能不会有很强的参与动机，你可能需要加入一些设计特征来弥补教师动机的不足。

3. 冲突。就像网络销售商已经深刻认识到的，完成一次交易所需的点击次数越多，购物车里的商品就越有可能在购买过程中被丢弃。“点击”就是障碍，障碍会引起交易失败（即冲突）。同样的原则也适用于教育领域的程序逻辑模型。从精益的角度来看，你需要思考在整个项目中你要求人们做的事情中有多少次“点击”（即流程/步骤）、如何减少这一数字，以及你的新流程如何帮助目标群体减少其他方面的冲突。

4. 持续性。人类营养学领域的研究告诉我们，虽然减肥很难，但保持体重更具挑战性。高达80%的节食者在5年内恢复到之前的体重。坚持一种习惯——无论是健康的体重还是新的教学措施——都需要行为的长期改变才不会倒退或复发。因此，你需要仔细思考你要求目标群体做的事情对他们来说是否具备以下特性——是否可以承诺、是否能长时间坚持下去、是否需要额外的支撑措施放大他们的初心以获取继续执行的意志力。

5. 效果保真度。在美国开展的一些以学生为中心的渐进式教学研究发现，尽管许多教师认为他们正在按照部署实施新方法，但在许多情况下，他们只是挑选了他们喜欢的设计部分，将这些部分与他们的实践工作相结合。在你的项目设计中，你需要考虑计划的保真度如何，以及你可以采取哪些对策来降低失真的可能性。

6. 质量下降。医疗保健研究中的一个发现是，与没有研究人员密切参与的规模化实施措施相比，研究人员、项目设计人员与现场实践人员密切合作的试点干预措施更有可能产生积极的结果。而随着实施诊所、医院、实践人员的增加，项目的实施质量便会相应下降。这种现象被称为"电压下降"。我们可以合理地假设在教育领域也是如此。那么，当你把实施范围从10所学校扩大到100所甚至1000所学校时，有没有一些设计特征可以应对这种"电流"减少（即研究人员数量随团队总人数的上升而降低）引起的"电压下降"（即项目质量的下降）？

假设你兴致勃勃地执行了步骤2b和2c（当然我们也建议你这样做），你最终可能会得到多个有着不同提议的程序逻辑模型，每个逻辑模型为项目具体的干预措施提供了关于设计特征和设置项目的多种组合方式。现在，你需要挑选出最可能发挥出高影响的逻辑模型、活动、设计特征、设置项目，并实施其中的一个或多个。不过，这能不能发挥影响有待确认，因为项目还没有真正开始实施。因此，你还需要制定一个成功路线图，以便及时监测、及时研究，随时调整执行步骤或决定停止哪些措施。

● 步骤2d：制定成功路线图

带有监测管理的项目更有可能得到改善。因此，搜寻机会阶段的最后一个步骤是识别、选择、设置可量化的改进目标和指标。你可以先列出一长串所有可识别的潜在指标，可能高达20个，涉及程序逻辑模型的不同部分以及不同的设计特征和设置选项。有了候选名单之后，你需要从以下角度考虑，把它缩小到一个更小的指标子集：

- 与你初期设定的目标有更直接更明确的联系
- 更容易收集数据
- 有效（即测量的对象清晰明确）且可靠（即测量的方法一致且严谨）
- 可以为你提供关于实施过程的领先指标（即优秀措施的数据）和落后指标（即不良措施的数据），帮助你更直观地衡量你的项目进展。

对于你商定的每个指标，你需要设置基线值和随时间推移的改进计划，然后系统会将预期改进效果输入你的程序逻辑模型中（即短期、中期和长期效果）。

你还需要考虑监测管理是否会产生任何潜在的不良动机。例如，据我们所知，一个中等发展中国家决定利用经合组织国际学生评估项目中的学生表现，作为他们在广泛推广的国家教育项目中取得成功的指标（和目标）。该国教育系统领导公开宣布了他们的目标数据：要进入国际学生评估项目的前X%！然而，在随后的评估中，他们提交的学生分数的有效性受到了严重质疑。专家认为，该国教育部通过只收集和提交高水平学生的数据，虚报了学生数据。因此，我们建议，在这个步骤你需要适度的悲观主义，要假设无论你开展什么措施，都会产生某种不当激励效果，而你需要做的是思考如何应对、适应、利用它。

GOLD改进阶段3：实施落实

现在，你已经确定了你为之奋斗的目标，建立了多个程序逻辑模型，探索了各种设计特征和设置选项，选择了那些最可能产生影响的方法，并制定了你的成功路线图，那么，是时候开始实施了。你可以根据你手头有多少现有资源来选择是采用最好的方案并投入一切资源来实施它，或是选择几个合理的方案先进行试点试验。

为了确保更有效的项目实施与交付，你需要：

1. 有一个专门的实施团队，该团队具有明确的角色、职责和责任说明。

2. 实施团队拥有系统的项目计划管理方法。

3. 实施团队会充分实施选定的项目与计划管理方法。

4. 实施团队定期利用数据来审查他们是否正在执行预计事项，以及实施的工作是否产生了影响并带来了改善（即监测和评估）。

5. 实施团队由经过培训的项目经理负责，该经理负责监督第1～4点。

关于实施过程中明确的项目管理流程，我们在这个方面没有长篇大论。从我们的团队参与到30多个国家（地区）教育改进项目的过程中来看，我们发现大多数教育部门都知道如何做到这一点。他们通常知道如何制作项目启动文件、项目计划、风险登记册、问题日志、沟通计划、产出验收标准和经验反馈日志。事实上，如果他们不懂得这些程序，他们也不可能招聘、培训、支付教师工资、建造和维护学校。当然，工作总有改进的空间。国际知名的几个项目管理体系（比如PRINCE2, Critical Chain, Agile, Waterfall）是否已经提供了最完美的管理工具和流程也仍在争论中，这些体系的适用性与灵活性各不相同。在项目实施方面，我们关注的是项目管理办公室是否及时监测预算、时间表并监测投入、资源、活动和产出，并评估所有这些是否产生了预期效果。

当然，一个成功实现所有交付目标的项目的实施并不等于既定目标获得了实际进展。这就是产出成品（即可交付的成果）与目标效果（即实现影响）之间的区别。为了切实实现预期影响，你需要制定评估体系，以便决定下一步行动是前进还是后退。

GOLD改进阶段4：评估影响

在以下情况下，你设定的目标更有可能取得实际进展：

1. 有明确的评估意识，并始终关注实施的措施是否产生了有意义的影响。

2. 评估方法和协议是在项目开始之前商定的，而不是事后考虑后附加的。

3. 制定了适当的评估方法，在项目开始之前确定评估指标和基线值，并长期跟踪工作进度。

4. 及时评价、测量目前完成的工作（即监测），以及它是否产生了预期影响（即评价）。

5. 定期使用评估结果对项目实施进行完善和迭代更新，以增强和扩大影响，并设置检查点来明确下一步计划。

换句话说，我们需要时常反思工作进度来确认和改进项目效果。之所以需要这样做是因为，项目实施是一项复杂的活动。在某个情境中有效的方案，在另一个情境下往往就不那么有效，甚至会完全失败。在管理科学上，这种现象被称为“复制危机”。导致这种现象的原因包括：

- 生态系统不同。即使不同环境拥有相似的需求/目标，也会产生复制危机。这意味着，多样化的活动类型、设计特征、设置选项可能会更加有效。

- 活动、计划、流程未正确交付。具体原因可能是我们之前在压力测试中讨论的一些方面，包括实施产生偏差、质量下降或与教育者信念的不一致。

虽然，通过仔细的问题筛选我们可以降低实施失败的可能性，但我们只有在实施结束后才可以确定项目是否会产生影响。换句话说，我们只有到最后的时候才能知道答案。

在之前的GOLD改进阶段的早期，我们已经设计了一系列实施流程，帮助我们进行有意义的评估。表11.11将对此进行说明。

表11.11　前几个GOLD改进阶段的评估过程说明

评估流程

第一阶段：目标确定	第二阶段：搜寻机会	第三阶段：实施落实
步骤1b和1c：通过对可能目标的寻找与排序，你可以预先评估最有价值的目标 **步骤1d**：通过分析现状，你可以设计出一套适用于现在的理论 **步骤1e**：通过分析初期提升效果，你可以收集基础数据并完成目标设置	**步骤2a**：通过分析全球研究数据、本地优秀案例、现有本地项目，你可以预先评估哪个项目最有可能产生影响 **步骤2b和2c**：通过系统审查所有不同的设计特征、设置细节、实施压力测试，你可以预先评估哪个设计路径最有可能产生影响 **步骤2d**：通过为步骤1e设定的目标制定一个完整的成功路线图，进行关键指标和数据收集，你就有了评估衡量的标尺	通过使用项目管理和评估工具，你可以评估： • 项目关键节点、产出成品、交付成果。即团队是否实施了计划事项，是否按时、按预算、按商定的质量标准交付？ • 影响数据。即项目实施是否对步骤2d路线图中的领先指标和落后指标设置带来了积极改变？

通过对实施工作影响的评估，我们可以知道：

• 实施过程是否产生了影响。例如，读写能力、教师和学生出勤率等是否真的在上升？

• 影响得以产生或未产生的原因。之后，我们可以更好地决定是否要停止、继续，或者重新更新迭代项目，以及是否需要采用不同的实施路径、设计特征、设置选项来进行改进。

关于如何在低收入和中等收入国家（地区）情境下进行设计和开展评价，目前已经有较多研究。总的来说，你选择的方法、工具和评估策略取决于你的环境和预算。我们给出的唯一建议是关于明确评估目的的重要性。META^{X}数据库中的大多数研究以及许多国际发展研究都是总结性评估，目的是想了解项目实施是否有效。他们收集实施前和实施后的数据来计算效应值大小，他们还会将实验组的结果与对照组进行比较，证明确实是实施措施产生了提升效果，而不是偶然发生。

但是，我们的建议是，在实施你的计划期间进行形成性评估。你不仅需要知道你的干预措施是否产生了影响，更需要知道为什么产生了影响（或者为什么没有）。这一点十分重要，因为这样你就可以知道如何调整设计特征和设置选项，在以后的实施过程中提高效率。这意味着，在评估项目实施时，你要继续进行在最初的程序逻辑建模期间开始的思维实验，不断追问："如果我们关闭这个设计功能或改变它的设置选项，将会发生什么？"当然，你这样做不只是为了在脑子里空想，而是为了真正找出你要调整的特征，然后进行监测，确定新的迭代版本是否产生了更多、更少或相同的影响。我们在图11.3中说明了这一点。

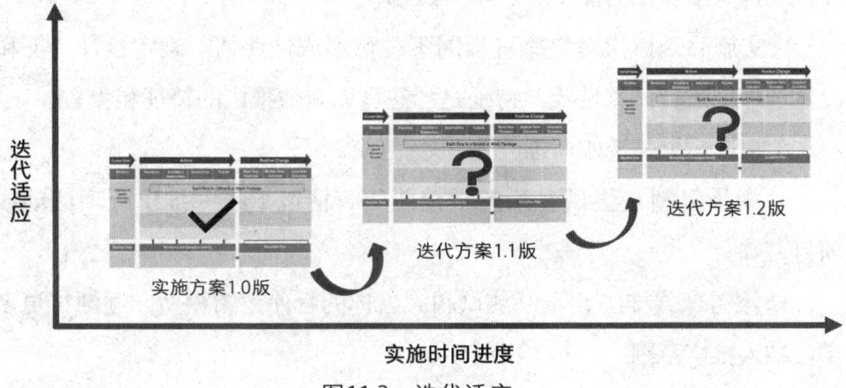

图11.3 迭代适应

通过分析形成性评估的数据并以此为依据来升级、迭代你的实施措施，你更有可能克服前文提到的"复制危机"，从而使实施真正产生影响。当你将实施范围从少数试点学校扩大到地区或国家范围时，你也更有可能探索和设计出灵活的应对措施，来处理那些无法被推广的项目内容。

GOLD改进阶段5：规模推广

我们假设项目设计者都希望扩大（或翻倍）实施的影响。许多研究者将项目规模定义为使用范围。有的学者更为精确，例如，迈克尔·富兰认为只有至少包括50所学校的2万名以上学生的项目才具有规模。我们则倾向于不明确、统一地定义规模，而是让GOLD改进团队因地制宜地决定规模大小。但是，如果要进行规模推广，你需要：

1.选择一个可以满足教育者普遍需求的目标。只有当你试图解决的问题大量存在时，你才能扩大改进规模。（即步骤1b）

2.分析当地生态系统来确定教育环境背景是否一致，或者是否因环境不同而有显著差异（包括同一社区的不同学校之间）。（即步骤1c）

3.建立多个程序逻辑模型，区分不同设置之间的差异。（即步骤2b）

4.在实施之前，需要提前迭代你的程序逻辑模型，认真规划设计特征、设置选项和压力测试。（即步骤2c）

5.实施后，再次对实施过程因素进行形成性评估，确定设计特征和设置选项，进行调整迭代，特别是那些可以有效推广的特征和设置。

6.制订一个关于如何推广的计划。例如：

- 规模复制：尝试在所有学校或所有情境下统一推出一项活动或项目。
- 滚雪球式推广：不断测试和完善你的程序逻辑模型，逐渐将更多学校纳入推广范围。
- 灵活推广：为不同类型的情境提供经过预先验证的不同实施模型。
- 元灵活推广：为学校提供工具，由它们自行设计和评估。

我们的建议是，如果你把GOLD改进部分的前几阶段完成得很好，那么规模推广这件事自然就会发生。这并不是说项目推广是件容易的事

（事实恰恰相反），而是因为你从一开始就进行了良好的设计、实施和评估，为推广做好了准备。除了我们之前在步骤2c提到的信念、动机、摩擦程度、持续性、质量下降等注意事项，下面我们将继续讨论一些推广阶段需要注意的其他事项。

● 注意事项1：推广环境的“粒度”

“粒度”指的是推广过程中每个学校/环境需要改变的程度。根据“颗粒”大小，我们划分出“细颗粒”“粗颗粒”和“巨石块”三种推广环境。

- 细颗粒环境。这是一个相对独立的推广环境，（理论上）更容易实现。这个环境每天可能只需要几分钟，并且只需要很少的步骤即可执行。以开学时的学生出勤登记为例，这可以很容易地向教师解释，需要的培训也极少，采取行动每天只需要几分钟，并且可以利用简单的监控、审核来进行评估。因此，细颗粒环境（应该）是一个更容易推广的环境。

- 粗颗粒环境。这种环境需要更长的执行时间（更长的时间或需要更多的重复次数），并且需要更多的步骤来确保执行每一次重复操作。它还可能涉及更多的本地自由决定权，包括何时、何地以及如何执行新措施。例如，将“成功标准”引入为系统教学方法就是这样一个例子。正如我们在第八章中所讨论的，“成功标准”包括在每节课开始时向学生清楚地展示、解释对他们的期望以及他们在学习结束时能够做什么。当教师忠实地实施时，“成功标准”产生了d=0.88的效应值，这是一个非常高的数值。虽然（可以说）在每节课开始时介绍“成功标准”并不比出勤登记花费更长的时间，但它需要在一天中更频繁地重复。这些标准也需要与课程的具体学习目标相结合，因此，我们估计在实施过程中可能会有更多的摩擦，因此需要更多的支持与引导。

- 巨石块环境。这是一个重要且复杂的推广环境，涉及更多流程、更长时间、更多的重复次数，以及更谨慎的决定。例如，当教育决策者决定在全国范围强制实施五种高影响的教学方法的组合时[1]，即使为教师提供大量的培训、在职辅导和辅助支撑材料，这也代表着对日常工作和现有期望的深刻改变。同时，这个环境也增加了项目偏差、质量下降和缺乏维护的巨大风险。

● 注意事项2：推广机制

推广机制指的是项目传播给新环境的过程方式。我们将区分三种不同的推广机制：自发传播、复制传播、适应传播。

• 自发传播。自发传播指的是一种新的流程、工具或理念通过口口相传、使用者推荐、案例研究、权威人士认可等方式，逐渐被大家自发接受，并在系统中得到广泛传播。布鲁姆（Bloom）的“分类法”就是一个例子。它从20世纪50年代的边缘地位通过自发传播，逐渐成为在评估、课程开发和课堂教学中广泛使用的核心方法。另一个例子是，在医疗保健领域有一个相对较新的研究领域，称为“实施科学”（Implementation Science），专门探索如何将研究成果整理并传递（或营销）给医疗保健机构。后来，英国教育捐赠基金会、美国有效教学策略资料中心和非洲教育研究数据库等教育机构也自发使用了这种传播方法（即作为教育研究的“营销机构”）。在自发传播模式中，学校拥有较高的自主决定权，来决定它们借鉴何种研究、使用何种工具，因此，自发传播机制带来的回报各不相同。

• 复制传播。复制传播指的是明确设计一个高度结构化的项目干预措施，它们可以在新环境被激活并忠实复制。这个过程可以通过测试一系列设计特征、设置选项（即GOLD改进部分的步骤）来完成，最终实现项目措施的“产品化”，包括：

○流程标准化。例如，提供明确的实施步骤。这可能是指导性的（提供一个模范流程，帮助实施者决定如何和何时工作），也可能是规

[1] 成功标准（d=0.88）、认知任务分析（d=1.29）、反馈（d=0.57）、拼图法（d=1.20）、差异化（d=0.68）。

定性的（规定必须忠实交付的标准流程）。

○过程简化。例如，减少新标准实施过程中的步骤数量或降低困难程度。

○相关人员能力建设。例如，提供项目长期支持，包括培训、集中学习、建模、在职辅导、反馈等等。

○分阶段实施。例如，先完成一项任务，然后再完成第二项，以此类推。

○人员动机。例如，加强队伍信念建设，合理利用激励机制（“胡萝卜”）与制裁机制（“大棒”）。

○项目自动化。例如，智能辅导系统的使用，让教学过程逐渐自动化。

• 适应传播。适应传播指的是允许当地实践者调整项目内容、使其在当地情境中更可行。然而，适应传播面临的挑战是，它可能会演变成一种项目偏差，即只学会了表面功夫而没有学会精髓。兰特·普里切特称之为“同构模仿”（isomorphic mimicry）。我们建议，如果你决定对一些项目进行适应调整，那么你必须明白所调整内容将产生的影响，而不能放任结果未知。在你进行程序逻辑模型（步骤2c）的迭代时，你应该明确地制定出：

○强制性流程与设计特征。即那些不能改变、必须严格遵守的流程。

○灵活性流程与设计特征。即那些需要实施但对自由决定权容忍度较高的项目（例如，学校出勤率是在年级组会上检查，还是教师在他们自己的教室里检查；孩子们在考勤点名时是否需要大声喊出他们的名字可能并不重要，重要的是准确得到考勤数据）。

○专门用于本地化调整的流程。即专门为当地实践者提供明确的设计特征供他们进行个性化调整，从而提高其积极性，增加其主人翁意识。这个过程可能很简单——把学校的标志和图片添加到国家标准化文件的前面即可，也可能很复杂——例如，脚本式教学强调的是本地化实施要更贴近学生生活，还要给出如何做到这一点的示例。

我们认为，GOLD改进模型本身就是“元适应传播”（meta-adaptation）[1]的一种。它包含了一套推荐流程，这些流程可以本地化、多样化，帮助当地教育决策者来确定目标、搜索机会、实施落实、回顾影响、规模推广。

关于精益改进理论的解释

现在，你可能会想，为什么这本书的名字叫作《精益教育与可见的学习》，却用了如此多的笔墨来讨论如何“做加法”的GOLD改进模型，而不是如何“做减法”的精益改进模型。你这样想也无可厚非，因为GOLD改进模型主要是关于在现有的教育结构上识别新的“积木块”，并扩大其影响。但是，其实GOLD改进模型本身蕴含着大量的精益思想：

1. 在确定目标的阶段，不断追问“这真的很重要吗？”“这真的值得我们关注吗？”等问题，其实就是在避免同时开展多种措施的冲动。这样一来，我们就可以确定最必要也最重要的目标（即GOLD改进模型的步骤1b和步骤1c）。

2. 在路径选择的阶段，选取那些最可能产生影响、最可能获得回报的措施，并且仔细分析设计特征和设置选项，其实就是在增加项目的效率与干预措施的有效性（即GOLD改进模型的步骤2a～2d）。

3. 在实施阶段，先进行小范围试点、实时评估，然后再完善迭代，并进行规模推广，这一过程其实就是在避免大量资源被浪费掉的危险。这样一来，我们就避免了陷入认知偏见，从而更理性地思考对象选择、沉没成本、团队信念、可持续性等问题。

但是，在精益改进理论部分，我们也建议你同时开展多项“做减

[1] 即GOLD改进模型本身就蕴涵了“适应传播”理念。——作者注

法”的工作，思考哪些流程可以中止、减少或完善。在本书第二章，我们已经介绍了广义的精益思想，所以接下来我们将主要讨论如何在教育系统具体实施。表11.12对此进行了展示。

表11.12 精益改进理论的详细步骤

精益改进理论				
E.商议未来方向	D.评估未来状态	C.试点未来状态	B.分析未来状态	A.分析当前状态
扩大/缩小规模，并寻找新的无效措施	仔细评估移除无效措施后产生的影响	有计划地开始移除无效措施	识别、确定低效或无效措施	分析现有措施的价值分布

组建精益改进团队

精益措施的实施需要一支专门的精益改进团队。正如我们在本章引言部分所讲，如果让GOLD改进团队同时从加法和减法两个角度进行思考和行动，这会对他们造成过重的认知负担。因此，你应该组建第二支团队，专门负责精益改进措施的实施。与GOLD改进团队类似，精益改进团队可以由以下人员构成：精益赞助商、精益指导小组、精益领导人、精益实施者，以及涵盖整个实施系统的相关工作者。

但是，我们认为精益改进团队承担的任务可能更具挑战性。这个挑战并不是指实施流程方面。通常，人们会认为分析项目内部的流程价值、识别并中止无效措施要比开展新措施或建立新的干预流程容易得多。然而，我们认为这恰恰是精益实施更困难的地方，只有拥有惊人意志力的团队才能坚持移除多余的或无效的现有措施。原因在于下列因素：

- 实施精益意味着寻租、提成、政治赞助的减少。在以榨取和赞助为导向的教育政治经济系统中，精益意味着裁员、减少招聘提成、降低员工数量。这可能使教育官员无法继续获得政治赞助，因此精益的实施将面临很大的挑战性。

• 实施精益有失去信誉的风险。很多情况下，人们会根据输入性指标来判断一所学校的教学质量，例如师生比例、学日/学年时长、教育年限、班级规模等等，剔除以上指标中的任何一个都可能让人产生错觉，以为教学质量有所下降——即使学生出勤率和成绩正在上升（当然，它们不会同时上升，因为它们属于前文所讲的“落后指标”，在上升之前有一段时间的潜伏期。这也使得实施精益变得更加困难）。

• 实施精益会引起教师抵触。如果有陌生人整天带着秒表出现在你的工作场所，观察着你并不停做笔记，你可能会心生警惕并告知工会代表。事实上，在肯尼亚，当教育部门引入（精益）合同制教师计划，并以极低的薪酬雇用资历较浅的教师时，结果不出所料，肯尼亚全国教师工会发起了全国大罢工。

出于以上原因，我们认为，当高级决策者过于大胆地、目的鲜明地搜寻可以削减的经费，这种精益称之为“硬精益”，是一项极具挑战性的政治行为。除非国家（地区）教育体系因为巨额财政赤字和税收收入的不断下降而难以运转，或所有人都在强烈质疑为什么交了那么多税而学生却几乎毫无所获，否则，不要轻易实施“硬精益”。

相反，“软精益”——精益的重点不是减少人们的饭碗，而是增加现有活动的收益回报——可能更受欢迎。事实上，在许多地区，教师会（合理地）抱怨他们工作量太大。这增加了他们的压力、降低了他们的健康水平以及继续从事教师职业的可能性。例如，在经合组织国家和地区中，初中教师平均将57%的时间花在非教学活动上。的确，这其中包括一些课程准备、进行形成性评估和教师专业发展活动。但是，另外一些则（可能）是没有任何收益的活动（即虽然忙碌，却不会对孩子的学业进步产生任何影响的工作）。

因此，我们认为，如果能够明确指出实施精益的重点不是裁员或降低学校质量，而是让教师变得更轻松，同时还能帮助孩子们学有所获，那么人们可能会积极接受精益教育项目。但是，这需要精益教育的实施者明确承诺会发生和不会发生的事情（例如，承诺专注于减轻教师的生活压力，而不触及教师的聘用条款和条件等）。同时，可能还需要将教师工会和家长协会纳入精益教育设计指导小组，并让他们参与设计精益改进项目的细节与范围。

我们同时认为，精益过程在个别学校层面上也是有效的。例如，这可能涉及建立一个教师的专业学习社区，授权允许进行内部教师行为研究，收集教师大部分时间的活动数据。然后，学校经过分析数据，选择其中一项将其暂停，观察是否对学生学习产生任何积极或消极的影响。这一过程可以不断重复，不断改进。

基于以上这些认识，我们现在开始解释精益改进理论的所有步骤。

步骤A：分析当前状态

组建精益改进团队后，团队的首要任务是分析项目的现有价值链，了解每个人都将时间花费到哪些活动上。以下几种方法可以做到这一点：

• 时间日志分析。这一方法要求团队记录教师全天所进行的活动。首先，标记出每项活动的关键类别。然后，要求教师记录他们完成这些活动的时间，现在已经有免费的手机应用程序能够帮助做到这一点，许多律师和项目顾问经常使用这些应用程序来（按分钟）进行客户计费。最后，利用这些数据，就能得到一份关于不同类别活动时间百分比和每天活动重复次数的深度报告。如果想要更全面的数据，你还可以要求教师记录他们在学校之外进行的与工作相关的活动。

• 微观流程分析。对于每个关键的活动类型，你需要分析每项活动包括的微观流程，记录整个流程的主要步骤及子步骤。你可以通过使用便利贴或流程分析软件将数据列成一个清单。

• 宏观流程分析。你可能还记得在第二章，我们指出精益不仅仅是在单个组织内进行改进，而是对整条价值链进行分析。这意味着如果我们实施精益的对象是教育体系，那么除了学校层面的活动，系统上游活动也是关注的重点，例如，教师招聘与培训、学校建设、学生录取与通勤。基本上，任何发生在学校之外的（教育系统内部的）流程对学校都会产生影响。你需要思考这些宏观流程在实施之前是不是存在设计过度的问题。

- 教育信息管理系统（eMIS）数据分析。你还可以利用电子数据（或电子日志）来进行一些平均数据的识别和分析，例如，课堂时间、教师/学生缺勤率、师生比例等等。

步骤B：分析未来状态

现在，你已经分析了当前的教育系统价值链。下一步是识别并消除潜在的资源浪费。如图11.4所示，你至少可以采用以下五种路径：

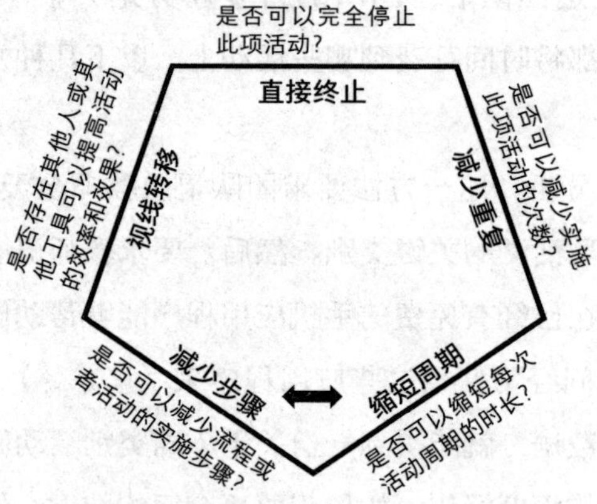

图11.4 减少资源浪费的五种路径

举个例子，假设你经过现状分析，发现批改学生的家庭作业占用了教师大部分工作时间，并且教师经常到晚上11点多还在做形成性评估。那么你的精益措施可以包括：

- 直接终止。第一个可能的方法很简单——不再布置家庭作业。

META[x]数据库包含了基于217项家庭作业对学生成绩影响研究的8项元分析报告，其平均效应值为d=0.28。然而，小学基础教育与中学教育阶段的效应值存在显著差异（前者d=0.15，后者d=0.65）。这表明，完全停止小学家庭作业是一个可行的精益策略，但在中学教育中，这是不明智的。

- 减少重复。第二个可能的方法是继续做家庭作业，但减少家庭作业频率。在小学教育中，可以将每周5次家庭作业减少到4次、3次甚至更少。在中学教育中，可以将每学科每天1次家庭作业减少为每学科每周1次。

- 缩短周期。第三个可能的方法是降低每次家庭作业的强度。教师可以用相同的频率布置家庭作业，但要减少每项家庭作业的内容，从而减少教师批改家庭作业和完成形成性评估所需的时间。事实上，有证据表明，家庭作业的持续时间可能与学生成绩成反比（即“短而精”的家庭作业效果更好）。

- 减少步骤。第四个可能的方法是分析教师和学生在家庭作业过程中的实际行为，即家庭作业是如何设计和分配的、学生如何进行以及做家庭作业会持续多长时间、教师如何收集和应用作业中传达的信息、每项任务花费了多少时间、评估结果如何记录或报告给学生、学生随后如何处理这些信息。通过以上步骤分析，你可能会发现教师在每个孩子身上花费5分钟时间撰写个性化反馈，但学生却从来不看这些反馈。那么，一份更容易完成的数据报表可能会更有效率，并且具有更多的反馈价值。

- 视线转移。最后一个可能的方法是，分析其他人或其他工具是否可以在不增加成本、不降低当前效果的情况下承担这项任务。这听起来很神奇，但值得探索。在坚持布置家庭作业的情况下，是否可以培训年长或水平更高的学生来评估年轻或水平不太高的同龄人？是否可以将此活动分配给学生家长？智能辅导系统是否可以取代家庭作业？

你需要将上述所有可能的方法列成一份清单，然后使用我们在表11.13中提供的评估框架对它们进行排序。

表11.13　精益方法的评估框架

评估因素	说明
影响证据	• 关于这个活动的重要性，我们可以找到什么全球或当地数据？ • 我们对当前数据库规模的信心如何？ • 我们的学生特征与数据库研究中分析的那些学生相比，相似度如何（例如，年龄、人口统计数据等）？
实施难度	• “直接终止”和“减少重复”总体上是最容易实现的两个路径。 • “缩短周期”“减少步骤”“视线转移”都需要在现有流程分析的基础上重新设计，并且需要对预期实施新流程的各方进行培训。
涉及人员	• 对受影响的教育者来说，他们会轻易接受精益改进措施吗？他们会不会认为精益改进措施降低了学校质量、会不会认为精益改进的过渡期比现在还要复杂？
实施成本	• 如果精益改进项目的实施成本比未来可以获得的收益大得多，那么还需要实施吗？

步骤C：试点未来状态

一旦你决定了要推进的精益改进计划，下一步就是设计实施细节并进行试点。我们在上文GOLD改进模型部分中介绍的许多工具也可以在这里使用：

• 路径分析。精益改进部分的路径分析与GOLD改进部分的路径分析差异在于，前者是对现有流程的分析，而后者是提出一个假设目标，分析其是否可以提高效率并获得收益。

• 程序逻辑模型。精益改进部分的程序逻辑模型涉及的是现有流程的停止、减少，或重新设计，而GOLD改进部分涉及的是预计实施新的计划。

• 设计特征和设置选项。如上所述，精益改进部分关注的是现有设计和设置中那些可以实施精益的低效或无效措施，包括减少重复、缩短周期或减少步骤。

- 制定标准。你需要制定成功的标准，以确定在精益改进过程中的观察指标。例如，在布置家庭作业的情况下，跟踪教师每天花在形成性评估活动上的时间，以及制定出学生学业成就的领先指标和落后指标。
- 项目管理。包括项目规划、风险控制、项目监测与评估。

有了这些项目工具和流程，你就可以实施精益改进措施了。

步骤D和步骤E：评估未来状态并商议未来方向

这个步骤和GOLD改进部分中的“评估影响”流程基本类似。在实施精益改进措施时，我们需要通过收集各种指标数据来确定我们的措施是否真正有效地：

- 节省时间
- 降低成本
- 获得相同的学生成就（甚至更好的学生成就）

你需要通过数据分析来评估精益改进措施的效果——是继续实施、调整，还是终止？如果决定继续，你可以利用这些评估数据更灵活地调整设计特征和细节，以便进一步提高精益改进措施的影响水平。

总结

在本书这一部分，我们尝试从抽象的话语转向具体的行动建议，以便帮助你在本地语境中切实开展精益项目。在GOLD改进理论部分中，我们讨论了如何“做加法”——从“确定目标”前进到“试点落实”再到“规模推广”。在精益改进理论部分中，我们讨论了如何“做减法”——如何从现有流程中移除无效措施，如何做到低投入高回报。

我们明白，要想进一步评估精益理论的有效性，还有很多工作要做。但我们的首要希望是，通过合理使用现有发展中地区的相关研究、

META^X数据库和“GOLD精益教育模型”，我们能看到低收入和中等收入国家（地区）儿童的学习生活得到更大改善。我们希望看到每一个孩子，无论身处何地，都能够得到良好的教育，并在这些教育中得到相应的美好成长。

第十二章 结语

朋友们，我们即将结束这段共度的美好时光。虽然我们满怀伤感地写下最后这些话，但本书所传达的信息却十分积极乐观。我们人类这一物种已经存在了大约200万年，但99%甚至更多的时间里我们没能以一种系统的方法来维系、提高并传承集体知识。不过，在过去300年，人类见证了一个比金字塔、泰姬陵或中国长城更为伟大的奇迹。在人类努力钻研的领域中，从未有如此多人被动员起来，为增加更多人的生存机会而共同奋斗，并产生如此深远的积极影响。尽管当前教育模式仍存在许多吞噬大量投入的“黑洞”，爆炸式的教育“大爆炸”所波及的范围已十分广泛。

本书中，我们重点关注了那些尚存的教育“黑洞”以及“加固”教育系统的措施。如果对这些“黑洞”放任不管，那将导致大约2.58亿儿童失学；更将有6.17亿儿童虽然得以上学却收获甚微，最终在成年之后沦为功能性文盲。而这6.17亿儿童占当前学龄人口的三分之一以上。

然而，这仅仅是新冠肺炎疫情突袭而至前的情况。据统计，2020年全球共有195个国家（地区）采取了全国性停课措施，波及全球99%的学校或约17.2亿儿童。到2021年年中，儿童入学情况有所好转，但这一转变还存在更多波折，并伴随着长期停滞的可能性。因此，众多高收入和中高收入国家（地区）都尝试将重点放在教育战略上，希望借此能够弥补这一现状对学生学习造成的欠缺。然而，对于低收入和中低收入国家（地区）而言，他们所面临的危险在于许多儿童将永远失去学习机会，而过早退学将导致这批学生早婚早育，甚至成为童军中的一员。

在新冠肺炎疫情突袭而至前，低收入和中低收入国家（地区）的税收与高质量教育的支持资金之间已经存在巨大的财政缺口。低收入国家（地区）的青年数量急剧增长使这一情况进一步恶化。然而，新冠肺炎疫情带来的直接影响之一，是税收收入下降以及ODA计划减少。这就导致世界各国（地区）都面临着学生失学所带来的潜在长期影响，同时各国（地区）能够通过获取资源来填补不断扩大的“黑洞”的机会也越来越少。在相当长的一段时间内，为了应对以上困难，各国（地区）可能需要做出艰难的抉择。

诚然，新冠肺炎疫情对教育成果的长期影响需要长时间的观察才能发现。直到今天，仍有研究人员忙于通过对数据的收集、分析、解析来探究100多年前1918年的“西班牙大流感”所带来的影响。因此，我们预计一大批流行病学家、社会学家、犯罪学家和教育家将在2021年以及之后的很长时间内不断评估、研究和追踪新冠肺炎疫情所带来的长期影响。

然而，我们认为在短期内，教育部门、国际发展组织以及技术援助提供者将会一直面临教育任务的增加和教育资金短缺的困境。换句话说，他们可能需要采取精益教育模式。即使没有新冠肺炎疫情，我们仍然有理由认为他们需要持续加大对教育的效益影响的关注。因此，本书中我们给出的建议以及面临的挑战都是针对长期性问题的，并不单单是针对疫情所造成的问题。

本书中，“叠叠乐积木游戏”一直作为指导隐喻贯穿全书。在叠叠乐游戏里，玩家要用一组相同的积木块来搭建一座塔楼，他们必须小心翼翼地从中间或底部交替抽取积木块，并不断地将其重新放置在顶部。也就是说，积木塔楼结构的设计将越来越精细化。在初始阶段，玩家可以在不破坏结构稳固的前提下轻易地移动中间层位的积木块。然而随着游戏的进行，可供移动的积木块越来越少，积木塔楼的形状越发扭曲，其结构也愈加不稳定，并最终倒塌。然而，我们不希望“教育的塔楼”

崩塌。相反，我们期望运用最少的“教育积木块”搭建最稳固的“教育塔楼”。对于已然高耸的“教育塔楼”，我们希望通过对“积木块”进行筛选识别而加以修整，这样我们就能用同样的资源来获取更多的效益。理想情况下，我们期望能够做到以低投入获得高收益。

我们当然需要呼吁更多教育经费的投入。在精益教育思想的指导下，这些经费能够惠及更多的年轻人。但长期以来，“给我们更多的资金”仅仅是一个前提。正如本书所概述的证据，资金增加并不一定能够提高学习成果。我们认为，专注于真正能够发挥最大作用的教育干预措施，提高效率、降低成本，这样我们才能改善更多人的生活。

这部书最初只是一个简短的思考片段，然而随着我们不断地对其进行补充，我们意识到我们正在撰写一本书。当我们所写内容大大超出了规定的字数范围后，我们不得不与出版商重新商讨。鉴于我们已经涵盖了如此多的领域，我们认为现在是时候进行大多数人在书中结论部分所做的事情了，那就是回顾并总结。所以接下来的内容就将围绕这两方面展开。

本书第一部分是背景介绍，是全书的基础部分。第一章对全球教育发展历史进行了盘点，从宇宙大爆炸时期到古腾堡印刷术时期，再到早前的8400万教师，接着一直到近代的初等教育普及阶段。与汉斯·罗斯林（Hans Rosling）和史蒂芬·平克（Steven Pinker）一样，我们首先要为全球教育已经取得的众多成就而欢呼。想象一下，如果时光机将我们传送到18世纪中期，我们就能告诉那个时代的人们普鲁士教育实验将很快在全球推广；大多数儿童，无论性别，都将获得免费的教育机会；全球近90%的成年人都具备读写能力。在那时这听起来像是天方夜谭，但如今这些都已成为现实。只是“现在”，我们需要为仍未接受普及教育的那部分人做打算，此外，我们还需要大幅度提高各方面的教育服务质量。尽管剩余的那部分人更多地集中在低收入和中等收入国家（地区），但每个人都值得拥有受教育权。

然而，人们很容易认为，增加受教育机会（我们称之为“较容易的教育问题”）和提高教育质量（我们称之为“教育难题”）的最佳方式是获取更多资源，就像在叠叠乐游戏中玩家会插入更多积木块一样。因此，在第二章中，我们对资源与成果之间的关系进行了探讨，并调查了未来5年内教育方面可能获得的资源水平。就资源而言，虽然我们强烈赞同教育系统需要更多资金这一观点，但我们并没有找到有力的证据表明资金的不断增加能够带来更大的教育成果。同时我们注意到，其中有几个教育系统能够从相对较小的投入中尽可能利用每一分钱来取得教育回报，其收益远超自身财务预期。

更有推测性的是，我们还审查了新冠肺炎疫情对教育资金需求以及国内资金和ODA的潜在财务影响。我们的结论是，教育系统的工作量（可能）变得更多，可用资源却（可能）变得更少。对此，精益教育思想也许能够发挥作用。因此在第二章的后半部分，我们介绍了精益思想的历史以及实施的关键流程。我们还提到，虽然精益思想仍未被教育工作者所接受，但许多其他部门已经发现，坚持不懈地关注成果效益是有用的。尽管学校与汽车工厂并不相同，但证据表明至少我们可以考虑一种明确的以效率为导向的教育方法。

当然，这其中还存在着某种风险。在我们移动这些“积木块”的过程中，可能会将错误的“积木块”抽取出来，取出后，那些用以填补的“积木块”所对应的专业知识也同时失效了。因此，我们在选择移除（或者首先不添加）目标时必须十分谨慎，要以经验证据为指导，而不能凭直觉或随意抽取。在第三章中，通过收集分析有效数据，我们探讨了当前关于低收入和中等收入国家（地区）的教育“最有效措施”。我们共研究了57篇系统报告，包括28篇叙述性报告，9篇投票计数性报告及其余20篇元分析报告。这些报告共综合了3912项（在删除重复数据后，大约2500项）实验和准实验研究的数据。经过一系列分析，我们发现在“儿童入学机会”这一教育简单问题的回答上，不同研究给出的最有效措施具有合理的一致性。同时我们还发现了一些能够解决教师定期出勤问题的相对成功的策略。

然而，当我们转向“如何提高教育质量”这个教育难题时，这57篇系统报告的研究结论几乎没有共同点，而在少量有共识的答案中（例如教学法、教师培训、智能辅导系统），我们很难分析或想象如何将这些措施付诸实践。因此我们认为，虽然这57项系统研究有着一定影响，但作为决定移除或添加哪些积木块的决策者，我们陷入了困境。

接下来在第四章中，我们介绍了“可见的学习META^{X}数据库”。它（可能）是世界上最大的关于“最有效措施”的教育数据库。它一共汇总了基于10万多项研究的1700多项元分析，涉及3亿多名学生。然而，尽管META^{X}数据库的数据总量比我们在第三章中提到的发展中国家（地区）系统评估大40倍，但其缺点之一是其中大多数数据源自高收入及中高收入地区，因此普及度可能并不高。当然其他缺点还包括：其基础研究使用了多种方法或测量工具，但彼此之间缺乏联系；积极的研究结果往往会被大肆宣扬，而消极的则往往会被隐藏；且META^{X}数据库中仅选择性地列出了研究人员选择调查的内容。然而，它还存在一个更大的缺点，那就是这一数据库仅仅研究了相似主题中元分析汇总的平均效应值（但有时数据的变化幅度能达到d=1.0），这样一来，我们可以（大致）了解到哪些措施有效，但这些数据并不能保证哪些措施可以进行复制，元分析（通常）无法提供足够的细节来告诉我们该如何复制推广。这就是为什么我们将第四章命名为“可见的学习META^{X}数据库的权宜之计”，我们认为我们真正需要的是更多有关发展中国家（地区）的数据。所以大致上我们想表达的是，在没有发展中国家（地区）的数据之前，让我们尝试一下是否可以从这个更大但以发达国家（地区）为中心的数据库中得出什么“初步”结论。

第二部分是本书的核心。在这一部分，我们用META^{X}数据库来分析教育需要改进的地方。在这一部分的五个章节中我们用到了一些公式，同时每一章都引用了一个改进理论，详细说明了如何投资于某些类型的活动可能会提高教育成果。但是，在这一部分的多数章节，这些理论被证明就像是学者们通常所说的花架子“稻草人”，或者阿加莎·克里斯蒂（Agatha Christie）所讲的只能看不能吃的“红鲱鱼”。也就是说，这些理论试图探讨如何通过增加经费获得最优收益并将其转化为令人欣喜的教育成果。从表面上看，这些理论十分具有吸引力，但经过充分审查后却被证明是错误的。

在每个核心章节中，我们都展示了一个相关的META^{X}数据表，并在之后对哪些“积木块”有可能被移除（或不再添加新的）以及真正应该被添加的“积木块”有哪些做出了解释。最后，我们在每章的末尾都附上了一份精益教育的初步结论和风险提示，这些初步结论是为了起到指导作用，而风险提示则概述了实施行动后的潜在副作用或意料之外的后果。这一点是建立在赵勇（Yong Zhao）的观点的基础上，即便是有效措施同样可能会产生不良影响（这就类似于，是药三分毒）。

第五章是第一个核心章节，探讨了教师选拔、招聘以及职前和在职培训问题。本章引用的改进理论认为，如果教育工作者有全面的职前培训经历和职业资格证，并且拥有所教学科的高级资格证，他们能发挥的作用将会更大。然而在分析了META^{X}数据库以及相关的发展中国家（地区）的研究数据后，我们却得出了一个挑战性的结论，即职前教师培训或者职业资格证是可以被取消的，至少在小学和初中教育阶段，教师完全没有必要必须持有所教科目的高级资格证。这是教育系统需要取消或者至少不再提高教师要求的一个方面。

为避免产生疑问，我们要解释清楚，我们并不是说教师不需要培训或者不需要提高专业发展水平。我们也发现，从精心设计的在职培训中能够看到可观的教育回报，而且最好的在职培训应该遵循“表层—深层—迁移”的规律。这个规律是我们在第八章中讨论的提高学生学业的有效方法。毫无疑问，对儿童有效的方法对成年人也同样有效。我们想强调的是，有效的教师在职专业发展项目需要精心安排，其中包括间隔学习、理论展示、建模、目标情境中的刻意练习、辅导和同伴合作等措施。同时，它还要求教师非常注重教学内容知识的安排（即对学习内容进行最优排序以帮助学生理解；了解学生在特定概念、想法或内容方面经常遇到的困难；利用特定方法将学生对不同学习挑战的理解联系在一起）。

此外，我们还提出了一个颇具争议的建议。我们认为可以利用心理测量工具、工作记忆和智商测试以及课堂模拟等手段来筛选更适合教师这一行业且能持之以恒地坚守在这个岗位上的候选人，同时还可以评估和增强教师影响力。我们认为教育系统如今还没有能力依靠此类工具在教师招聘中做出决策，但教师筛选评估工具测试、纵向绩效跟踪策略、深度学习人工智能的综合使用可能有利于形成一个强大的长期评估机制。

在第六章中，我们将重点放在探索教育者所参与的教育体系上。我们提出了一个存疑的改进理论，这一理论认为，更多的资金、更好的校舍环境、更小的班级规模、更长的每天及每年的上学时长、安排学习不佳的学生留级、同龄班级制度等措施能够提高教学和学习的质量。然而，META^{X}数据库和发展中国家（地区）研究数据表明，更好的学习效果反而可能因相反的措施而产生。因此，我们给出了一些精益角度的建议：采取混龄开放式教室措施，让孩子们按学习水平而不是年级上课，学生之间也可以互相辅导。同时，我们还提出了一些其他颇具争议的建议，比如可以大幅缩短每天及每年的学习时长，允许学校进行三个班次轮班制教学，这将使学校能够招收更多学生，帮助教师有更多的时间来提高自身专业水平，从而提高他们在课堂上的影响力。此外，通过研究由于疫情所采取的停课措施使学生学习受损的相关全球数据，我们可以得到更多的数据来确定能够保证学生学习成就的“最低的每天及每年的学习时长”数值。

第七章重点讨论了问责制。在此之前，经济学家已经对此进行了大量研究。在第七章里引用的改进理论认为，教育系统需要采取绩效制、系统责任制（如学校检查、排行榜和教师绩效标准），以及公私合作制等竞争选拔措施。公平地说，其中一些措施在解决一些低收入和中低收入国家（地区）长期存在的问题方面相对有效，例如教师出勤率这一问题。摄像监控、每日出勤奖金和社区监控等措施的实施的确提高了教师出勤率。然而，这些措施解决的只是教育挑战问题中“供给侧”最为基础的一个方面。一旦教师出勤，紧接着我们就需要关注这些问责机制最终是否促进了学生的学业水平。有证据表明，这些机制带来的主要是不正当激励及外在动机（例如如何利用系统漏洞来获取现金奖励）。我们还发现，并没有强有力的证据表明公私合作（在规模推广之后）比国家（地区）管理的教育系统更有效。

我们还认为，奖惩式问责机制可能会带来错误的结果，或许从一开始就误入了歧途。虽然这些方法源自行为经济学的理性行为者学派，但也许我们能够从关于教师集体效能以及“可见的学习”思维框架的研究中学到更多。问题的重点在于，教师要树立以下信念：

- 所有的孩子都能够学习；
- 所有儿童都有受教育权；
- 教师能对学生成绩产生最大影响；
- 所有的教师都必须了解并提高他们对学生学习的影响力。

当然，我们需要为教师提供体面的生活，并按时支付他们的工资。但在这之后，绩效衡量、监测、奖金、排行榜、检查等强化措施却只会导致绩效错觉的产生，教师对使命的信念才是最重要的。在我们的研究中，我们始终认为教师的自身想法能够对学生产生最深远的影响。如果教育者认为他们可以对学生学习产生巨大影响，并且当他们相信所有学生都可以进步时，他们则有更大的可能性投身于正确的使命。显然，一旦他们投入其中，即使没有摄像监控和额外奖励等措施，他们认真上课的可能性也将更大。

我们可以用现在这本书的撰写作为例子，我们之所以每天写作，是因为这本书是我们的目标。然而，我们的出版商并没有监控我们每日的文字输出量，也并没有为了鼓励我们加快速度而将我们的写作速度与其他作者进行对比。同时，我们也相信，你之所以阅读此书并不是因为奖励诱惑或者他人的监督，不会有人因为你按章阅读而付钱给你。与之相反，我们之所以这样做，是因为我们共同肩负着提高全民教育质量这一使命，我们都相信教育有着改变生活的力量。

在第八章中，我们讨论了真正能够提高教育质量的方法。我们共介绍了40多种教学和学习方法，每种方法产生的效应值都大于d=0.40临界值。这意味着，这些方法中的任意一种都会对学生学习产生重大影响。然而，应用它们的挑战在于，每种方法都有不同的适用的时间和地点。有些方法适用于开始全新的课程、主题或探究周期；有一些适用于开展浅层学习及知识巩固；有一些适用于深层研究和内容整合；有一些则适用于将知识迁移至新领域。据我们（保守）估计，教育工作者需要掌握的方法全部加起来至少有1000多种。为了提高教学质量，教师需要在合适的时间对其教学方法进行调整。此外还有一些更复杂的方法。一些适用于年轻学习者，但对年长者并不适用，反之亦然。最后，我们还需要考虑教学的学科内容知识。例如，在教授数字、数值、百分比、分数等方面，有些方法优于其他方法，而在识字、科学、历史、地理或音乐等方面，有些方法则更为适合。

对我们来说，期望教师学习掌握这1000多种方法并知道何时以及如何应用它们似乎是一项挑战。这就是为什么在这一章的后半部分，我们对如何构建和支持教师有效地做到这一点进行了探索。我们介绍了三种级别的支持框架——从级别1通用框架到级别2支架式课程，再到级别3脚本式课程。级别1框架为教育工作者提供了一套通用的规约程序，教师可以根据这些程序来自主设计教学计划；级别2框架提供了预先构建好的课程，教育工作者可以因地制宜，灵活地对其进行调整完善；级别3框架为教师提供了一套规定的、脚本式的课程体系，教师就像莎士比亚舞台剧演员一样进行教学。尽管有着不同的权衡，但每种方法都是有效的。级别1框架使教师能够保持完全的专业自主权，但同时需要教育工作者付出更多的努力，并掌握更多的专业知识来重新构建他们的工作计划、课程计划和学生学习材料。但这个过程也面临着风险，那就是所有的问题将交织在一起，教师也许无法兼顾，就像玩杂耍球时多个球同时掉落一样。虽然级别2框架提供了推荐的途径，稍微降低了教师自主权，但教师仍可以因地制宜地做出部分决策，不过这些决策仍存在无法兼顾的风险。级别3框架的脚本课程有点类似于被安排在特定轨道上的火车，有着预定的行驶速度，并在不同的预定的车站停靠。

每种方法都能奏效。教师应该根据当地环境、需求、改进理论和信仰的实际情况，因地制宜地选择不同方法。我们建议，要谨慎选择、探索具有不同设计和设置功能的方案，并进行试点、评估、迭代，然后再慢慢扩展。在第八章中，我们回顾了第五章中关于教师培训和专业发展的讨论。然后，我们介绍了四种元模式，它们能够帮助我们思考什么是专业教学，以及如何培训和支持教师承担自身角色。这四种模式是，A.渗透式（不对教师进行培训，不推荐此种方式）；B.脚本式（脚本需要进行详细的分支设计）；C.专业知识式（需要进行专业发展才能掌握1000多种方法，但效果不一）；D.系统研究式（更类似于科学研究，设定假设、收集数据、评估影响）。从通用框架到脚本课程，这些模式明确地与我们的三个支持级别相关联。

在第九章中，我们探讨了教育技术的影响。本章数据十分复杂，技术带来的影响在很大程度上取决于其用途、部署方式以及是否比以前的教学实践更具成本或时间效益。尽管改进理论认为，为教师和学生提供笔记本电脑和平板电脑等技术将有利于学习成果的提高，但我们并没有看到相应的提升。有以下6种障碍可能抑制了影响：1. 设备是否最终到达教师和学生的手中；2. 教师和学生是否知道使用方式；3. 教师和学生是否真的使用了设备；4. 设备是否真正用于教育活动；5. 是否能够利用这些设备显著促进高影响力的教学方法；6. 实施的成本是否不高于现状。

使用视频监控的初衷是为了监督教师，我们也的确看到了其对教师出勤的有效影响，然而，这一措施对教师教学方法的提升几乎没有任何作用。为了提高教师能力，我们确实找到了一些可行的方法。第一，教师可以使用视频记录课堂的教学和学习过程，然后回放并评估自己的教学影响。这是所有技术工具中效应值最高的方法（d=0.88），尤其是当教师用这些记录来复习以及听取其他教师对此的反馈意见时。然而，这一方法实施起来并不容易，只有当教师彼此协作、互相分析对方视频时才能达到最好的效果。当视频用于问责制度而非教育发展目的时，这一方法就失去了（教学）有效性。第二，虽然在没有平板电脑的情况下脚本式教学模式也能够完美实施，但教师平板电脑和自动评分系统的使用有可能提高教学效率。

同时，越来越多的证据表明了使用智能辅导系统的益处。这些系统十分有效，可以识别目前学生学习中的差距，并通过浅层次水平练习和间隔重复来弥补这些差距。如果当地有合适的技术，它们的包容性和准确度也很强。尽管智能辅导系统是目前最适用于数学、科学和读写能力提高的技术工具，但它们在深度学习或知识迁移阶段的效用十分有限，因此也并非万能的灵丹妙药。

随着我们对实验技术的探索，我们认为，从长远来看，教育技术将成为教育规则的改变者。值得关注的三个重点领域包括：

1. 虚拟学校教育。这实际上就是疫情期间高收入国家（地区）实施的基于ZOOM[1]的学校教育模式的升级版本——教师和学生的网络同步协作。两者之间的关键区别在于，虚拟学校教育可能是一种更加身临其

[1] ZOOM是一款多人手机云视频会议软件，为用户提供兼备高清视频会议与移动网络会议功能的免费云视频通话服务。——编者注

境的体验，教师和学生需要戴上智能眼镜和触觉手套，这样他们就能够被“转移”到沉浸式虚拟学校，而这些学校的外观和感觉都和现实学校的一样。这一技术将使物理校园虚拟化，使其能够为更多学习者提供服务，因为每个学生的在校时间将会更少，并且在家中就能完成部分学习任务。同时，这一技术在教育经费紧缩时期可以提供一种更精益的方法来扩大中等教育的普及率。如果这些类似ZOOM的工具使用激增，教师可能会减少讲课而多听学生发表反馈并参与教学分类（这将帮助学习者进入下一个最佳学习步骤）。我们认为，虚拟学校教育是一项短期内就会发生的教育技术。到2030年或更早，这一技术就（可能）投入适用。

2. 脑机接口。近几十年来，脑机接口技术已经被用于癫痫病治疗和机器人的肢体控制。未来，这些技术的进步可能会在可注射纳米机器人方面。这些机器人能够穿过血脑屏障并锁定神经元，当机器人数量足够多时，就有可能将外部世界的数据直接传输至大脑，反之亦然。当我们想学习功夫或如何驾驶空中客车时，我们的大脑就可以从应用商店下载相应的知识、技能和肌肉记忆，并在几秒钟内就能掌握该技能并准备就绪。但是，这一技术（可能）很久以后才能实现，至少在2070年之后。而且，实现的前提是伦理问题能够得到解决。

3. 基因工程。基因编辑技术（CRISPR-Cas9）的最新发现可能意味着在接下来的几十年里，人类将越来越多地尝试重写自己的源代码。这一行为可能会使人类拥有更强大的工作记忆以及更长的寿命，但其结果很可能是发达国家（地区）和发展中国家（地区）也将因此产生新的鸿沟。实现这项技术似乎需要很长一段时间，但也有可能在10～20年或更短的时间内实现，不过同时带来的潜在副作用和伦理问题可能是巨大的。

我们之所以强调这些技术形式，是因为自20世纪70年代以来，大多数教育技术的效应值一直低于临界值。然而，我们认为，以上3个领域的技术有能力彻底改变我们在下个世纪的思维和教学方式。

现在，我们暂且不谈以上这些类似《星际迷航》（*Star Trek*）中所描述的未来主义，把重点再次拉回到当下可以实施的能够提高低收入和中等收入国家（地区）教育成果的实际措施上。在本书中，我们不时地强调那些具有可行性，能够用于建造、添加的新“积木块”的措施。其中，最热门的是第八章中的1000多个具有高影响力的教学方法以及级别1通用框架、级别2支架框架、级别3脚本框架的配套执行机制。第二个最热门板块是有关教师专业发展的有效措施。这些措施需要与以上框架同步运行，以便1000多种方法能够有效运作。最后一个热点问题是讨论由问责机制转变为教师集体效能的过程，与之配套的是教学领导力和“可见的学习”思维框架。同时，如果你有一些富余的资金，可以考虑投资与元模式相关的教师支持技术（例如，视频分析软件、基于平板电脑的脚本式教学模式），或者，你也可以考虑投资学生智能辅导系统。

我们原本打算在第二部分的结尾部分就结束这本书，但我们意识到，已经有大量面向发展中国家（地区）的出版物充斥着各种“政策建议”。这些建议与我们的“精益理念”的唯一区别是，前者不大可能使你大惊失色。它们通常讨论新经费、新项目，或者是对现有措施增添一些华而不实的东西。显然，本书的第一、第二部分内容似乎无助于教育系统领导者选择最适合他们所在背景的方案或者将这些方案转化为可在现实学校中进行测试的原型。当我们回想起我们在引言中提到的两个案例研究，以及由于保密协议而没有包含在书中的许多其他案例研究时，我们就会扪心自问：“对于像利比里亚这样的国家和其他中等收入的亚洲国家（地区）来说是否适合？”以及“哪些国家（地区）应该实施精益教育和到底应该如何在这些国家（地区）实施精益教育，这两个问题有区别吗？”每一次，我们得到的答案都是一样的：是的，我们要告诉它们如何实施。

这使我们进入了第三部分的讨论。这部分旨在为教育部、资助者和精益教育实施者提供一种配套实施工具包，使得他们能选择适当的设计方案，从小处着手并不断发展扩大。在第十章中，我们详述了精益过程的实施理念，调查了一系列国际发展、医疗保健、商业和教育领域的现有组织改进实施方法。兰特·普里切特、迈克尔·巴伯爵士、亚伯拉罕·沃德斯曼、保罗·勒马修、海伦·蒂姆佩里、薇薇安·罗宾逊、苏加塔·米特拉、拉塞尔·毕晓普、迈克尔·富兰、大卫·库珀里德（David Cooperrider）、鲁克米尼·巴纳吉（Rukmini Banerji）等人的智慧给了我们巨大的启示。通过分析他们的理念、方法和框架（以及健康领域相对较新的实施科学方法），我们确定了23个（相对）常见的过程，这些过程贯穿5个不同的实施阶段。

然后在第十一章——本书最长的一个章节——我们讨论了从倡议到行动并最终产生影响的过程。我们提出了“GOLD精益教育模型”，包含“GOLD改进模型”和“精益改进模型”两部分。你可以使用GOLD改进理论为你的现有教育措施“做加法”，确定需要插入的新“积木块”、试验、评估，然后不断重复迭代、继续前进，或者中止实施。另外，你可以使用精益理论为你的现有教育措施“做减法”，选择低效或无效的“积木块”，尝试移除它们，评估影响并调整完善。我们希望，这些理论工具可以帮助你选出那些有吸引力、愿意为之奋斗的重要目标，然后进行现状分析、方案设计、实施落实，并最终对孩子的学习生活产生深远影响。

我们不断惊叹于人类在这短短300年中取得的巨大成就：学校教育的指数级增长，以及它对传播启蒙价值观、民主、进步、法治、健康、科学精神并在一代又一代人类之间传递杰出思想的贡献。教育是我们人类最伟大的发明、一份赋予人生意义的礼物。我们的目标是，让我们的孩子为明天那个焕然一新的世界做好准备，而我们希望本书能够使我们齐心协力，让孩子们的明天更美好。

那么，亲爱的读者，你从本书中得到了什么？你将如何利用它改变教育、改变孩子们的人生？现在，接力棒就在你手中。

附录　关于发展中国家（地区）教育最有效措施的57篇教育系统报告的总结

作者	研究问题	研究方法	研究数量	主要发现
系统回顾（包括所有有关干预类型、教育阶段和地域的报告）				
安格里斯特（Angrist）、埃文斯（Evans）、菲尔默（Filmer）、格伦纳斯特（Glennerster）、罗杰斯（Rogers）和萨巴瓦尔（Sabarwal）	如何提高获得受教育的机会并提高受教育质量	元分析法	150	**为了增加学生在校时间：** • 需要提供关于学校教育回报的信息 • 学校与社区保持联系 **为了提高学生学习质量：** • 在教师培训中需要根据学生的进步水平而非年级来制定教学目标 • 提供结构化的教学计划和相关课程材料 • 聘用合同制教师 • 跟踪学生学习成绩
全球教育证据咨询小组	如何提高获得受教育的机会并提高受教育质量	未知，但主要使用改编自安格里斯特（Angrist）等人的元分析法	未知	**最优措施：**提供关于学校教育效益、成本和质量的信息 **较优措施：** • 提供结构化教学计划和相关的课程材料，以及持续不断的教师监督和培训 • 按学生的进步水平而非年级设置的教学指导 • 减少儿童上学通勤花费的时间 • 为弱势儿童设立优秀奖学金 • 使用智能辅导软件 • 对3～5岁儿童进行学前干预 **错误措施：** • 采取单独的额外投资而不是投资更为广泛的生态系统 • 仅使用信息通信技术（ICT） • 试图通过资金投入来改善学习成果

作者	研究问题	研究方法	研究数量	主要发现
达蒙（Damon）、格鲁维（Glewwe）、维斯涅夫斯基（Wisniewski）和孙（Sun）	增加学生在校时间和提高学习成果的方法	计票法	114	**为了增加学生在校时间：** • 需要建造新学校 • 有条件的现金资助 **为了提高学生学习成果：** • 设立优秀奖学金 • 教师对学生所学知识进行查漏补缺 • 缩小班级规模 • 建造新学校
埃文斯（Evans）和波波娃（Popova）	是什么提高了发展中国家（地区）学生的学习成果?	叙述性评估报告	227	**教学干预**，包括计算机辅助教学**持续不断的教师培训**，主要与教学改进有关。 某些情况下可以通过采用绩效奖金或聘用合同制教师来**加强问责制度**
加尼米安（Ganimian）和穆尔南（Murnane）	在发展中国家（地区）提高儿童入学率和教师教学质量的方法	叙述性评估报告	119	**为了提高学生入学机会**，可以： • 现金资助 • 设立奖学金 • 建设新学校 • 提供关于学校教育回报的信息 **为了提高教学质量**，可以： • 加强教师的教学改进 • 在某些情况下对教师和学生采取激励措施
格莱维（Glewwe）和穆拉利哈兰（Muralidharan）	在发展中国家（地区）提高儿童入学率和教师教学质量的方法	计票法	118	**为了增加学生入学机会**，需要： • 有条件的现金资助 • 给学生父母提供关于学校教育回报的信息 • 设立优秀奖学金 **为了提高教学质量**，需要： • 教学干预 • 对所学知识进行查漏补缺 • 采取问责制
克雷默（Kremer）、布兰南（Brannen）和格伦纳斯特（Glennerster）	在发展中国家（地区）提高儿童入学率和教师教学质量的方法	元分析法	39	**为了增加学生入学机会**，需要： • 有条件的现金资助 • 设立优秀奖学金 • 在低收入地区为儿童提供驱虫等健康检查服务 • 提供关于学校教育回报的信息

作者	研究问题	研究方法	研究数量	主要发现
				为了提高教学质量，需要： • 计算机辅助教学 • 聘用合同制教师 • 进行学生分层教育 • 摄像头监测教师行为并对教师的出勤率采取激励措施（尽管这一措施不会直接提高教学质量）
克里希那拉涅（Krishnaratne）、怀特（White）和卡朋特（Carpenter）	在发展中国家（地区）提高儿童入学率和教师教学质量的方法	元分析法	69	**为增加学生入学机会**，需要： • 有条件的现金资助 • 建造新学校 **为了提高教学质量**，需要： • 提高教师教学水平的材料 • 提供更多教学资源
萨莫夫（Samoff），利尔（Leer），和雷迪（Reddy）	有关发展中国家（地区）的评估数据是否提供了普适性的见解	叙述性评估报告	40	**为了增加学生教育机会**，需要： • 现金资助 • 提供有关教育回报的信息 **为了提高教学质量**，需要： 因地制宜的教育改进设计和实施过程
斯尼尔斯特维特（Snilstveit）等人	在发展中国家（地区）提高儿童入学率和教师教学质量的方法	元分析法	420	**为了增加入学机会**，需要： • 资金支持 • 建造新学校 **为了提高教学质量**，需要： • 进行结构化教学 • 社区监督
马西诺（Masino）和尼诺-萨拉苏阿（Niño-Zarazúa）	在发展中国家（地区）提高儿童入学率和教师教学质量的方法	叙述性评估报告	38	供给侧、需求侧和体制改革侧的所有驱动因素均无法单独发挥有效作用。但如果将两组或多组驱动程序协同部署，发挥作用的可能性会更高

作者	研究问题	研究方法	研究数量	主要发现
斯宾克（Spink）、卡西蒂（Cassity）和罗里斯（Rorris）	在发展中国家（地区）提高儿童入学率和教师教学质量的方法	计票法	18	**为了增加学生教育机会**，需要资金支持 **为了提高教学质量**，需要： • 提供读写材料，尤其是用母语提供的相关材料 • 实施校本管理和学校改进培训 • 教师专业发展 • 改进课程材料 • 计算机辅助教学 • 改革教师招聘和选拔 • 设置教师绩效奖励
克雷默（Kremer）和霍拉（Holla）	在发展中国家（地区）提高儿童入学率和教师教学质量的方法	叙述性评估报告	未说明	**为了提高入学率**，需要： • 有条件的资金支持 • 设立优秀奖学金 • 实施学校健康计划 • 提供关于教育回报的信息 **为了提高教学质量**，需要： • 采取计算机辅助教学 • 按学生能力分组教学 • 提高教师教学水平 • 聘用合同制教师 • 采用教育券制度
格莱维（Glewwe）、哈努谢克（Hanushek）、哈姆佩奇（Humpage）和哈维娜（Ravina）	在发展中国家（地区）提高教育成果的方法	计票法	43	**为了提高教学质量**，需要： • 提高学生课桌的可用性 • 增强教师对所教科目的了解程度 • 降低教师的缺勤率
萨兰（Saran）、怀特（White）、奥尔布赖特（Albright）和阿多纳（Adona）	差距分布图	计票法	83	**有很多领域有待研究**，包括： • 儿童安全 • 公平性问题 • 经济对教育的影响
穆拉利哈兰（Muralidharan）	随机对照实验	叙述性评估报告	未说明	**需要研究更多有前景的领域**，比如： • 教师教学法 • 中学教育

作者	研究问题	研究方法	研究数量	主要发现
以特定地区或特定教育阶段为重点的系统报告				
科恩（Conn）	如何提高撒哈拉以南非洲地区的教育成果	元分析法	56	**教学干预**，尤其是与计算机辅助教学相结合时 **延长教学时间** **学生奖励措施**，特别是与出勤率和毕业率相关的小额奖学金
阿西姆（Asim）、蔡斯（Chase）、达尔（Dar）、施马伦贝（Schmillen）	南亚国家（地区）教育关注的重点：教育机会和教学质量	元分析法	29	**为了增加上学机会**，需要： • 现金资助 • 建造新学校 **为了提高教学质量**，需要： • 聘用合同制教师 • 改进课程材料 • 计算机辅助教学
麦克尤恩（McEwan）	提高发展中国家（地区）初中学生的学习成果	元分析法	77	**为了提高教学质量**，需要： • 计算机辅助教学 • 教师培训 • 采取小班制 • 学生按照能力分成学习小组 • 聘用合同制教师或志愿者教师 • 设置学生和教师的奖励措施 • 提供教学材料
巴纳吉（Banerjee）、格莱维（Glewwe）、帕瓦斯（Powers）、瓦瑟曼（Wasserman）	提高发展中国家（地区）初中学生的学习成果	叙述性评估报告	56	**为了增加教育机会**，可以： • 实施有条件的现金资助计划 • 提供关于教育回报的信息 **为了提高教学质量**，可以： • 根据学生的进步水平而非年级来制定课程
关于教育机会的系统报告				
彼得罗西诺（Petrosino）等人	提高学生入学率的有效策略	元分析法	73	不同地区的大多数干预措施的效果之间存在显著差异。只有**建造新学校和基础设施**在所有地区始终有效
卡比尔（Kabeer）、皮扎（Piza）和泰勒（Taylor）	有条件的现金资助计划	元分析法	46	报告有强有力的证据表明**有条件的现金资助计划**可以减少童工，并提高儿童入学率

作者	研究问题	研究方法	研究数量	主要发现
萨维德拉（Saavedra）和加西亚（García）	有条件的现金资助计划	元分析法	42	• 有条件的现金资助计划在提高中等教育入学率方面比小学更有效 • 转移金额的大小与入学率的提高之间呈正相关
贝尔德（Baird）、费雷拉（Ferreira）、奥兹勒（Özler）、伍尔科克（Woolcock）	有条件的现金资助和无条件的现金资助的差别	元分析法	35	• 有条件和无条件的现金资助计划都提高了儿童入学率，而有条件的现金资助实现了更高的出勤率 • 对出勤率影响最大的是明确有条件的、监测合规并有惩罚违规行为的措施 •（有条件或无条件）现金资助计划对提高学生考试成绩的作用不大
贾斯珀（Jasper）、勒（Le）和巴特拉姆（Bartram）	学校卫生问题	计票法	47	净水资源的配置与上学（或因腹泻、胃肠道疾病和月经导致的缺课人数的减少）呈正相关
饶（Rao）等人	儿童早期干预问题	叙述性评估报告	111	**为了增加上学机会**，需要： • 采取家庭资金补贴，或有条件的现金资助 • 家长教育计划
阿卜杜勒·拉提夫·贾米尔贫困行动实验室政策公告(J-PAL Policy Bulletin)	提高学生入学率的有效策略	元分析法	58	**为了提高入学率**，需要： • 建造新学校 • 设立奖学金 • 有条件的现金资助计划
阿德尔曼（Adelman）、吉利根（Gilligan）和莱勒（Lehrer）	学校膳食计划	叙述性评估报告	27	膳食计划对学生参与课堂有积极影响，但对坚持上学的儿童的影响有限
劳森（Lawson）	学校膳食计划	叙述性评估报告	26	学校供餐计划增加了儿童的总卡路里摄入量
巴克什（Bakhshi）、凯特（Kett）和奥利弗（Oliver）	残疾学生问题	叙述性评估报告	89	由于背景和干预措施的异质性，此项研究尚无定论

作者	研究问题	研究方法	研究数量	主要发现
关于女童教育的系统报告				
埃文斯（Evans）和袁（Yuan）	女童的入学机会和学习成果	元分析法	177	研究得出的结论是，大多数改善女孩教育的干预措施对男孩也有同样的作用。影响最大的干预措施有： • 增加女孩（和男孩）学习机会，现金资助计划 • 女孩（和男孩）优质教育计划，增强教师教学方法
斯珀林（Sperling）、温思罗普（Winthrop）、郭（Kwauk）、尤沙夫赛（Yousafzai）	提高女童入学率和学习成果	叙述性评估报告	138	**为了增加女孩入学机会**，可以设立奖学金、实施有条件的现金资助计划、在靠近学生居住地的地方建造学校、安排灵活的学校时间表以适应女孩 **为了保障女孩稳定在校学习**，可以采取学校供餐计划，提供卫生设施、厕所和净水 **为了提供优质教育**，需要聘请更多合格教师、提高教师出勤率、改进教师教学法
安特海特（Unterhalter）等人	提高女童入学率和学习成果	计票法	177	**高效措施**：向父母提供有条件的现金资助计划、提供有关教育回报的信息、在服务欠缺地区增设学校、对教师进行性别敏感教学法培训、对学生进行分组学习安排、妇女扫盲方案 **可能有用的措施**：为儿童提供驱虫等健康检查服务、学校供餐计划、让妇女参与学校管理、社会性别主流化 **有待进一步研究的措施**：单一性别与男女混合学校、聘用女教师、择校计划、应对性别暴力的干预措施
伯德蒂斯托（Birdthistle）、迪克逊（Dickson）、弗里曼（Freeman）和贾维迪（Javidi）	厕所性别隔离问题	叙述性评估报告	73	问题的重点在于是否有足够的厕所，以及这些厕所是否质量过关或是否有效，而不仅仅在于性别隔离

作者	研究问题	研究方法	研究数量	主要发现
迪克逊（Dickson）和邦潘（Bangpan）	经济资产问题	元分析法	18	向父母提供有条件现金资助计划对女孩入学率有着积极的影响
关于问责制度驱动因素的系统报告				
布伦斯（Bruns）、菲尔默（Filmer）、帕特纳斯（Patrinos）	提高服务质量的问责制改革	叙述性评估报告	22	• 合同制教师和教师激励措施**有望发挥作用** • 信息改革和校本管理的作用**效果尚无法确定**
贝斯特（Best）、奈特（Knight）、利兹（Lietz）、洛克伍德（Lockwood）、努格罗霍（Nugroho）和托宾（Tobin）	参与标准化学生评估	叙述性评估报告	54	**一些结论尚待验证**，同时该研究审查参与国家（地区）和国际学生评估计划对国家（地区）级教育政策的影响
金登（Kingdon）	政治经济与教育	叙述性评估报告	64	**资源差异不是学生成绩的关键驱动因素**。关键驱动因素似乎是系统应该如何使用这些资源
艾迪-斯派塞（Eddy-Spicer）、艾伦（Ehren）、潘安邦（Bangpan）、哈塔夫（Khatwa）、佩罗内（Perrone）	问责制	叙述性评估报告	68	该项目审查了高风险测试、监测以及学校视察三项影响。所有数据显示，三个领域对提高服务交付、系统效率或学生学习成果的作用有限。在许多情况下，这些举措导致了不正当的激励措施或意想不到的后果
格雷罗（Guerrero）、莱昂（Leon）、萨帕塔（Zapata）、杉丸（Sugimaru）和奎托（Cueto）	如何提高教师出勤率	元分析法	9	有效措施有： • 使用教师监测系统和出勤奖励来提高教师出勤率 • 实施社区监测计划
摩根（Morgan）、彼得罗西诺（Petrosino）、弗罗纽斯（Fronius）	学校代金券项目	叙述性评估报告	2	通过审查哥伦比亚和巴基斯坦的项目得出，此类计划会使入学人数增加、服务交付的成本降低。然而此研究证据基础太小而无法普及

作者	研究问题	研究方法	研究数量	主要发现
戴·阿什利（Day Ashley）等人	私立学校	计票法	59	• **强有力的证据表明**私立学校比公立学校能产生更好的学习成果（但研究并没有充分考虑学生的背景和社会经济地位） • **有部分证据表明**私立学校比公立学校更具成本效益 • 私立学校是否推动竞争和选择，从而提高公立学校质量的**证据不足**
巴拉卡特（Barakat）、哈德曼（Hardman）、罗威德（Rohwerder）、热苏特（Rzeszut）	西南亚的低成本私立学校	叙述性评估报告	44	确定低成本私立学校影响的**证据基础薄弱**，但有以下几点建议： • 低成本私立学校可以提供成本更低、质量更高的教育成果，但它们并非在所有情况下都具有可扩展性或可持续性 • 虽然低成本私立学校提高了入学率，但这样做的代价也可能是教育不平等的加剧
韦斯特霍普（Westhorp）等人	社区问责制	叙述性评估报告	140	家长意见反馈+教师监测措施显著提高了教师和学生的出勤率
卡尔-希尔（Carr-Hill）、罗尔斯顿（Rolleston）、申德尔（Schendel）	校本管理/权力下放	元分析法	35	在低收入地区，将预算管理、学校管理和教学决策分散到学校的级别上对提高教师出勤率、教学质量或学生学习成绩的影响有限。然而，在中等收入国家和地区，权力下放可能会产生更大的影响
卡尔（Carr）等人	提高教师工资	叙述性评估报告	1	在巴西，当教师工资提高时，学生的成绩有所提高，但其中原因并不明晰，不确定这是否纯粹是巧合，或者效果是否会随着时间的推移而保持不变
关于教育质量的系统报告				
威斯特布鲁克（Westbrook）等人	教师教学法	叙述性评估报告	54	该研究审查了**有效的课堂教学法和教师专业发展策略**，发现发展中国家（地区）基于教育学的证据基础充其量只能是"**中等**"。很少有研究衡量不同方法对学生学习成果的影响

作者	研究问题	研究方法	研究数量	主要发现
奥尔（Orr）等人	教师教学法	叙述性评估报告	23	**没有一种单一的策略可以独立提高教学质量**。影响深远的战略包括： • 通过将理论、示范、建模和实践相结合，以此改变未经培训的教师的教学方法 • 由经验丰富的教师指导（尽管这会产生高昂的成本）
纳吉（Nag）、恰特（Chiat）、托格森（Torgerson）、什诺林（Snowling）	如何提高儿童读写能力	叙述性评估报告	260	**吸收本土方法**并选择父母和社区设计读写课程的文化嵌入方法具有更大的影响潜力
金登（Kingdon）等人	合同制教师	叙述性评估报告	17	**合同制教师在提高学生成绩方面通常比普通教师更有效**，但影响程度较低，并且还取决于环境因素，例如雇用他们的人[例如，非政府组织（影响较大）与政府（影响较小）]
阿斯拉姆（Aslam）等人	提高教师效能问题	叙述性评估报告	15	审查了合同教师计划、职前/在职教师培训、教师认证和教师奖金激励措施，但结果尚无定论
其他系统报告				
霍克斯（Hawkes）和乌格尔（Ugur）	教育和人力资本开发	元分析法	33	增加教育支出、入学机会、受教育年限、毕业与之后的经济成果（包括私人回报和整体GDP）之间存在正相关关系
诺威利（Novelli）、希金斯（Higgins）、乌格（Ugur）、瓦特安特（Valiente）	冲突后/脆弱环境中的教育	叙述性评估报告	69	**在冲突后的环境中，教育往往被边缘化**，与人道主义和安全相关的驱动因素已经成为先例（例如，安全第一议程）
罗德里格斯-塞古拉（Rodriguez-Segura）	教育科技	叙述性评估报告	67	支持自主学习的技术（例如，**智能辅导系统**）对学生的学习产生了最强烈的影响。仅使用技术（例如，**每个儿童一台笔记本电脑**）本身不足以改善学习成果

作者	研究问题	研究方法	研究数量	主要发现
乔希（Joshi）和阿马迪（Amadi）	水、环境卫生和个人卫生干预措施	计票法	15	增加对讲卫生运动设施的利用导致腹泻暴发显著减少
斯皮尔（Spier）等人	家庭和社区干预	元分析法	10	旨在支持父母为孩子提供入学准备技能的教育广播/电视节目提高了孩子的读写能力
克里斯汀森（Kristjansson）等人	学校膳食计划	元分析法	18	低收入国家（地区）的学校供餐计划导致学生体重（但不是身高）增加，并提高了出勤率和数学成绩。然而在高收入环境中，此计划的影响最小

"常青藤"书系—中青文教师用书总目录

书名	书号	定价
特别推荐——从优秀到卓越系列		
★ 从优秀教师到卓越教师：极具影响力的日常教学策略	9787515312378	33.80
★ 从优秀教学到卓越教学：让学生专注学习的最实用教学指南	9787515324227	39.90
★ 从优秀学校到卓越学校：他们的校长在哪些方面做得更好	9787515325637	59.90
★ 卓越课堂管理（中国教育新闻网2015年度"影响教师的100本书"）	9787515331362	88.00
名师新经典/教育名著		
最难的问题不在考试中：先别教答案，带学生自己找到想问的事	9787515365930	48.00
在芬兰中小学课堂观摩研修的365日	9787515363608	49.00
★ 马文·柯林斯的教育之道：通往卓越教育的路径（《中国教育报》2019年度"教师喜爱的100本书"，中国教育新闻网"影响教师的100本书"。朱永新作序，李希贵力荐）	9787515355122	49.80
★ 如何当好一名学校中层：快速提升中层能力、成就优秀学校的31个高效策略	9787515346519	49.00
★ 像冠军一样教学：引领学生走向卓越的62个教学诀窍	9787515343488	49.00
像冠军一样教学2：引领教师掌握62个教学诀窍的实操手册与教学资源	9787515352022	68.00
★ 如何成为高效能教师	9787515301747	89.00
★ 给教师的101条建议（第三版）(《中国教育报》"最佳图书"奖)	9787515342665	49.00
★ 改善学生课堂表现的50个方法（入选《中国教育报》"影响教师的100本书"）	9787500693536	33.00
改善学生课堂表现的50个方法操作指南：小技巧获得大改变	9787515334783	39.00
美国中小学世界历史读本 / 世界地理读本 / 艺术史读本	9787515317397等	106.00
美国语文读本1-6	9787515314624等	252.70
和优秀教师一起读苏霍姆林斯基	9787500698401	27.00
快速破解60个日常教学难题	9787515339320	39.90
★ 美国最好的中学是怎样的——让孩子成为学习高手的乐园	9787515344713	28.00
建立以学习共同体为导向的师生关系：让教育的复杂问题变得简单	9787515353449	33.80
教师成长/专业素养		
精益教育与可见的学习：如何用更精简的教学实现更好的学习成果	9787515368672	59.00
教学这件事：感动几代人的教师专业成长指南	9787515367910	49.00
如何更快地变得更好：新教师90天培训计划	9787515365824	59.90
让每个孩子都发光：赋能学生成长、促进教师发展的KIPP学校教育模式	9787515366852	59.00
60秒教师专业发展指南：给教师的239个持续成长建议	9787515366739	59.90
通过积极的师生关系提升学生成绩：给教师的行动清单	9787515356877	49.00
卓越教师工具包：帮你顺利度过从教的前5年	9787515361345	49.00
★ 可见的学习与深度学习：最大化学生的技能、意志力和兴奋感	9787515361116	45.00
学生教给我的17件重要的事：带给你爱、勇气、坚持与创意的人生课堂	9787515361208	39.80
★ 教师如何持续学习与精进	9787515361109	39.00
从实习教师到优秀教师	9787515358673	39.90
像领袖一样教学：改变学生命运，使学生变得更好（中国教育新闻网2015年度"影响教师的100本书"）	9787515355375	49.00
★ 你的第一年：新教师如何生存和发展	9787515351599	33.80
教师精力管理：让教师高效教学，学生自主学习	9787515349169	28.00
如何使学生成为优秀的思考者和学习者：哈佛大学教育学院课堂思考解决方案	9787515348155	49.90
反思性教学：一个已被证明能让教师做到更好的培训项目（30周年纪念版）	9787515347837	59.90
★ 凭什么让学生服你：极具影响力的日常教育策略（中国教育新闻网2017年度"影响教师的100本书"）	9787515347554	39.90
运用积极心理学提高学生成绩（中国教育新闻网2017年度"影响教师的100本书"）	9787515345680	59.90
可见的学习与思维教学：成长型思维教学的54个教学资源：教学资源版	9787515354743	36.00

	书名	书号	定价
★	可见的学习与思维教学：让教学对学生可见，让学习对教师可见（中国教育报2017年度“教师最喜爱的100本书”）	9787515345000	39.90
	教学是一段旅程：成长为卓越教师你一定要知道的事	9787515344478	39.00
	安奈特・布鲁肖写给教师的101首诗	9787515340982	35.00
	万人迷老师养成宝典学习指南	9787515340784	28.00
	中小学教师职业道德培训手册：师德的定义、养成与评估	9787515340777	32.00
	成为顶尖教师的10项修炼（中国教育新闻网2015年度“影响教师的100本书”）	9787515334066	49.90
★	T. E. T. 教师效能训练：一个已被证明能让所有年龄学生做到最好的培训项目（30周年纪念版）（中国教育新闻网2015年度“影响教师的100本书”）	9787515332284	49.00
	教学需要打破常规：全世界最受欢迎的创意教学法（中国教育新闻网2015年度“影响教师的100本书”）	9787515331591	45.00
	给幼儿教师的100个创意：幼儿园班级设计与管理	9787515330310	39.90
	给小学教师的100个创意：发展思维能力	9787515327402	29.00
	给中学教师的100个创意： 如何激发学生的天赋和特长 / 杰出的教学 / 快速改善学生课堂表现	9787515330723等	87.90
	以学生为中心的翻转教学11法	9787515328386	29.00
	如何使教师保持职业激情	9787515305868	29.00
★	如何培训高效能教师：来自全美权威教师培训项目的建议	9787515324685	39.90
	良好教学效果的12试金石：每天都需要专注的事情清单	9787515326283	29.90
★	让每个学生主动参与学习的37个技巧	9787515320526	45.00
	给教师的40堂培训课：教师学习与发展的最佳实操手册	9787515352787	39.90
	提高学生学习效率的9种教学方法	9787515310954	27.80
★	优秀教师的课堂艺术：唤醒快乐积极的教学技能手册	9787515342719	26.00
★	万人迷老师养成宝典（第2版）（入选《中国教育报》“2010年影响教师的100本书”）	9787515342702	39.00
	高效能教师的9个习惯	9787500699316	26.00
	课堂教学/课堂管理		
★	像行为管理大师一样管理你的课堂：给教师的课堂行为管理解决方案	9787515368108	59.00
	差异化教学与个性化教学：未来多元课堂的智慧教学解决方案	9787515367095	49.90
	如何设计线上教学细节：快速提升线上课程在线率和课堂学习参与度	9787515365886	49.00
	设计型学习法：教学与学习的重新构想	9787515366982	59.00
	让学习真正在课堂上发生：基于学习状态、高度参与、课堂生态的深度教学	9787515366975	49.00
	让教师变得更好的75个方法：用更少的压力获得更快的成功	9787515365831	49.00
	技术如何改变教学：使用课堂技术创造令人兴奋的学习体验，并让学生对学习记忆深刻	9787515366661	49.00
	课堂上的问题形成技术：老师怎样做，学生才会提出好的问题	9787515366401	45.00
	翻转课堂与项目式学习	9787515365817	45.00
★	优秀教师一定要知道的19件事：回答教师核心素养问题，解读为什么要向优秀者看齐	9787515366630	39.00
	从作业设计开始的30个创意教学法：运用互动反馈循环实现深度学习	9787515366364	59.00
	基于课堂中精准理解的教学设计	9787515365909	49.00
	如何创建培养自主学习者的课堂管理系统	9787515365879	49.00
	如何设计深度学习的课堂：引导学生学习的176个教学工具	9787515366715	49.90
	如何提高课堂创意与参与度：每个教师都可以使用的178个教学工具	9787515365763	49.90
	如何激活学生思维：激励学生学习与思考的187个教学工具	9787515365770	49.90
	男孩不难教：男孩学业、态度、行为问题的新解决方案	9787515364827	49.00
★	高度参与的线上线下融合式教学设计：极具影响力的备课、上课、练习、评价项目教学法	9787515364438	49.00
★	跨学科项目式教学：通过“+1”教学法进行计划、管理和评估	9787515361086	49.00
	课堂上最重要的56件事	9787515360775	35.00
★	全脑教学与游戏教学法	9787515360690	39.00

	书名	书号	定价
★	深度教学：运用苏格拉底式提问法有效开展备课设计和课堂教学	9787515360591	49.90
★	一看就会的课堂设计：三个步骤快速构建完整的课堂管理体系	9787515360584	39.90
	如何有效激发学生学习兴趣	9787515360577	38.00
	如何解决课堂上最关键的9个问题	9787515360195	49.00
	多元智能教学法：挖掘每一个学生的最大潜能	9787515359885	39.90
★	探究式教学：让学生学会思考的四个步骤	9787515359496	39.00
	课堂提问的技术与艺术	9787515358925	49.00
	如何在课堂上实现卓越的教与学	9787515358321	49.00
	基于学习风格的差异化教学	9787515358437	39.90
★	如何在课堂上提问：好问题胜过好答案	9787515358253	39.00
★	高度参与的课堂：提高学生专注力的沉浸式教学	9787515357522	39.90
	让学习变得有趣	9787515357782	39.00
★	如何利用学校网络进行项目式学习和个性化学习	9787515357591	39.90
	基于问题导向的互动式、启发式与探究式课堂教学法	9787515356792	49.00
	如何在课堂中使用讨论：引导学生讨论式学习的60种课堂活动	9787515357027	38.00
	如何在课堂中使用差异化教学	9787515357010	39.90
★	如何在课堂中培养成长型思维	9787515356754	39.90
	每一位教师都是领导者：重新定义教学领导力	9787515356518	39.90
★	教室里的1-2-3魔法教学：美国广泛使用的从学前到八年级的有效课堂纪律管理	9787515355986	39.90
	如何在课堂中使用布卢姆教育目标分类法	9787515355658	39.00
	如何在课堂上使用学习评估	9787515355597	39.00
	7天建立行之有效的课堂管理系统：以学生为中心的分层式正面管教	9787515355269	29.90
	积极课堂：如何更好地解决课堂纪律与学生的冲突	9787515354590	38.00
	设计智慧课堂：培养学生一生受用的学习习惯与思维方式	9787515352770	39.00
	追求学习结果的88个经典教学设计：轻松打造学生积极参与的互动课堂	9787515353524	39.00
	从备课开始的100个课堂活动设计：创造积极课堂环境和学习乐趣的教师工具包	9787515353432	33.80
	老师怎么教，学生才能记得住	9787515353067	48.00
	多维互动式课堂管理：50个行之有效的方法助你事半功倍	9787515353395	39.80
	智能课堂设计清单：帮助教师建立一套规范程序和做事方法	9787515352985	49.90
	提升学生小组合作学习的56个策略：让学生变得专注、自信、会学习	9787515352954	29.90
	快速处理学生行为问题的52个方法：让学生变得自律、专注、爱学习	9787515352428	39.00
	王牌教学法：罗恩·克拉克学校的创意课堂	9787515352145	39.80
	让学生快速融入课堂的88个趣味游戏：让上课变得新颖、紧凑、有成效	9787515351889	39.00
★	如何调动与激励学生：唤醒每个内在学习者（李希贵校长推荐全校教师研读）	9787515350448	39.80
	合作学习技能35课：培养学生的协作能力和未来竞争力	9787515340524	59.00
	基于课程标准的STEM教学设计：有趣有料有效的STEM跨学科培养教学方案	9787515349879	68.00
	如何设计教学细节：好课堂是设计出来的	9787515349152	39.00
	15秒课堂管理法：让上课变得有料、有趣、有秩序	9787515348490	49.00
	混合式教学：技术工具辅助教学实操手册	9787515347073	39.80
	从备课开始的50个创意教学法	9787515346618	39.00
	中学生实现成绩突破的40个引导方法	9787515345192	33.00
	给小学教师的100个简单的科学实验创意	9787515342481	39.00
	老师如何提问，学生才会思考	9787515341217	49.00
	教师如何提高学生小组合作学习效率	9787515340340	39.00
	卓越教师的200条教学策略	9787515340401	49.90
	中小学生执行力训练手册：教出高效、专注、有自信的学生	9787515335384	49.90

	书名	书号	定价
	从课堂开始的创客教育：培养每一位学生的创造能力	9787515342047	33.00
	提高学生学习专注力的8个方法：打造深度学习课堂	9787515333557	35.00
	改善学生学习态度的58个建议	9787515324067	36.00
★	全脑教学（中国教育新闻网2015年度"影响教师的100本书"）	9787515323169	38.00
★	全脑教学与成长型思维教学：提高学生学习力的92个课堂游戏	9787515349466	39.00
★	哈佛大学教育学院思维训练课：让学生学会思考的20个方法	9787515325101	59.90
	完美结束一堂课的35个好创意	9787515325163	28.00
	如何更好地教学：优秀教师一定要知道的事	9787515324609	49.90
	带着目的教与学	9787515323978	39.90
★	美国中小学生社会技能课程与活动（学前阶段/1-3年级/4-6年级/7-12年级）	9787515322537等	215.70
	彻底走出教学误区：开启轻松智能课堂管理的45个方法	9787515322285	28.00
	破解问题学生的行为密码：如何教好焦虑、逆反、孤僻、暴躁、早熟的学生	9787515322292	36.00
	13个教学难题解决手册	9787515320502	28.00
★	让学生爱上学习的165个课堂游戏	9787515319032	39.00
	美国学生游戏与素质训练手册：培养孩子合作、自尊、沟通、情商的103种教育游戏	9787515325156	49.00
	老师怎么说，学生才会听	9787515312057	39.00
	快乐教学：如何让学生积极与你互动（入选《中国教育报》"影响教师的100本书"）	9787500696087	29.00
★	老师怎么教，学生才会提问	9787515317410	29.00
★	快速改善课堂纪律的75个方法	9787515313665	39.90
★	教学可以很简单：高效能教师轻松教学7法	9787515314457	39.00
★	好老师可以避免的20个课堂错误（入选《中国教育报》"影响教师的100本图书"）	9787500688785	39.90
★	好老师应对课堂挑战的25个方法（《给教师的101条建议》作者新书）	9787500699378	25.00
★	好老师激励后进生的21个课堂技巧	9787515311838	39.80
★	开始和结束一堂课的50个好创意	9787515312071	29.80
	好老师因材施教的12个方法（美国著名教师伊莉莎白"好老师"三部曲）	9787500694847	22.00
★	如何打造高效能课堂	9787500680666	29.00
	合理有据的教师评价：课堂评估衡量学生进步	9787515330815	29.00
	班主任工作/德育		
★	北京四中8班的教育奇迹	9787515321608	36.00
★	师德教育培训手册	9787515326627	29.80
	中小学教师职业道德培训手册：师德的定义、养成与评估	9787515340777	32.00
★	好老师征服后进生的14堂课（美国著名教师伊莉莎白"好老师"三部曲）	9787500693819	39.90
	优秀班主任的50条建议：师德教育感动读本（《中国教育报》专题推荐）	9787515305752	23.00
	学校管理/校长领导力		
	如何构建积极型学校	9787515368818	49.90
	卓越课堂的50个关键问题	9787515366678	39.00
	如何培育卓越教师：给学校管理者的行动清单	9787515357034	39.00
★	学校管理最重要的48件事	9787515361055	39.80
	重新设计学习和教学空间：设计利于活动、游戏、学习、创造的学习环境	9787515360447	49.90
	重新设计一所好学校：简单、合理、多样化地解构和重塑现有学习空间和学校环境	9787515356129	49.00
	让樱花绽放英华	9787515355603	79.00
	学校管理者平衡时间和精力的21个方法	9787515349886	29.90
	校长引导中层和教师思考的50个问题	9787515349176	29.00
	如何定义、评估和改变学校文化	9787515340371	29.80
	优秀校长一定要做的18件事（入选《中国教育报》"2009年影响教师的100本书"）	9787515342733	39.90

书名	书号	定价
学科教学/教科研		
中学古文观止50讲：文言文阅读能力提升之道	9787515366555	59.90
完美英语备课法：用更短时间和更少材料让学生高度参与的100个课堂游戏	9787515366524	49.00
人大附中整本书阅读取胜之道：让阅读与作文双赢	9787515364636	59.90
北京四中语文课：千古文章	9787515360973	59.00
北京四中语文课：亲近经典	9787515360980	59.00
从备课开始的56个英语创意教学：快速从小白老师到名师高手	9787515359878	49.90
美国学生写作技能训练	9787515355979	39.90
《道德经》妙解、导读与分享（诵读版）	9787515351407	49.00
京沪穗江浙名校名师联手教你：如何写好中考作文	9787515356570	49.90
京沪穗江浙名校名师联手授课：如何写好高考作文	9787515356686	49.80
★人大附中中考作文取胜之道	9787515345567	39.80
★人大附中高考作文取胜之道	9787515320694	49.90
★人大附中学生这样学语文：走近经典名著	9787515328959	49.90
四界语文（入选《中国教育报》2017年度“教师喜爱的100本书”）	9787515348483	49.00
让小学一年级孩子爱上阅读的40个方法	9787515307589	39.90
让学生爱上数学的48个游戏	9787515326207	26.00
轻松100 课教会孩子阅读英文	9787515338781	88.00
情商教育/心理咨询		
9节课，教你读懂孩子：妙解亲子教育、青春期教育、隔代教育难题	9787515351056	39.80
★学生版盖洛普优势识别器（独一无二的优势测量工具）	9787515350387	169.00
与孩子好好说话（获“美国国家育儿出版物（NAPPA）金奖”）	9787515350370	39.80
中小学心理教师的10项修炼	9787515309347	36.00
★别和青春期的孩子较劲（增订版）（入选《中国教育报》“2009年影响教师的100本书”）	9787515343075	39.90
★100条让孩子胜出的社交规则	9787515327648	28.00
守护孩子安全一定要知道的17个方法	9787515326405	32.00
幼儿园/学前教育		
中挪学前教育合作式学习：经验·对话·反思	9787515364858	79.00
幼小衔接听读能力课	9787515364643	33.00
用蒙台梭利教育法开启0~6岁男孩潜能	9787515361222	45.00
德国幼儿的自我表达课：不是孩子爱闹情绪，是她/他想说却不会说！	9787515359458	59.00
德国幼儿教育成功的秘密：近距离体验德国学前教育理念与幼儿园日常活动安排	9787515359465	49.80
美国儿童自然拼读启蒙课：至关重要的早期阅读训练系统	9787515351933	49.80
幼儿园30个大主题活动精选：让工作更轻松的整合技巧	9787515339627	39.80
★美国幼儿教育活动大百科：3-6岁儿童学习与发展指南用书 科学/艺术/健康与语言/社会	9787515324265等	600.00
蒙台梭利早期教育法：3-6岁儿童发展指南（理论版）	9787515322544	29.80
蒙台梭利儿童教育手册：3-6岁儿童发展指南（实践版）	9787515307664	33.00
★自由地学习：华德福的幼儿园教育	9787515328300	49.90
赞美你：奥巴马给女儿的信	9787515303222	19.90
史上最接地气的幼儿书单	9787515329185	39.80
教育主张/教育视野		
重新定义学习：如何设计未来学校与引领未来学习	9787515367484	49.90
教育新思维：帮助孩子达成目标的实战教学法	9787515365848	49.00
学习是如何发生的：教育心理学中的开创性研究及其实践意义	9787515366531	59.90
父母不应该错过的犹太人育儿法	9787515365688	59.00

	书名	书号	定价
	如何在线教学：教师在智能教育新形态下的生存与发展	9787515365855	49.00
	正向养育：黑幼龙的慢养哲学	9787515365671	39.90
	颠覆教育的人：蒙台梭利传	9787515365572	59.90
	如何科学地帮助孩子学习：每个父母都应知道的77项教育知识	9787515368092	59.00
	学习的科学：每位教师都应知道的99项教育研究成果（升级版）	9787515368078	59.90
	学习的科学：每位教师都应知道的77项教育研究成果	9787515364094	59.00
	真实性学习：如何设计体验式、情境式、主动式的学习课堂	9787515363769	49.00
	哈佛前1%的秘密（俞敏洪、成甲、姚梅林、张梅玲推荐）	9787515363349	59.90
	基于七个习惯的自我领导力教育设计：让学校育人更有道，让学生自育更有根	9787515362809	69.00
	终身学习：让学生在未来拥有不可替代的决胜力	9787515360560	49.90
	颠覆性思维：为什么我们的阅读方式很重要	9787515360393	39.90
	如何教学生阅读与思考：每位教师都需要的阅读训练手册	9787515359472	39.00
	成长型教师：如何持续提升教师成长力、影响力与教育力	9787515368689	48.00
	教出阅读力	9787515352800	39.90
	为学生赋能：当学生自己掌控学习时，会发生什么	9787515352848	33.00
	如何用设计思维创意教学：风靡全球的创造力培养方法	9787515352367	39.80
	如何发现孩子：实践蒙台梭利解放天性的趣味游戏	9787515325750	32.00
	如何学习：用更短的时间达到更佳效果和更好成绩	9787515349084	49.00
	教师和家长共同培养卓越学生的10个策略	9787515331355	27.00
★	如何阅读：一个已被证实的低投入高回报的学习方法	9787515346847	39.00
★	芬兰教育全球第一的秘密（钻石版）（《中国教育报》等主流媒体专题推荐）	9787515359922	59.00
	世界最好的教育给父母和教师的45堂必修课（《芬兰教育全球第一的秘密》2）	9787515342696	28.00
★	杰出青少年的7个习惯（精英版）	9787515342672	39.00
	杰出青少年的7个习惯（成长版）	9787515335155	29.00
★	杰出青少年的6个决定（领袖版）（全国优秀出版物奖）	9787515342658	49.90
★	7个习惯教出优秀学生（第2版）（全球畅销书《高效能人士的七个习惯》教师版）	9787515342573	39.90
	学习的科学：如何学习得更好更快（入选中国教育网2016年度“影响教师的100本书”）	9787515341767	39.80
	杰出青少年构建内心世界的5个坐标（中国青少年成长公开课）	9787515314952	59.00
★	跳出教育的盒子（第2版）（美国中小学教学经典畅销书）	9787515344676	35.00
	夏烈教授给高中生的19场讲座	9787515318813	29.90
★	学习之道：美国公认经典学习书	9787515342641	39.00
★	翻转学习：如何更好地实践翻转课堂与慕课教学（中国教育新闻网2015年度“影响教师的100本书”）	9787515334837	32.00
★	翻转课堂与慕课教学：一场正在到来的教育变革	9787515328232	26.00
	翻转课堂与混合式教学：互联网+时代，教育变革的最佳解决方案	9787515349022	29.80
	翻转课堂与深度学习：人工智能时代，以学生为中心的智慧教学	9787515351582	29.80
★	奇迹学校：震撼美国教育界的教学传奇（中国教育新闻网2015年度“影响教师的100本书”）	9787515327044	36.00
★	学校是一段旅程：华德福教师1–8年级教学手记	9787515327945	49.00
★	高效能人士的七个习惯（30周年纪念版）（全球畅销书）	9787515360430	79.00

您可以通过如下途径购买：

1. 书　　店：各地新华书店、教育书店。
2. 网上书店：当当网（www.dangdang.com）、天猫（zqwts.tmall.com）、京东网（www.jd.com）。
3. 团　　购：各地教育部门、学校、教师培训机构、图书馆团购，可享受特别优惠。

购书热线：010–65511272 / 65516873

如何成为高效能教师

作者：（美）黄绍裘　黄露丝玛丽
定价：89.00元

- 美国教师培训经典
- 一套完整的高效能教师培训系统和教师核心素养提升解决方案
- 全球销量超400万册
- 超值赠送60分钟美国专业、受欢迎的网络教学视频
- 200页网络版主题教学拓展资源

★ ★ ★

卓越课堂管理

作者：（美）黄绍裘　黄露丝玛丽
定价：88.00元

- 获中国教育新闻网2015年度"影响教师的100本书"奖
- 获2016年第25届上海市中小学、幼儿园"优秀图书"奖
- 一套高效管理课堂的完整体系，为广大教师提供50种有效的课堂管理方案
- 并示范高效能教师的6套开学管理计划，让学生通过严格执行50种教育程序获得成功。